新"手艺"的探索与实践

The Exploration and Practice of New Handicraft

传统手工艺与现代文化创意产品融合发展研究

The Research of Integrated Development Between Traditional Handicraft and Cultural Creative Products

周策 著

新华出版社

图书在版编目 (CIP) 数据

新"手艺"的探索与实践：传统手工艺与现代文化创意产品融合发展研究 / 周策著 . — 北京：新华出版社，2020.10

ISBN 978-7-5166-5398-2

Ⅰ.①新… Ⅱ.①周… Ⅲ.①传统工艺－文化产品－研究－中国 Ⅳ.① G124

中国版本图书馆 CIP 数据核字（2020）第 189306 号

新"手艺"的探索与实践：传统手工艺与现代文化创意产品融合发展研究

著　　者：周　策

责任编辑：蒋小云　　　　　　　　　　封面设计：周　策

出版发行：新华出版社

地　　址：北京石景山区京原路 8 号　　　邮　　编：100040

网　　址：http：//www.xinhuapub.com

经　　销：新华书店

　　　　　新华出版社天猫旗舰店、京东旗舰店及各大网店

购书热线：010-63077122　　　　中国新闻书店购书热线：010-63072012

照　　排：北京亚吉飞数码科技有限公司

印　　刷：北京亚吉飞数码科技有限公司

成品尺寸：170mm × 240mm

印　　张：12.25　　　　　　　　　　字　　数：220 千字

版　　次：2021 年 8 月第一版　　　　印　　次：2021 年 8 月第一次印刷

书　　号：ISBN 978-7-5166-5398-2

定　　价：62.00 元

前　言

从原始时期，我们的祖先为了满足生活中的一些需求便开始了一系列的造物行为，这种以人为主体的创造性活动，随着时间的流逝一直在不断地发展，逐渐形成了以手工技艺为核心的传统手工艺造物活动，并创造出很多有价值的作品，成为中华文化中的一个重要组成部分。中国作为世界四大文明古国之一，在数千年的发展中形成了大量的手工艺，如造纸、木雕、剪纸、刺绣等，门类繁多，功能多样，遍布于人们日常生活的各个方面。传统手工艺是手艺人用活态传承的手法继承与发扬的中华民族传统文化，具有鲜明的民族性、浓郁的地域特色，是文化之魂。传统手工艺品凝聚着工匠精神、造物精神，在时代的潮流中勇于突破，勇于创新，具有极高的文化价值与传承地位。

中国传统手工艺生产效率低且产量少，其设计者与生产者往往为一人。随着时间的推移，传统手工艺正在面临着蜕变以及"重生"的考验。这不仅体现在批量化生产的低成本需求，也体现在人们对高科技及机械化的追求。大工业生产的高效率及高精度特点，让人们对低产量及高成本传统手工艺有了已经不符合时代潮流、面临淘汰的错觉。其实，传统手工艺存在于我们生活的各方面，影响着我们的生产与设计。或许产品本身所体现出来的更多为现代科技与技术的力量，但不否定生产过程中存在一定的手工性。我们应从更加宽广的层面上去看待手工艺，而不仅仅局限于其表面加工工艺。

传统手工艺在当下的发展频频受挫，转变传统手工艺以适应当下社会的任务已经迫在眉睫。手作的不可代替性是手工艺复兴的关键，但是外部因素的渗入已经改变了中国传统的艺术结构，这样也使得传统手工艺在当下语境中的转化变成了一个复杂且多元的问题。

传统手工艺与现代设计从本质上来说都是为人们提供产品和服务的一种创造性活动，二者在"理性"和"感性"、现代感和传统感、高效率和人情味方面都有着自己的优势和不足，我们应该以一个客观的态度去重新审视传统手工艺活动，并将其优点进行放大，结合当代各方面的条件对其进行整合创新,从而使其在现代化的进程中得到更好的更新重生,并融入大众的生活中。

　　传统手工艺是我国非物质文化遗产中的重要部分之一。在历史长河中,传统手工艺经过数千年的历史积淀,聚集了无数先人的智慧与理想,在不断发展的过程中逐渐渗透到我们的生产生活中,同时也为现代创意产品的设计提供了灵感与经验。当前创意文化产品的飞速发展为传统手工艺发展提供了更加广阔的发展平台,因此要以现代化产品为载体,结合传统手工艺,进行传统手工艺类文化创意产品的设计。传统手工艺的发展道路并不是一帆风顺的,机遇永远与挑战并存。在传统手工艺的创新与发展中,与现代创意产品不断碰撞带来了诸多问题。在该过程中,解决传统手工艺与创意产品的矛盾,真正探究如何传承与保护传统手工艺,使其在现代创意产品设计中发挥最大价值,是当前问题研究的重中之重。

　　基于此,笔者结合多年设计经验,撰写了《新"手艺"的探索与实践——传统手工艺与现代文化创意产品融合发展研究》一书,本书主要围绕中国传统手工艺及其与现代文化创意产品的融合进行分析,先是分析了中国传统手工艺的基本内容,然后分析了中国传统手工艺的类型,并针对中国传统手工艺在新时代背景下面临的困境与保护进行了分析,最后重点分析了文化创意产品,提出了中国传统手工艺与现代文化创意产品的融合路径。

　　综观本书,其观点明确,脉络清晰。本书先是从传统手工艺的理论概述入手,对传统手工艺的门类、现状与困境、可持续发展等方面做了全面而详细的分析。而后又以文化创意产品的基本理论为出发点,结合它的设计手法,对传统手工艺与现代文化创意产品的融合路径进行了重点分析。这种论述结构不但使读者对传统手工艺当前面临的困境有了清晰的了解,也为其未来的发展——与现代文化创意产品的融合指明了方向,具有非常强的实用性。

　　中国的传统手工艺源远流长,对现代文化的发展具有重要的借鉴价值。传统手工艺已融入中华民族的血脉,对社会的发展、国民经济的运作、民众的日常生活等方面都具有重要影响,人们应牢记传统,保护与传承传统手工艺。随着回归自然、回归乡土理念的流行,以及人们审美水平的提高,社会对传统手工艺的需求与日俱增,推进传统手工艺的现代化,是中国在现代化建设中不容忽视的环节之一。

作　者

2020 年 7 月

目　录

第一章　中国传统手工艺概述

手工艺的历史源远流长,每个国家的手工艺都承载着其民族的历史、文化和艺术。历史上创造的无数珍贵手工艺品,无论是在什么地方,无论是收藏在官方还是民间,它所代表的历史价值、文化价值和经济价值都弥足珍贵。不管人类的文明发展到什么程度,不管现代科学技术发展到什么水平,手工艺这一自然与智慧的结晶始终散发着无穷的魅力。人民创造了手工艺,人民应当分享手工艺的成果。中国的手工艺在世界上具有领先地位,我们首先来了解手工艺的历史、服务对象与适用对象。

第一节　中国传统手工艺的历史沿革

一、手工业与手工艺

手工业的本意是指手工或使用简单工具从事的生产性和修理性的行业或职业。手工业者是指占有作坊、简单工具、原料等生产资料从事独立的手工生产,以出售成品的收入作为全部或主要生活来源的人。

手工艺是指对手工制品进行装饰性、艺术性的加工过程,以及在这个加工过程中的全部技巧和工艺。手工艺者是指掌握和创造手工技巧和工艺以及创作手工艺作品的工匠或大师。

在古代,手工业的范畴十分广泛,它包括木工、陶瓷、纺织、皮革、玉石、铜铁、兵器、制盐、制茶、酿酒、印刷等等。随着工业化时代的到来,很多门类从手工业中分离出来,成为独立的工业分支,如纺织业、皮革业、冶金业、军工业、制盐业、制茶业、酿酒业、印刷业等,先后与手工业告别。

新中国诞生后,手工业常常是指工艺美术行业,但是含义有所交叉,在工艺美术的行业里没有完全包括手工业中的陶瓷、玻璃制品、文房四宝、乐器制作等行业。实际上这是一个交集的领域,陶瓷行业是一个很大的行业,包括工业陶瓷、建筑陶瓷、生活陶瓷等,唯有艺术陶瓷蕴含着不同凡响的手艺才进入工艺美术品的范畴。玻璃也是一个大行业，如平板玻璃和特种玻璃，平板玻璃细分为建筑玻璃、装饰玻璃、家具玻璃等等；特种玻璃细分为防弹玻璃、夹层玻璃、汽车玻璃、镜片玻璃、幕墙玻璃等等。这些是玻璃行业的主体产品，不属于手工艺的范畴。玻璃行业中那些经过特殊手工艺烧制，或者玻璃原料经过特殊配置和手工艺加工之后的作品才进入工艺美术品的范畴，如艺术玻璃、斯瓦洛斯基的手工艺品。文房四宝中的大部分应该属于文具用品的范畴，但是其中经过特殊手工艺加工的用品就进入了工艺美术品的范畴，如象牙毛笔、纪念墨锭、四大名砚等。木材是建筑行业、家具行业、工艺美术行业中常用的原材料。建筑中的门窗、梁柱用木材制成，但是，在典型的浙商、徽商的明清建筑中，我们会在建筑内的雕梁画栋前驻足，会被其精美的雕刻所吸引，会在雕刻过的扇门、窗花、落地门罩前拍照留念，为什么？因为这已经不是常见的普通木制的梁柱门窗，而是经过手工雕刻的、著名的东阳木雕。

手工艺者的创意和发明还远远不止这些，他们的创意和发明涉及竹子、石头、青铜、金银、丝绸、绒线、玉石、钻石，甚至是泥土、纸张、面粉、鸡毛、鹅毛、羊毛等等，凡此种种，不胜枚举。手工艺者的聪明与才能充分表现为他们对这些极为普通、极其常见的原材料的利用，经过他们的创意，经过他们的巧手，经过他们的辛劳，这些原材料就变成了稀世的珍品，变成了人们喜闻乐见的艺术品，变成了丰富多彩的老百姓需要的实用品和装饰品，为社会创造了无法计算的巨大财富。手工艺者一只手招来了无数的消费需求和消费人群，另一只手造就了浩浩荡荡的劳作大军。

中华人民共和国成立后，上海市第一任手工业局局长、著名书画、篆刻家胡铁生先生有一句名言：今天的手工艺珍品，100年以后就是国家的文物。国家强盛了，人民富裕了，手工艺的发展哺育了一支蔚然可观的艺术品收藏者、投资者和中介人组成的队伍，形成一个令世界瞩目的收藏市场。

二、远古时期

"人猿相揖别，只几块石头磨过，小儿时节。"劳动创造了人类。当人类制造旧石器时，即人类进行有目的劳动，并且学会制作劳动工具时，人类就与猿区别开来。旧石器时代是公元前约250万年到1万年的那段漫长的岁月，人类以狩猎为生。在原始的母系社会，石器是原始社会主要的劳动工具，也是人类最早的手工制品。

公元前约1万年是中国新石器时代的开始。在新石器时代的人类已经懂得制作手工磨制的石器，懂得定居下来从事农业和饲养家畜，懂得制作陶器,甚至还懂得制作陶瓷艺术品、骨制品和染色的石珠等手工制品,诞生了仰韶文化、河姆渡文化、马家窑文化、大汶文化等等。新石器时代手工艺的载体是什么? 不是别的,正是手工制作的彩陶和玉器。我们所看到的彩陶,颜色上大致有红、黑、白、褐等等;上面的花纹多数是植物纹、人面纹、鱼纹图等;器型主要有陶盂、陶罐、陶钵、陶盆、陶瓶等,还有一些简单的动物造型。

陶器是新石器时代开始的标志之一。新石器时代的彩陶以它独特的造型、独特的色彩、独特的花纹,给我们留下了人类小儿时代的手工艺品,谱写了人类手工艺的序曲。

人类社会经过遥远的旧石器时代步入了新石器时代,产生了极大的变化。人们的经济生活,已由采集经济发展到生产经济,即人类已经学会通过自己的劳动,生产自己所需要的物质生活资料了。因此,原始的农业、手工业、家畜饲养等经济部门,都在这时出现,并以崭新的姿态向前发展,使得陶器的出现成为可能。首先,陶器不能在流动的生活中进行生产。进入新石器时代以后,由于经济的发展,人们学会了建筑房屋,过定居生活,这就为陶器生产准备了前提条件。其次,农业生产主要是为人类提供粮食。我国新石器时代的粮食作物,在黄河流域主要是粟,在长江流域主要是水稻,这都需要熟食。将粮食煮熟,就需要有耐火的容器,而当时所能出现的这种容器,只有是陶器。这就是说,陶器的产生,是为了满足当时人们的需要。其三,从长时期的劳动和生活实践中,新石器时代的人们已具有控制和使用火的能力,已逐渐了解和掌握了对黏土性能的认识,这就为制造陶器准备了技术条件。

陶器是人类继石器制造后首次改变材料物理性质的造物尝试。彩陶以黏土成型,烧成后陶色呈砖红色,陶质粗松多孔,成型后的陶坯一般先施陶衣,再饰以黑红彩绘,然后入窑以 600℃至 800℃窑温烧成。

新石器时期的工艺美术以彩陶为主要代表。彩陶的造型、纹饰风格是社会需求、技术条件和文化积淀的综合结果。

在磁山发现有一片画有简单红色曲折纹的彩陶。由此可见,我国8000 年前的陶器在工艺上还较简朴,但已初具规模,并有一定的技巧。

河姆渡文化是目前长江下游已发现的年代最早的一种原始文化,距今约 7000 年左右,因 1973 年首次在浙江余姚河姆渡村发现而得名。它的陶器制作还处于较为原始的手制阶段,陶质疏松,绝大部分为夹炭黑陶,烧成温度多在 800℃之上。器型以釜、罐最多,器表往往饰以绳纹、动植物刻划纹和彩绘,朴实优美。

半坡类型彩陶距今约 7000 到 6000 年,主要器型为卷唇折腹圆底盆;

敞口,制作一般较简单,具有早期特点。各种具象和抽象的鱼纹成为主要装饰题材,人面鱼纹盆是典型的半坡类型彩陶。

庙底沟类型彩陶距今约 6000 到 5000 年,主要器型虽仍为敞口,但典型的大口鼓腹小平底盆已呈现出前所未见的优美造型线。纹饰以鸟纹为代表,从半坡的散点纹样、两方连续纹样演变为两方连续为主;制作时常常先以点来定位,经由弧线连接,构成静态或者动态的装饰。

其后出现的是仰韶文化、大汶口文化和马家窑文化等。此时的陶器无论在选择原料、成型技术、艺术加工和烧成温度方面,都开始进入到了一个较高的水平。尤以丰富多变、绚丽多姿的彩绘陶器为其代表。彩陶器物上的纹样极为丰富,多数是形式多变的几何纹样,其次是植物纹样,以及人、鱼、鹿、蛙、鸟、蜥蜴纹等。彩陶器物上图案纹样的装饰,其艺术处理相当成功,起到了美化器物的效果。而彩陶图案的内涵是极有寓意的,它记录了人类对于大自然的占有欲望,是人们思想和感情的流露,因此不失为研究当时社会环境、意识形态的形象资料。马厂类型彩陶纹饰简练、粗犷,典型的人形纹(或称蛙纹)彩陶罐,笔画直率遒劲,表现出装饰题材的变化。

大约在公元前 4000 年末至公元前 3000 年间,我国新石器时代进入了龙山文化、良渚文化阶段。这时期的制陶业已经非常专业化了,产量和数量都较过去有了很大的提高。陶器的制法有了很大的改进,主要表现在轮制技术得到了普遍应用,并辅之以模制和手制。器形相当规整,器壁的厚薄也十分均匀。陶质细腻、陶土可塑性大。陶色以黑陶为多,也有灰、红、黄、白陶。陶器的烧成温度有的可达 100℃。器型多样、规整、精巧,常见的有鼎、盉、釜、碗、盆、罐、盘、杯、豆、壶、簋、瓮、尊等。陶器以素面或磨光的最多,纹饰有弦纹、篮纹、划纹、附加堆纹、镂孔等,也有一些施以陶衣和彩绘。

稍晚于彩陶工艺的黑陶,主要产地在黄河下游和东部沿海。它有漂亮的亚光黑色,不需彩绘,人们利用轮制工艺,在黑陶表面划上少许弦纹,并加以镂空。有的黑陶器壁极薄,有"蛋壳陶"的美誉。山东龙山文化的蛋壳黑陶,胎壁仅厚 0.5—1 毫米左右,表面乌黑发亮,是标志这一时期制陶工艺达到极高水平的代表作。

在长江以南地区,还有一种灰陶。它在陶坯半干时,用刻有几何纹样的印模按捺陶坯,烧成后成为表面有丰富印纹的灰陶,也被称为几何印纹陶。此外,新石器时期,人类已经使用骨蚌穿制项饰。

在原始社会的旧石器时期,原始人类通过打砸的方法,将天然石料制作成形状明确、坚实耐用、适合于多种用途的石工具。

　　进入新石器时期，原始人类在打砸的基础上再加研磨，制作成造型工整对称、表面肌理光滑的石工具。随着石器制作者制作经验的积累、制作技术的进步，人们也逐步发现基本的形式美法则并在石器制造中体现出来。

　　面对远古时代留给我们的那些古朴美丽的文物，我们仿佛听到祖先透过那些器皿的造型和流动的花纹在诉说着很多的故事，告诉我们，他们看到了什么，他们的生活需要什么，还传递着一个千古不变的道理：人类用自己的智慧和双手，利用大自然给予的丰富物产，创造生活用品，满足自身需要。也许，人类已经无法证明，这是谁的创意。人类一直在根据这个道理在创造。那个遥远时代的手工制品只不过是人类"小儿时节"的手工艺处女作而已。

　　新石器时代玉器，无论是东北辽河流域红山文化的玉龙、玉兽装饰，还是黄河下游海岱龙山文化的玉砗兽面纹，或是长江下游太湖地区良渚文化玉琮、玉钺等器物上的神人兽面纹，其主题是"族徽"也好，"法物"也好，"神祇"为好，它们都隐约反映出中国社会宗教迷雾般的神秘性。装饰手法多用阴线刻描，少数阴阳线交汇或剔地阳纹，更使主题鲜明。新石器时代玉器造型，体现的是远古先民天人合一的宇宙观，装饰反映的是万物有灵的认识论。造型与装饰，内容与形式，相得益彰，融为一体。

三、夏商周时期

　　距今四五千年前的原始社会末期，华夏大地先后出现了黄帝、炎帝、少昊、大昊、蚩尤、颛顼、帝喾、九黎等部落联盟，还有数以千计的部族部落和方国。约4000余年前占据统治地位的是尧、舜、禹相继任首领的中原部落联盟。夏禹任首领时，打败了三苗部落，三苗"亡其姓氏，路毙不振，绝后无主，湮替隶圉"[①]，很多人成为胜利者的奴隶。禹被中原各部落尊为后，拥有发号施令的权力。对外征服战争的胜利和大规模治理洪水、兴修水利灌溉工程的成功，为夏王朝的建立和经济发展奠定了基础。

　　禹死后，其子启在新兴奴隶主贵族的拥戴下继位，传统的首领奴隶制是人类历史上第一个也是最野蛮、最残暴的剥削制度。禅让制度被王位世袭的"家天下"所代替。我国奴隶制发展经历了夏、商、西周、春秋四个时期，夏后、商王、周天子先后成为众多部落方国的共主。在中国，奴隶制发展得不够充分和完善，始终存在着大量氏族公社残余，这是中国奴隶制

---

① 《国语·周语下》。

的特点。夏代是奴隶制形成时期,商代奴隶制有很大的发展,西周是我国奴隶制发展的最高阶段,进入春秋时期,奴隶制便日趋衰落了。

夏商周时期,在青铜器问世之后,石器作为劳动的工具已经越来越少,石器的雕刻逐步进入了艺术的领域,这是中国石雕和玉雕艺术的开始。对于漂亮的石头,祖先已经懂得通过加工,使之变成艺术品。

商周时期以青铜器为代表。奴隶社会的政治、经济、技术发展和社会风俗变化极大地影响了青铜器造型纹饰风格的演变。

青铜是红铜和锡、铅的合金,因泛灰青色而名。商周时期,青铜器的主要功能是用作“礼器”。

以青铜器的造型分类,可分为炊煮器、食器、酒器、水器等。

青铜炊煮器用于炊煮食物。著名炊煮器有鼎、鬲、甗。鼎用于煮肉食。青铜鼎造型由鼎腹、鼎足、鼎耳组成。鼎的各组成部分因时代、具体用途不同而不同。商王为祭祀母亲铸造的后母戊鼎造型厚重威严,是我国目前发现的最大的青铜器。鬲和甗分别用于煮粥食和蒸煮食物。鬲的款足设计巧妙,方便热量传递;甗中间有穿孔的隔板,就是今天的蒸隔。

青铜食器用于盛放食物。簋用于盛饭食,豆用于盛菜食。

青铜酒器包括用于盛酒的尊、饮酒的爵与调和酒的盉等。尊是较大型的盛酒器,器腹硕大,侈口。商代著名青铜尊有龙虎尊和四羊方尊。爵是造型别致的青铜饮酒器。爵腹用于盛酒;器口缘有便于饮酒的“流”,边上有把手,器壁附有菌型柱。

青铜水器主要用于盥洗,主要匜和盘。匜用于注水,盘用于盛水。

青铜器的纹饰包括主体纹样和陪衬地纹两类。奴隶社会鼎盛时期的青铜主体纹样是兽面纹(也称饕餮纹),主要陪衬地纹为云雷纹。兽面纹作为青铜器的主纹出现,通常左右对称,巨目大口,头上有角,狞厉威严。现代学者认为,兽面纹应该是牛、羊、虎、猪等动物正面形象的图案化综合。

随着时代的演进,青铜器的形制和纹饰前后有很大的变化。商周青铜器风格厚重、森严,以兽面纹为主纹,显示奴隶主政权的威慑力量。西周末至东周初,青铜器的风格趋向简洁,出现了单纯明了的环带纹和重环纹。东周至秦的青铜器造型纹饰都转为轻巧、活泼,富于动感。蟠螭纹和反映社会生活的图画也成为青铜器的装饰题材。

铜器文化是记录远古社会的形象史册。青铜艺术形象地显示了奴隶社会的生产发展水平、技术的进步和社会状况。青铜器的铸造需要千度以上的高温,一般说来还需要鼓风的设备。青铜器往往铸造有各种铭文,字体为金文(或称钟鼎文、金钟文),它是历史的真实记录,我们从这些文字中了解到奴隶社会的人与人的关系以及许多民俗、礼仪方面的史料。

如虢季子白盘（重四百多斤）上有铭文 110 字，大意是说周宣王十二年（公元前 816 年）正月初的丁亥日，虢季子白做了这个盘。由于虢季子很威武，能打仗，于现在陕西洛河北面，抵抗了外来民族的侵略，杀死五百多敌人，捉住五十个俘虏。王很嘉美他，驱驾到祖庙，在宣榭召开宴会，王说：伯父，你很光荣。赏了他四匹马、弓箭和斧。他把这些事实载在这个盘上传给他的子孙。又如研究奴隶社会的著名资料匹马束丝换五个奴隶，就是出自《智鼎铭文》："我既赎女（读汝）五（夫效）父，用匹马束丝。"

青铜器是奴隶社会的产物，在它上面有明显的阶级特征。从许多器物的纹饰中，尤其是作为编钟支架的奴隶铜人的形象上，把奴隶被压迫的地位表现得非常真切。青铜器是阶级压迫的历史见证。它和陶器文化不同，新石器时期的陶器上没有一丝一毫阶级压迫的痕迹，它只是反映人们对共同生存的环境的赞美，反映出追求美好生活的愿望。而青铜器则反映着奴隶社会的发展，体现着奴隶社会物质文明所达到的水平。

商周时期在制玉方面也取得了很大成就。商周时期玉器不仅器型多样，而且装饰多姿多彩，器型与装饰结合更加巧妙，形中显纹，纹体为形。商代常见的龙、虎、凤、饕餮、牛、鸟和神人图像，采用剪影和侧视展开的方法，对轮廓和动态加以夸张，以当时最流行的剔地阳纹或双钩线法对物体的各个细部加以描绘，眼作瞳孔突出的"臣字眼"，耳作方或圆的卷涡等。西周器型与商代相近，其装饰线条已有细微变化，由商代的两条垂直阴线出阳纹，变成一条垂直阴线和一条斜坡阴线相交出阳纹，刚柔相济，利用不同反光和阴影之差，使装饰更具立体感和图案美。由于商周时期礼治天下，制定"六瑞""六器"用玉制度，礼玉一枝独秀，装饰主题也为礼仪服务。透过形态多变的动物形玉器的装饰表象，我们隐约看到，它们表现的不是国家的"吉祥物"，就可能是方国的"珍禽异兽"，以寓意"普天之下，莫非王土"的君主思想。

从商周时代开始，由于社会经济的发展，各种手工业的兴起以及物质文化的需要，陶器逐渐广泛应用于建筑业和青铜冶铸业。这样，陶器一词的含义，也就不再局限于日常生活所用器皿的范围了。同时，随着科学技术的进步，以及新材料的不断出现，再加上陶器本身具有的某些不可克服的缺点，于是普通陶器慢慢失去了往昔它曾是人类主要生活用器的重要地位，而为后起的印纹硬陶、原始瓷、低温铅釉陶、瓷器、紫砂陶等新生事物所替代。

大约从公元前 21 世纪开始，中华民族跨入了文明社会的门槛。然而，席地坐卧的起居习俗，却依然延续了漫长的时间。席子在先秦时期仍是重要的起居用具。不过,此时已可见到不少后世家具的雏形,如商周的铜俎、木、俎,战国的凭几漆案、漆几等,其形状代表着后代的几、案杌、桌等类型;商、周的铜禁、战国的漆箱等,则代表着后代的箱、橱柜等类型。此外,在商代甲骨文中,已出现了床字,写作"日",实际上就是竖立的床的形状,而病字则写作"时",即是人躺在床上的样子。由此可知床的历史至少已有三千多年。至春秋时期,床的使用已经较普遍了,编成于春秋时代的中国最早的诗歌总集《诗经》中,已有"十月蟋蟀,入我床下"的记载。

四、春秋战国秦汉时期

从公元前770年周平王东迁到公元前221年秦始皇统一中国的500余年,史称春秋战国。春秋时期,奴隶制统治的象征周王室日渐衰微,一些诸侯国在地方经济发展的基础上强大起来,相互间不断地进行争夺土地和人口的兼并战争。经过200多年的争战,100多个诸侯国多数灭亡,形成齐、楚、燕、韩、赵、魏、秦等大国对峙和争雄的战国局面,又经过200多年的争战,终至为秦所统一。但秦朝急政暴虐,导致二世而亡。经过秦末农民战争和楚汉相争,公元前202年,刘邦重建了统一的封建帝国。西汉各项制度基本沿袭秦朝而有所增易。西汉后期,土地兼并和奴婢问题十分严重,社会矛盾日益尖锐,经济发展走下坡路。王莽改制失败,刘秀乘机夺取了农民起义的胜利成果。新建立的东汉政权被迫对生产关系做了某些调整,释放奴婢,减轻农民赋税,兴修水利等,使社会经济得到恢复和发展。但豪强地主势力很快就急剧发展起来,庄园经济严重束缚了生产力的发展。东汉末年,阶级矛盾不断激化,终于爆发了黄巾大起义,东汉王朝也随之瓦解。

秦汉时期是我国统一的多民族的专制主义中央集权的封建帝国建立和巩固时期,也是封建经济文化发展的重要时期。

漆的使用古已有之,战国秦汉时期,漆器普及成为具有代表性的工艺美术品种。相对于陶器和青铜器,新的材料给战国秦汉时期的工艺美术带来了全新的面貌。

漆器由胎骨和表面的漆饰组成。一般来说,漆器的胎选用木材为原料,挖制(或旋制)成器形。战国秦汉时期流行木片卷粘胎,制作时先将木料裁为薄片,经烘烤卷成筒状,然后在外加裱麻布。木片卷粘胎适合制作筒状器物,当时的筒状容器——奁,就是这样制成的。战国秦汉时期漆器的典型器物除奁之外还有耳杯。耳杯也称羽觞,其作用相当于酒杯和水碗；耳杯杯体浅浅下凹，杯的两旁有双耳，主要用于盛水盛酒；有的耳杯在包装时杯杯相套，大大节省了搁置空间。魏晋南北朝时期，流行夹绽胎：先以漆灰成型，然后外面加裱麻布，待麻布干硬成为壳体后，再掏去内里漆灰胎，便获得轻盈精致的胎型。

漆器的髹涂最初是为保护器胎，以后在漆层上加上各种装饰。战国秦汉时期，漆色以红、黑为主；装饰手法有彩绘、针刻、镶嵌等；纹饰包括动物、云气、几何纹，其中变化多端的云纹是战国秦汉时期漆器的主要装饰纹样。

马王堆一号汉墓出土了大量漆器。出土的漆棺上有彩绘云纹装饰，夹杂着神仙人物和动物，表现了汉代人长生不死的梦想。彩漆的云纹线条婉转流畅，有极高的观赏价值。

战国时期的楚国、汉代四川的蜀郡和广汉郡是当时漆器的重要产地。

战国秦汉时期的青铜器制作转向青铜灯、炉等特殊造型，代表作品有长信宫灯、错金博山炉等。它们将作品的实用功能与审美功能有机结合起来。

著名的铜奔马表现了精湛的青铜制作技艺与聪慧的艺术构思。

目前最早的黄金器皿，是湖北随县战国时期的曾侯乙墓中的金盏，重2150克，采用钮盖、身、足分铸，再合范浇铸或焊接成器的方法，全器制作十分精细，具有楚青铜器风格，其制作技术，应是在中国传统的青铜铸造工艺基础上发展起来的一种新的工艺。春秋战国时期的金银器，中原地区与少数民族地区的风格有所不同：山东、浙江、湖北等地的金银器多为器皿、带钩等，一般以范铸法制成；内蒙古、陕西等地出土的主要是金银首饰及马具上的饰件，工艺技术上较为完善。

秦代金银器目前发现甚少，山东淄博窝托村古墓出土的秦始皇三十三年造的鎏金刻化银盘，盘内外錾刻龙凤纹，花纹活泼秀丽，线条流畅，富有韵律感。陕西西安始皇陵所出铜车上，有金质的当卢、金泡、金项圈、金珠，银质的银较、银镳、银辖及银环、银泡、银项圈等部件，均系铸造成型。

两汉时期，我国金银器的产量已相当可观，文献记载中多有统治阶级之间常以黄金作为赏赐、馈赠、贡献等，而且数量惊人。江苏盱眙南黑庄窖藏曾发现金版、金饼、马蹄金、麟趾金等各种金币36块，置于一铜壶内，壶口盖一重达9000克的金兽，含金量达99%，表面锤饰圆形斑纹，是一件汉代的重器。江苏邗江东汉广陵王墓出土有广陵王金印及十余件制作精细的小金饰件。此外，金银丝也用来串系金缕、银缕玉衣。从这些出土品可以看出，当时除了自商周以来加工黄金所用的锤揲、制箔、拔丝、铸造等技法继续沿用外,金银细工已日趋成熟,如掐丝、垒丝、炸珠、焊接、镶嵌等,特别重要的成就是发明了金粒焊缀工艺,即将细如粟米的小金粒和金丝焊在金器表面构成纹饰。银器到汉代作用范围已较广,也有较多的容器和小件服御器,如银画、银盒、银盘、银碗以及银带钩、银指环、银钏、银铺首、银车马具等。山东临淄西汉齐王墓陪葬坑中还出土了两件银盘,器腹均饰以鎏金花纹。这种器腹饰鎏金花纹的银盘即金花银盘,在唐代曾成为金银器中最主要的品种之一。

东周、汉代玉器类型上前后略有变异,可细分为几期,但装饰风格仅有细部变化,呈现一脉相承的趋势。当时的装饰图案有几何纹和神兽纹两大类。几何形花纹有涡纹、方格纹及由此衍化而来的谷纹、蒲纹,还有勾连云纹、卧蚕纹、乳丁纹等。几何纹都为平面起纹,线条布满器身,疏密有致,阴阳相辅,粗细互衬,充分显示出铁质工具给玉器装饰风格带来的革命性变化。神兽纹有蟠螭纹、螭虎纹、鸟首纹等,或龙虎相争,或龙凤相配,或穿云出雾,或腾身踞地,洋溢着生命的活力。表现手法透雕、浮雕兼有,细部加阴线绘描。东周、汉代玉器装饰绚丽的多彩性,是当时学术自由、文化发达、社会繁荣的客观反映,它是中国玉器装饰的成功范例,成为后世的楷模。

1957年,河南信阳长台关的一个战国楚墓里,出土了一张完整的漆木大床,长2.18米,宽1.39米,其平面尺寸与现代的大床相仿,只是床足较矮,仅19厘米。

与木床同时出土的还有几、案、屏风、箱子等其他小型家具。这些家具,是中国目前已知最早的一组木制家具,制作细巧,图案丰富,雕刻精美,反映了战国时期的家具制作、髹饰雕刻及彩绘技术,已达到了相当高的水平。其中的榫卯结构技术,为后世家具发展奠定了基础。如历代家具制作中沿用的格肩榫、透榫、燕尾米,其平面尺寸与现代的大床相仿,只是床足较矮,仅19厘米。

与木床同时出土的还有几、案、屏风、箱子等其他小型家具这些家具,是中国目前已知最早的一组木制家具,制作细巧,图案丰富,雕刻精美,反映了战国时期的家具制作、髹饰雕刻及彩绘技术,已达到了相当高的水平。其中的榫卯结构技术,为后世家具发展奠定了基础。如历代家具制作中沿用的格肩榫、透榫、燕尾创制的一种家具,当时仅流行于宫廷与贵族间,主要用于战争狩猎。胡床因床面用绳带交叉贯穿而成,所以又称绳床,可以收起,类似今天的马扎,结构十分轻巧,易于携带。后代的木交椅、今天的折叠椅凳,均由胡床发展而来。此外,胡床也很可能就椅子的前身。

汉代的丝织工艺以经锦为主,这是一种经丝彩色显花的丝织品,纬线只有一色,而经线多至三色,由经线显出织物的花纹。

汉代的画像砖石描写神话故事,反映现实生活;结合具体材料和制作工艺,进行刻画、模印或绘画,表现手法多样。

五、魏晋南北朝时期

在黄巾起义的打击下,东汉政权土崩瓦解,经过各派军阀的兼并战争,逐步形成了魏、蜀、吴三国鼎立的局面。自公元 220 年曹丕称帝到公元 581 年杨坚建立隋朝间的历史,为魏晋南北朝时期。

魏晋南北朝是中国封建社会的分裂割据时期,从东汉末年开始的大动乱、大分裂、大破坏延续了 300 余年(西晋统一的 20 余年除外)。朝代更迭频繁,若干割据政权同时并存。这一时期也是中国各民族大融合的时期,匈奴、羯、氐、羌、鲜卑等族融入汉族,汉族和各少数民族互相吸取了各自文化的精华。此一时期原来比较落后的南方经济得到迅速开发,北方经济几经起落,在北魏中期后得到恢复并有一定的发展。中国原有的文化传统没有中断,各地区以中原为中心,始终保持着密切的联系,对外经济文化往来也有一定的发展。

在人类历史上依次出现的各种质地的生活器皿中,瓷器不但坚固耐用,干净耐酸碱,盛食不变味,易洗涤,实用价值高,而且细腻光滑,半透明,色泽滋润似玉,审美价值高,因而很快便成为人们比较理想的生活器皿,主要是饮食器皿。瓷器的发展经历了从青瓷到白瓷,又从白瓷到彩瓷的几个阶段。东汉后期,烧制青瓷的技术已基本成熟,经三国两晋到南北朝,青瓷、黑瓷烧制技术得到进一步发展。制瓷业已从南到北扩展到全国,制瓷技术也有很大提高。

魏晋南北朝的瓷器普及成为日常生活用器,主要代表是青瓷。北朝青瓷仰覆莲花尊是具有时代特色的青瓷作品。

北方烧制青瓷约始于北魏晚期,从此青瓷生产形成两大系统,互相影响,互相促进,推动了制瓷业的迅速发展。南北朝时制瓷技术的突出成就是,北齐时北方成功地烧出了白瓷,以后又出现了白釉挂绿彩的彩瓷。白瓷的出现是陶瓷发展史上划时代的大事,对瓷器的发展有重要的意义。有了白瓷,才有青花、釉里红、斗彩、五彩、粉彩等各种彩绘瓷器。但烧造白瓷很不容易。瓷土中普遍含有呈色性很强的铁,如果瓷土中铁的含量超过 1%,烧出的瓷器便呈灰白色,含量越多,色越重。白瓷是白胎白釉。为了使胎、釉白净,必须把胎料和釉料中铁的含量降到 1% 以下,白瓷的烧制成功说明了瓷土筛选技术的提高。河南安阳北齐武平六年(575 年)

范粹墓出土的白瓷碗、杯、长颈瓶等，是目前所知最早的白瓷器，其釉层薄而滋润，釉色乳白，说明当时已掌握烧造白瓷的技术。

青瓷在我国长期是制瓷业的主流，历久而不衰。这一时期的青瓷胎质坚实，通体施釉，釉层较厚，釉色青绿中带灰色或黄色，但尚含有杂质，胎质也发红。青瓷的生产可分为南北两个体系。北方青瓷浑朴厚重，如河北景县出土的青釉六系莲花尊，器形高大雄伟，用雕刻、堆塑等技法装饰，具有很高的水平，但瓷窑发现不多。南方青瓷造型比较秀气，江苏、浙江、安徽、福建等地都出土大量青瓷器。浙江是全国的青瓷生产中心，大体可分为越窑、瓯窑、婺州窑、德清窑四个系统，尤以绍兴、余姚一带的越窑（又称"会稽窑"）最为兴盛，品种多样，工艺精美，瓷胎含铁量增加。永嘉、温州一带的瓯窑以淡青色玻璃釉青瓷著称，在晋代被称为"缥瓷"。德清窑以烧制成稳定的黑瓷著名。浙江金华一带的婺州窑首先采用了化妆土技术。

此时期与东汉相比较，瓷器装饰更为丰富多彩，技巧也较高，多用刻花、压印、贴花、堆塑、雕镂、釉彩等工艺。装饰内容有图案、花草、动物、人物、建筑、彩绘等。有的器形作动物状，如卧羊、熊灯等。一些容器的器形与装饰巧妙结合。三国至晋初，出现一种随葬的明器谷仓罐，在肩部堆塑楼阁、人物、禽兽等。南北朝时由于佛教影响，流行莲花纹饰。东晋后青瓷上常加上酱色釉彩斑，此外还烧成了黄釉、黑釉、黑褐釉、褐黄釉等釉彩。瓷器种类日益繁多，主要有尊、壶、罐、钵、碗、盘、杯、盒、瓶、盂、洗、灯、熏、虎子、盥盆、水注等，表明此时陶瓷器皿已开始取代铜器和漆器的地位，成为人们生活器皿的一个主要品种。而各地出土的瓷器和瓷窑之多，也表明此时瓷器生产已成为一个重要的手工业生产部门。至迟到南朝时，龙窑技术已比较合理，一些瓷窑已有相当规模，如浙江萧山上董青瓷窑址，长达250米，有利于利用瓷窑的空间和热量，还使用了许多窑具，特别是匣钵，既可防污染，又可避免釉层的一些化学变化，有利于烧制精美的瓷器。这些窑具一直为后世所沿用。

魏晋南北朝以后，随着生产技术的发达和民族文化融合，屋内家具有了较大的发展。此期由于建筑高度的不断增加，家具高度相应提高。如晋代大画家顾恺之的《女史箴图》中，床的高度即与今天的床相差无几，虽说当时人们席地而坐的习俗仍未改变，但床的增高，使人们不仅可跪坐于床上，也可垂足坐于床沿。

这一时期，由于长期的战争，西北地区的少数民族大量进入中原，东汉末年传入的胡床逐渐普及到民间。与此同时，还输入各种形式的高坐具，如椅子、方凳、圆凳、束腰形圆凳等，这些新型家具对改变人们的起居习惯、促进传统家具的发展产生了一定的影响。

六、隋唐时期

隋唐两代是中国封建社会的鼎盛时期,重新统一的多民族国家进一步巩固发展,封建经济文化、科学技术空前繁荣发达,给后世以深远的影响。

公元581年,杨坚取代北周,建立隋朝。589年,隋灭陈,重新统一全国。但继位的隋炀帝过于骄奢残暴,激起大规模的农民起义,隋朝仅38年就覆灭了。

公元618年,李渊建立唐朝。唐初吸取隋亡的教训,励精图治,选用廉吏,轻徭薄赋,继续推行均田制,还创制了"输庸代役"的租庸调法,减轻人民的负担,使社会经济很快得到恢复并持续发展,至唐玄宗时进入全盛期,成为当时世界上最文明富庶的强国。"安史之乱"后,北方经济遭到严重破坏,藩镇割据,宦官专权,唐王朝由盛转衰。但整个社会经济继续向前发展,南方经济仍保持迅速发展的趋势,日益超过北方,全国的经济重心逐渐南移。

隋唐时期是我国制瓷业的繁荣时期。制瓷业已从陶瓷业中独立出来。制瓷工艺有很大的进步,瓷窑遍布全国,出现了一批名窑,瓷器已成为人们日常生活所不可缺少的器皿。

隋、唐时期瓷器的装饰手法充满生活气息,绘画、划花、刻花、印花、堆贴、捏塑等手段都得到了充分展示。在纹饰内容上,主要以花卉和人物为主,花卉如忍冬、莲瓣、梅花、菊花、葡萄、蔓草等,人物以舞蹈、杂耍艺人形象最为生动,这反映出大唐盛世时文化生活的发达。

色彩斑斓、生动多姿的唐三彩以富于浪漫与豪放的风采体现出盛唐气象,是制陶史上的瑰宝。

唐代是我国金银器制作的繁荣时期。唐代金银器制作于8世纪中叶进入全盛时期,其造型与纹样深受波斯萨珊王朝的影响,但多为西方器型,东方纹样。其品种有杯、盘、碗、筷、壶、罐、盒、匜、熏炉和首饰等,造型圆润丰满,规整而有变化,装饰风格繁缛、富丽,多錾刻苍草、团花及龙凤纹,晚唐装饰风格趋于写实。

唐代一般铜器生产已趋向衰落,只有铜镜生产有所发展,铸造质量很高,锡、铅成分增多,色泽洁白如银。如扬州铸镜十分著名,是重要贡品,有一种江心镜,镜面磨莹如水。太原铸镜也是贡品。由于唐玄宗将其生日定为"千秋节",在这一天宴请并赏赐百官铜镜。民间竞相仿效,甚至将铜镜作为新娘必备的嫁妆。唐镜面貌一新,突破了传统的圆形和方形,创制出八棱、菱花、八弧、四方委角、海棠花和带柄镜等式样;图案有人物、花鸟、海兽、葡萄纹、麒麟、狮子等,层出不穷;装饰技法出现了螺钿镶嵌、金银平脱等新工艺。

唐代以纬锦为主,并达到很高的水平。唐锦花式品种繁多,仅代宗时为尚节俭敕令禁织的蜀锦贡品就有"大张锦、软锦、蟠龙、双凤、麒麟、狮子、天马、辟邪、孔雀、仙鹤、芝草"等品种。唐锦的艺术风格富丽绚烂清新流畅。图案花纹多为各种花草禽兽几何图案及文字,又可分为联珠纹、团窠纹(团花)、对称纹、散花、几何纹、晕裥等。

唐代是中国古代最辉煌的时期,通过连接欧亚大陆的"丝绸之路",唐代文明与西方文明相互交融,共同繁荣。宋元时期东西交流不如前期,南北民族之间常有摩擦,这种以战争方式的接触,客观上也提供了相互学习的机会。这种东西、南北文化兼容的历史印记,也深深地打在玉器装饰的主题上。唐代玉器装饰有传统的龙凤呈祥、仙鹤拜寿、牡丹富贵,更有飞天、胡吹伎、胡商贩、摩羯鱼等外来题材。雕刻技法是四周平地起线,画面半浮凸,富立体感,阴线细描,紊丝不乱。剪影式的透雕玉器增加,多为动物题材。宋元玉器传统题材的文人情趣,与当时绘画艺术并驾齐驱,花鸟虫兽,龟巢荷叶较常见。北方契丹、女真、蒙古诸民族,招募汉族琢玉高手或吸收汉族琢玉特技,摄取日常生活的典型素材,刻描在能随身佩带的小件玉器上,以小见大,画面具故事情节。"春水""秋山"玉饰,折技花饰是这时具民族特色和时代特征的典型装饰题材。其表现手法不见唐代的细密阴线,而广泛采用浑厚的透雕,背景衬托画面,主题鲜明突出。俏色玉的娴熟运用,使雕塑与绘画有机结合,内容与色泽相统一,呈现题材更具真实感。

中国历史上的隋唐、五代,是建筑发展的成熟时期,家具亦相应发生了显著变化,开始由低型向高型全面过渡。这时,垂足而坐的休息方式逐渐普及,但席地而坐的起居习惯依然广泛保存着,因此出现了高低型家具同时并存的局面。家具的品种在这阶段有很大发展,如在敦煌壁画、五代《韩熙载夜宴图》及《勘书图》等绘画中,已可见到诸如短几,长、短案,方、圆案,高、低桌,方、圆凳,靠背椅,扶手椅,藤墩,床,榻,巾架,箱柜,柜橱,屏风等各类家具形象,后代家具类型,至此已基本齐备。隋唐五代的家具式样简明、朴素、大方、线条柔和流畅床榻上常用壶门装饰,髹漆家具上已开始使用螺钿镶嵌技术。适合于垂足而坐的高型家具,在隋、唐、五代时,主要流行于上层社会,民间尚属鲜见。宋、辽、金时期,席地而坐的习俗,已完全为垂足而坐所取代,桌、椅、凳等高型家具得到普及,并衍化出许多新的家具品种,如圆、方高几、琴桌和床榻上的小炕桌等。这一时期家具在结构和造型方面有较大的变化,梁柱式的框架结构取代了隋唐、五代时期常用的箱形壶门结构,造型也较前代更加秀气轻巧。同时,家具上还开始大量运用装饰性线脚,如束腰、枭混线、多边形、凹角断面等。牙板外膨、腿足上部向内弯曲、下部里勾或外翻呈马蹄形等做法,亦是这一时期的创造。

七、宋元时期

960 年,赵匡胤建立宋朝。宋结束了五代十国的分裂割据局面,社会比较安定。1127 年北宋亡于金,中原人口又一次大量南迁。偏安江南的南宋,国土和人口仅为北宋的五分之三,并一直承受着北方强大的军事压力。但南宋重视发展经济,进一步解除对民间工商业的限制,手工业产品的数量和生产技术都超过了北宋。1206 年,蒙古族的成吉思汗在漠北建立大蒙古国,先后灭西夏和金,传至忽必烈时遵用汉法,改国号为大元。1279 年,元朝灭南宋,结束了 300 余年来的分裂对峙局面,再一次实现了中国的大统一。

宋代是我国陶瓷艺术发展的高峰期,除官窑之外,民间的汝窑、均窑、定窑、龙泉窑深受朝廷和民间的喜爱。江西的景德镇,在唐朝已初露端倪,到了宋代,景德镇瓷器达到了质细、胎薄、色润的水平,宋景德年间,真宗皇帝命之为贡品,景德镇从此名声大振。独具风格的瓷窑体系已经建立,各窑之间风格迥异,色彩纷呈,如定窑的刻花、划花,耀州窑流行的印花,磁州窑的黑色彩绘等各具特色。装饰纹样的题材也大大超过了隋、唐时期。花卉题材千变万化,成为宋代各窑系的主要装饰题材,也经常使用寓意吉祥美满的花卉、动物组合纹饰。人物山水彩绘的场面宏伟,与宋代的中国画特点十分贴近,同时融入民间艺术特色,显得意趣横生。

元代是瓷器发展史上承前启后的重要阶段。制瓷技术有新的发展,白瓷成为瓷器的主要品种,并逐步向彩瓷过渡;青花和釉里红兴起了;彩绘由三彩发展到五彩戗金。吉州窑等一些窑场衰废了,景德镇逐渐成为全国制瓷业的中心。

缂丝是中国独特的工艺品,以本色生丝为经,彩丝为纬,用手工以“通经断纬”的织法织出的正反面花样色彩相同的织物,又称“刻丝”或“过丝”。宋代缂丝多以画稿为底本,艺术性很高。北宋缂丝织幅超过唐代,多作书画裱首。南宋缂丝以摹制画院风格的书画为能事。北宋时定州(今河南定县)缂丝最为有名,后因战乱南迁,南宋时镇江、松江、苏州都盛产缂丝。朱克柔、沈子蕃等人的作品更是运丝如笔,工丽典雅,色泽古朴,惟妙惟肖,笔意神韵与原作分毫不差,达到了艺术的高峰。元代缂丝好采用金彩,其繁华细密超过宋缂,多用于制作佛像,存世的元代释迦佛挂轴用十色金彩织成。

宋元时期的金银器多出自窖藏,少部分出于墓葬和塔基,其金器多为饰件,银器多为生活与宗教用品,加工方法分别采用钣金、切削、抛光、焊接、压印、模冲、錾刻、锤揲、镂雕、鎏金等传统工艺,并有所创新。元代在品种上还有所增加,出现金碗、金盘、金杯及银奁、银镜、镜架、银篦、银刮、银刷、银针、银剪、银脚刀等。宋元金银器以器形设计构思巧妙为特征,在装饰上继承和发扬了唐代的传统,并采用新兴的立体装饰、浮雕形凸花工艺和镂雕为主的装饰技法,将器形与纹饰和谐结合,使之具有鲜明的立体感和真实感。花纹装饰的题材大致有花卉瓜果、鸟兽鱼虫、人物故事、亭台楼阁及錾刻诗词5类,有的器物上还有款识,除少数刻有年款及标记重量、寓意的杂款外,多为打印金银匠户商号名记的款识,如"周家造""张四郎""丁吉父记"等,表明了宋元以后民间金银器制造业的繁荣状况,并且更为商品化。

玉器自宋代逐渐成为买卖商品,进入市场流通后,至明清时期已走出王公贵族门殿,进入寻常百姓家。百姓也寄情于玉器,期望于玉器给他们带来福祉。玉器制造商也投民众所好,大量生产百姓喜闻乐见的吉祥图案玉器,有"洞宾松鹿""麻姑献寿""八仙奉寿""观音渡仙"等八仙图;也有以八仙所执器物葫芦、扇子、宝剑、花篮、荷花、横笛、鱼鼓、阴阳板代替八仙人物的"暗八仙",均含祝福庆寿之意;更有象喻"太平有象""双鱼寓""年年有余",荔枝意"一本万利",羊表"吉祥",蝙鹿表示"福禄",以"卐"代万,以示"万德吉祥"等。

八、明清时期

明清时期是中国封建社会的末期,专制主义中央集权的封建统治空前加强,统一的多民族国家进一步巩固发展。1368 年,朱元璋建立明朝。明初实行休养生息和厚农资商政策,奖励移民垦荒,兴修水利,减轻商税,规定"三十而取一"①,开展对外贸易,使被战争破坏的社会经济迅速得到恢复和发展。明代中叶,资本主义生产关系的萌芽在一些地区和行业中较明显地成长起来。明代中后期,封建专制统治极其腐败,封建剥削日益

---

① 《明太祖实录》卷十四。

加重,终于爆发了长达 38 年之久的明末农民大起义,推翻了明朝的统治。

清朝是以满族贵族为中心建立的中国最后一个封建朝代。1644 年,清军入关,联合汉族地主阶级镇压了农民起义军和各地的反清斗争,并先后消灭了地方割据势力,抵御了外来侵略,使统一的多民族的封建国家得到空前的巩固和发展。

明代前期,社会政治相对稳定,海禁开放,城乡经济繁荣发达,市镇频频崛起。与此同时,私家园林如雨后春笋般出现,文人、学士、商贾、官僚等有产阶级,争相攀比室内家具的陈设。于是,社会上对家具的需求量剧增,对家具的质量亦是精益求精。

当时,为制造高档家具,从南洋等地大量进口名贵木材,家具的制作技术和规模发展迅速,手工作坊陆续兴起,从而促使明代家具艺术在嘉靖以后,进入了一个辉煌的黄金时代,达到了当时世界上的最高水平。明代家具的特点,主要是设计简练、风格典雅、朴实大方,无烦琐冗赘之弊;结构科学,榫卯精巧,坚固牢实;比例适度,造型优美,使用舒适;选精良,重视纹理和色泽。

明清制瓷中心在江西景德镇。明宣德年间(1426—1435 年)的青花瓷呈色深沉雅静,烧制得非常成功。清代康熙年间(1662—1722 年)的青花瓷釉色层次丰富,有“康青五色”之称。明清的颜色釉瓷十分发达,品种有“甜白”“霁红”“娇黄”“洒蓝”“碧玉釉”等;其他著名品种有“斗彩”“五彩”“粉彩”“珐琅彩”等。

明代瓷器主要釉色特点是以青花为主的瓷器釉色得到空前发展,同时出现了斗彩、五彩的彩釉瓷。青花瓷从元代到明初永乐、宣德年间采用了进口的钴料“苏泥勃青”,所以这一时期的青花瓷色调不够稳定,浓艳,色呈靛蓝,并出现铁锈斑痕和晕散现象,后世很难仿学宣德以后的青花瓷釉料多采用国产钴料,提炼纯净,色调稳定,淡雅柔和。其间也有变化,如正德年间使用瑞州石子青料,在烧成后的青花彩中,蓝中泛灰,成为特色。嘉靖年间,将瑞州青料与云南产的回青料相配合使用,青花色显得浓厚了许多。明代宣德朝始创至成化年间成就突出的一种名贵的新品种是斗彩瓷器。斗彩是釉下青花与釉上彩绘相结合的装饰艺术。先用青色料在胎上绘出纹样的轮廓线,单上透明釉,烧成淡描青花瓷器,然后在釉上依轮廓内填色彩绘人炉烘烧,使釉下青花与釉上彩绘构成完整画面,有时我们将这种做法称为“填彩”。斗彩使用的彩料多为天然矿物,色彩鲜明,其中成化斗彩的釉上彩以鲜红为显著特征,其色艳如血,其他色彩中如鹅黄、杏黄水绿、孔雀蓝、葡萄紫等也十分艳丽夺目。斗彩彩绘内容十分广泛,尤以婴戏图、子母鸡、草虫等最佳。斗彩瓷器一般小巧玲珑,人称“成化无大器",也是因为成化年间以斗彩瓷器为代表。五彩瓷器在明代也十分盛行,洪武年间在元代五彩基础上就有所发展。宣德年间出现了青花和釉上红相结合的新型制瓷工艺。成化年间用绿彩描绘纹饰,出现了绿彩的特殊品种。正德年间专以三种素色加以彩绘,人称"正德素三彩",三种颜色以黄、绿、紫为主色,明净淡雅。嘉靖、万历时期是五彩瓷器的主要发展时期。嘉靖时在原有五彩基础上加入金彩,使器物显得富丽堂皇。

清代瓷器的新釉色更加增多,其中以青花和粉彩瓷器为代表。清代青花瓷器主要采用浙江钴料,康熙时绘画内容多以戏曲人物、祈福求祥图案为主。雍正时,青花色淡而深沉,其间官窑仿明代宣德青花瓷很有特色。由于用笔点加深色来仿造外来钴料所呈现的自然斑,效果不十分理想、不自然,时而会露出人为修饰的痕迹。这时的纹饰以龙凤纹为主,其他如人物及吉祥图案也并不少见。乾隆时,青花瓷器图案精美、新颖、繁缛多姿,釉色鲜亮、浑厚。纹饰清晰沉重,蓝中泛黑,整体感觉更加明快。乾隆朝以后,青花瓷器多沿袭清初旧制,缺少特色。清代粉彩瓷器,创于清初康熙年间,为釉上彩,因彩料中含有"玻璃白"粉而得名。色彩较原五彩瓷器更加柔和、淡雅,所以也称为"软彩"。雍正时,粉彩普遍使用,图案多为花卉,也有人物、山水画。乾隆时,粉彩开光瓷器创出新意,别有意趣。雍正时还出现了一种新瓷器,即"珐琅彩"瓷器。珐琅彩是用铜胎画珐琅的彩料施于瓷胎上,所以也称为"瓷胎画珐琅"。这种瓷器深受当时帝王喜爱。珐琅瓷胎极薄,颜料来自西方,加以绘画精细,技术很难掌握,不易烧制,所以产品数量很少,极为名贵。雍正和乾隆两朝均有制作,以后就很少见了。清代的单釉瓷中还有几种十分出色的产品。

康熙年间制作的"郎窑红"釉。它因江西巡抚兼督陶官名为郎廷极而得名。这种红釉色如凝血,玻璃质感很强,表面开冰片纹,器口垂釉现象突出,十分华贵。另外,康熙时还生产一种"豇豆红"釉,釉面呈浅红色,时有绿斑,酷似红豇豆色,也有人称为桃花红,其色淡而不俗,甜润秀美,由于烧制时温度和空气控制难度相当大,产量也很少,且釉色极易脱落,难于保管。雍正时出现了"窑变釉"。这种新品种出于仿钧釉,釉中呈色剂以红为主,釉质肥厚,艳丽悦目。乾隆时,窑变釉瓷器数量更多。雍正、乾隆时期另一个釉色新品种为"炉钧釉"。它的釉色红中泛紫,红点多,青点较少,状似高粱穗色,故称"高粱红"。其余,如康熙年间创造的"茄皮紫""洒蓝釉";雍正朝新制的"茶叶末"釉、"珊瑚红"釉等都各有特色,红极一时。明代江苏宜兴的紫砂器也很著名。

金属工艺品包括金银器皿、铜器、珐琅工艺。

明代金银器主要出土于江苏南京、安徽蚌埠、云南呈贡、江西南城、湖北圻春、湖南凤凰、北京定陵等帝王公侯的陵墓。其中,以北京定陵出土者最为精致,它们在工艺上没有多少创新,但金属细工水平十分高超,如金丝编织、掐金丝、镶嵌珠宝点翠工艺等。清代的金银器工艺空前发展。皇家用金银器主要来自养心殿造办处金玉作及地方督抚所贡。现存精品多珍藏于北京故宫博物院。如铸于康熙五十四年(1715年)的一套中和韶乐金编钟,计16件,总重量达460余千克,每件大小相同,以钟壁的厚薄不同来调节高低不同的音调。地方督抚贡入的金银器主要产于北京、南京、杭州、苏州和扬州等地。传世品中还有不少蒙古、西藏、维吾尔等少数民族金银器,蒙藏地区主要是首饰、佛事用器;西藏布达拉宫的历代喇嘛塔,代表了藏族金银工艺的最高水平;维吾尔金银器工艺有着明显的地方色彩和阿拉伯情趣,如金鞘小刀等。总之清代的金银器工艺,社会功能更加多样,使用范围进一步扩大,器形、图案也有了较大的变化,其制作手艺之精巧,也为前人所不及,达到了登峰造极的境界。

宣德炉的制造与明初对外开放有关。1428年,工部用从南洋所得风磨铜数万斤,加锌万余斤,铸造了一批小型黄铜香炉。所用铜多至12炼,每斤铜仅存精铜4两,再添加30余种材料,多数来自外国。合金冶炼后,又采用鎏金、渗金、金屑等技法。所成铜器,光色焕发,有青绿、黄褐、古铜等60余种颜色,异于寻常铜器。后人称为宣德炉。

珐琅工艺是此一时期新兴的手工艺,有掐丝珐琅、錾胎珐琅、画珐琅、透明珐琅四种。

明清漆器在宋元的基础上有较大的发展,品种繁多,髹饰技法丰富,主要有罩漆、描漆、堆漆、雕填、螺钿、剔红、戗金银、百宝嵌等。明代隆庆年间(1567—1572年),安徽新安(今歙县)漆工黄成所著《髹饰录》,是中国现存唯一漆工艺专著,详细介绍了各种漆器的制作和装饰方法,后传至日本,影响很大。

雕塑工艺有很大发展。竹刻自明代中期成为专门艺术,分嘉定、南京两派。嘉定派代表为朱松邻祖孙三代,能兼雕象牙、犀角。清代,嘉定竹刻多出高手。康乾年间,造小处创贴黄工艺,以黄杨木为胎,用竹内皮雕纹饰贴于器表。

由于清朝后期的腐败和闭关守国的政策使中国由强盛转为积弱,逐步沦为一个半殖民地半封建的落后国家。

九、近代

鸦片战争后至中华人民共和国建立前的百余年间,国门被帝国主义列强的坚船利炮轰开，洋货的入侵以纱布为大宗，中国最重要的也是最大的手工业即棉纺织业首当其冲。到19世纪末，全国织布用纱已有约1/4为进口洋纱所代替；以后国内纱厂兴起，传统的手工纺纱业遭到重创后衰落。手工织布则情况不同，洋布虽然价格便宜，色彩鲜艳，但其主要消费市场在城市，而在农村，土布依旧有其自给自足的空间。从19世纪30年代起，洋布、土布产量各占全国用布量的一半上下，直到新中国成立前都维持在这个水平。

鸦片战争以后，还出现了新的手工业。在新手工业中，一类是从国外引进的，如火柴、制皂、织袜、毛巾、西药、搪瓷、油漆、铅字印刷、日用化工以及机器、电机、车船的修造等。这些工业进入后，因机器设备昂贵，或因市场有限，改用手工制造，以后才逐渐配备机械动力。另一类是20世纪以后，为适应商品出口贸易的需要而发展起来的手工业，如抽纱、发网、地毯、猪鬃加工等行业。这些行业的生产以手工劳作为主，产品出口外销，国际市场稳定，业务订单较多。世界大战期间，业务衰落，手工业者在跌宕起伏的经济大浪潮中求得生存。

日本帝国主义全面入侵中国后，在华北、华东敌占区，由于日本占领军滥加征发，原料奇缺，加以运输、销售管制，手工业遭受严重打击，普遍衰落。在西北、西南抗日战争的后方和中国共产党领导的抗日根据地，手工业则普遍发展，并出现手工业的合作化运动。据1933年工业普查所做的比较完整的估算，当时全国制造业的总产值中，手工业产品仍占72%左右，外资企业、民族企业生产的机制产品仅占28%。这说明旧中国工业落后，机制工业虽有发展，仍不能满足日趋增大的市场需要，机制工业在发展的同时，手工业还有很大的市场空间。抗日战争后，手工业生产有所恢复。据1947年对20个大中城市的调查，14078个工业生产单位中，作坊和工场手工业占76.5%。在工业最发达的上海，作坊和工场手工业的数量仍然是近代工厂数量的3倍。在广大城镇和农村，当然更是手工业的天下。

简而言之，中国近代手工业仍是人民生活用品的主要来源；当然，19世纪20年代以后，部分手工业向机制工业过渡，手工业的比重可能降低，反映了在半殖民地半封建条件下，中国工业革命的步履蹒跚，中国人民包括手工艺者，在备受帝国主义列强的侵略、掠夺和连年战争的艰难处境中过着悲惨的生活，手工艺就是在这样的艰难条件下延续着。

第二节　中国传统手工艺的服务对象与适用对象

一、中国传统手工艺的服务对象

（一）传统社会

1. 劳动阶层

在传统社会中,手工艺服务对象主要是从事体力劳动的农民与城市平民,也包括那些从事文字工作的底层知识分子。他们一直占据着社会人口的大部分,是手工艺品消费的最多人群,也是消费金字塔的底端。实用与耐用是这个消费人群最主要的消费取向,但并不因此而忽略美感,所以往往在实用中体现出质朴的审美取向。因为这样的消费取向,他们所消费的手工艺品的材质也是耐用或者低廉的,多采用容易获得的本地原料来进行加工,并且往往是最易获得的天然材料。为了节约人力和时间成本,原料到成品的加工工序也尽可能减少,纯粹装饰性的工序也会减少。这样制作的成品,很容易看到材料的原本样式。供劳动阶层使用的手工艺品,大多采用本地天然原料,如世界各地都普遍使用的粗陶、木器、竹器,农耕地区的棉麻纺织品,游牧地区的皮、毛制品。为劳动阶层服务的手工艺品对本地的原生材料依赖性最高,因此也与本地的自然环境关联度最高。

在传统社会中,农民和城市平民既是消费者,也是生产者。很多时候,生产者和消费者就是合二为一的。在自然经济模式下,生产者会尽可能地自己生产有关产品,减少花费自己本不充裕的货币资产。如一个家庭的男性成员会是木匠、篾匠、泥瓦匠和一些生产工具的制作者,女性成员则会是纺织工、刺绣工、剪纸艺人、裁缝等。在传统社会里,家庭手工艺是必需的生存和生活技能。即使在自然经济发展的后期,一些地区出现了相对发达的商业经济,生产者的生产目的不再局限于满足自我和家庭需要,也还是会把满足自身及家庭日常需求放在生产的首位。自给自足是传统社会劳动阶层进行手工艺生产的主要目的。在部分交通闭塞与外界交流甚少的地区,这种自给自足的传统手工艺就更为普遍。因此也就不难理解为什么在 21 世纪的今天,在我国西南西北的山区里,仍然保留了众多的传统手工艺。

由于劳动阶层在传统社会中普遍的物质贫乏,他们在为自己生产手工艺品时,会努力节省原料、延长使用时间,有时候则要想办法去掩盖贫困,这是这一阶层的手工艺品众多装饰手段产生的根本原因。比如服饰中的拼接、百衲技艺是因为布料的匮乏,通过美化在一定程度上也可以缓解贫困所带来的心理压力,通过别人对手艺的赞誉而获得另一种满足。在苏州古城东部水网纵横的乡间,曾经盛行水乡服饰,其鲜明的特色就是拼接的应用,这些拼接开始时主要用在肩、肘、腕、膝等容易磨损的部位。刺绣在服饰中的应用,在美化之外,一个重要的实用功能是增强服饰的耐磨性,使服饰可以穿着更久,所以普通劳动妇女的服饰,刺绣多用在领口、衣襟、裤脚等容易磨损的位置。在传统社会中,有些手艺就是为了修补那些破损的手工艺品而产生的,如补碗、修锁、修伞等等,之后发展为织补、锔瓷、金缮等对从业者水平要求更高的技艺。而修补本行当或本人生产的产品也是很多生产者必须具备的技能。在传统社会中,制伞艺人就经常需要为自己的主顾重新修补纸做的伞面或者再刷桐油。

尽管自给自足盛行,但即使在传统社会中,囿于材料、学艺能力、学习周期等等原因,一个家庭也不可能完成所有必需品的自我生产,很多必需品需要从外部获得。在传统社会里,手工艺品的生产派生出另外一个重要功能就是"交换",以自我生产的产品交换其他产品。尤其是在自然经济的后期,社会生产分工不断细化,各类手工艺的生产水平不断提高,商业交换日益繁荣,手工艺品之间的交换随之更为频繁。这种交换,有些是较为原始的以物易物,有些则是以货币作为媒介的。交换往往围绕着某个固定集市来开展,在传统社会里,集市不只是物资交换空间,同时也是社交空间。这些参与交换的人群之间或以血缘为纽带,或以地缘为联系,但都处于某一地域文化或族群文化圈内,有着共同的文化与习俗,在审美上也形成了大致的取向,这使得这些用于交换并彼此满足的手工艺品也就在无形中具有了加强文化认同的功能。

在传统社会中,生产者与顾客空间距离上接近,很多时候都是乡里乡亲的熟人。熟人社会的特性决定了生产者对其主顾的使用习惯、审美取向都是熟悉的,因此能够生产出更贴近使用者需求的产品。很多时候,这种熟人社会的手工艺生产很类似于今日流行于富贵阶层的定制服务,是贴合主顾的特定生产与生活需求的。

满足劳动阶层的手工艺,因为农民与城市平民的不同需要和环境,也呈现出不同的审美风格,也就是惯常看到的乡土气息和市井风味。两者在审美趣味上还是有很大的不同的,但都有着浓郁的生活生产气息,作品不仅为满足他们的生产生活需要,而且也反映出他们的情感愿望与审美观念。所以我们会看到乡村的装饰图画往往是五谷丰登、牛羊遍野,装饰纹样多是庄稼或乡野植物。在城镇,多是招财进宝、生意兴隆的图景或暗喻。

正因为以上这些特点,满足劳动阶层的手工艺始终体现出质朴实用的特点,同时也有着鲜明的地域和民族特色。手工艺生产的根本目的是生产者为了满足自我需要和交换需要。这种手工艺是一种以"用"为先的手工艺。出于降低成本的需要,生产中会尽可能地减少对材料的浪费和再加工,因而也相对减少了对环境的破坏程度。因此,在人类过度开发和过度消费的发展模式已经导致越来越多环境问题的当下,这种生产理念和艺术风格,无疑代表了一种更为合理的生产和消费方式。

但是正因为这种与生产生活紧密结合、实用第一的手工艺,当其失去实用价值,相应的生产生活功能弱化或失去后,就会被迅速淘汰。当本地的材料可以被其他更廉价更耐用的材料取代时,必然也会使用替代材料。比如在采矿技术和金属冶炼技术发展到一定阶段、交通运输也发展之后,金属原材料就变得廉价和容易获得,就会取代易碎的陶瓷制品、易腐的木头制品和笨重的石材制品。而在20世纪之后,化工工业生产的塑料、化纤织物就逐渐成为劳动阶层消费品的主要材质。当现代化伴随着工业化、机械化到来时,这些植根于农业社会的手工艺就迅速或逐渐地被现代工业生产取代,其消失的速度与现代化的推进速度基本是成正比的。

2. 富贵阶层

脱离体力劳动并占据社会大部分财富的富贵阶层,从数量上看只是传统手工艺消费者的少数,但为他们所用的手工艺品却在货币价值上占据绝对优势。无论是技艺使用程度还是材料尤其是贵重稀有材料的使用,都与劳动阶层形成了鲜明的对比。

留存至今成为文物的手工艺品,大部分是为富贵阶层生产的。因此,这部分手工艺在很长的时间里是衡量一个社会生产水平和判断其时代艺术风格的重要依据。也因此,在很长的时间里,大部分研究者以及一般大众关注的都是这部分手工艺。这部分手工艺一直就被认为代表了某个时代手工艺乃至造型艺术的最高的水平,尽管事实远非如此。

与服务于劳动阶层以"用"为基本目的的手工艺相比,服务于富贵阶层的手工艺则呈现出"赏"与"用"结合的特点,有时候用于欣赏(甚至仅是炫耀或证明其身份高贵)则成为唯一的目的。使用者更注重作品的艺术性和欣赏性,这更需要工匠的技艺水平高超,从而也使得巧夺天工、炉火纯青这些形容技艺水平的词语更适用于这部分手工艺。

在传统社会中,在富贵阶层内,也有着更多的阶层或群体划分。总的来说,可以分为四个大的群体。

(1)皇(王)族

服务于皇族的手工艺,属于宫廷艺术的范畴。宫廷艺术从来都讲求富丽堂皇、华贵庄严,以昂贵的材料、繁复的装饰来突显皇家至高无上的地位。身份识别功能往往是装饰手段运用的主要目的。比如中国古代,只有皇族服饰中的龙是五爪的,并且只有皇帝才能够穿着明黄色的服饰。在高度集权的时代,为了昭示皇家不可僭越的独尊地位,宫廷手工艺就极尽工巧之能事,不惜工本,搜罗天下奇珍异宝来供皇室成员使用赏玩。所以,宫廷手工艺中,装饰功能很多时候凌驾于实用功能之上。即使是实用品,也多会加以一定的装饰,并且大多有专用的身份标示。

所以宫廷手工艺的材料,一定是该国最优质最昂贵的材料,如果可能,也会是世界范围内最优质最昂贵的材料。在对材料的加工中,技艺则不仅要求精致、细腻,最好是奇巧夺人,讲求技艺的高难玄妙,所以能够为宫廷服务的匠人往往身怀绝技,代表了当时最高的技艺水平。因此,宫廷手工艺极尽奢侈华贵,奢侈是宫廷手工艺的代表特点。上有所好,下必趋之,宫廷也是各个时代时尚的风向标,是其统治区域内的手工艺时尚与风格的发源地。比如欧洲堂皇宏大的巴洛克风格与纤巧富丽的洛可可风格,都由皇室兴起。

能够服务于皇室,在专制的时代是艺人们的至高荣誉。那意味着不菲的报酬和远播四海的声誉,也在一定程度上意味着可以尽情地使用昂贵的材料和充分展示精巧的技艺,尽管也许在艺术品位上受人诟病。为皇室服务的手工艺人,由于特别的荣誉,以及特殊的制度(如元朝的匠户制度),加之家族制更有利于技艺的无保留传承,所以这些家族往往会世代为皇室服务,形成特别的家族制传承。即使在专制制度已经式微的当代,祖辈曾经为皇室做贡品或提供定制服务,也依然是很多手工艺人和家族的巨大荣誉,更是一种无形的资产。

20世纪以来,宫廷手工艺随着君主制的凋零也在式微:或者完全消失;或者低下高贵的头颅,转而为新兴的富贵阶层或平民服务。无论最后走向如何,都已经失去往日在行业内的独尊地位,必须和同行们一起在市场经济中竞争。

但也恰恰由于宫廷艺术曾经代表的至高无上,极尽奢华之能事的宫廷手工艺在君主制衰微的当代,却受到了部分新贵新富的追捧,他们急于以这种风格的手工艺品来昭示自己的富有、尊贵。所以当宫廷消失,皇族凋零,部分宫廷风格的手工艺却转而在新贵新富那里找寻到一席安身之地。

宫廷手工艺,往往不计工本,极尽奢侈,追求材料、技艺的独尊,又由于宫廷的专制特权,所以往往会对特有的珍稀材料进行掠夺性的采掘,在制作过程里,则对材料进行过度的加工,以显示技艺的高超。上行下效,在一个王朝最强盛的时代,其统治区域内的手工艺必然带有更多的皇家风格,是皇家风格的模仿和缩减,必然会助长社会的奢靡之风,同时对部分稀有的资源造成浪费和破坏。北宋皇室对太湖石的钟爱,导致太湖石的骤减。明代开始,红木家具的盛行,就是东南亚等地硬木森林锐减、生态恶化的重要原因。因此,宫廷手工艺在生态环境已经负载太重的当代,其衰落也未尝不是一种福音。服务于皇族宫廷的手工艺,往往会随着王朝势力的扩展,而向其国境四周延伸。某个王朝最强盛的时代,其手工技艺和艺术风格就会直接传播到那些与王朝建立商贸或政治联盟的地区,有时甚至会间接地辐射到在地理空间上相距遥远也没有建立外交关系的地方。丝绸之路在很长的时间里,就是各国宫廷艺术风格交汇的通道。

（2）贵族士大夫

在前工业革命时代,无论中外,作为最高统治者的膀臂,作为其统治意愿执行者和统治秩序的维护者,贵族官僚一直也是众多手工艺者趋之若鹜的重要主顾,也同样是手工艺风尚的引领者。他们与居于深宫的皇族相比,最大的不同也许就是其赞赏或允许手工艺人们在为其制作手工艺品时有更为多样的艺术个性和更为深厚的文化内涵,也就是品位。毕竟贵族官僚群体的构成比皇族要复杂得多,而成为统治秩序的管理者,也要求这个群体要有一定的文化修养。其中具有较高文化艺术修养的人群,就会引领另一种看起来更具有文化内涵、更为高雅灵秀的手工艺。官僚中的这部分群体,在中国是士大夫阶层,在欧洲等地区,则更多是世袭贵族。对手工艺的发展而言,这个群体的影响力一直都是非常重要的。尤其是古代的中国和日本等士人文化深厚的地区。而他们最为重要的特征就是他们在拥有一定的政治地位和财富的同时,又在一个国家的文化艺术领域占据主导地位。

所以,为这部分主顾所服务的手工艺者就会呈现出浓厚的文化气息,并且直接地与书法、绘画、雕塑等纯艺术紧密结合,追求诗情画意。中国从宋代开始,文官地位高于武官,文人艺术逐渐成为主流艺术,皇帝也多具有很高的文化艺术素养。文人艺术品位与审美取向就渗透到缂丝、刺绣、制瓷、家具制作、园林营造、建筑营造等各个手工艺领域。其中典型的例子就是文人书画在宋代开始成为缂丝与刺绣的重要表现题材。为彰显自己在文化艺术上的优越性,这些文人士大夫和世袭贵族往往会在日常用具、服饰、建筑、造园、装潢、家具陈设等各个方面来突出其文化艺术品位,以区别于奢侈富丽的皇室艺术和他们认为俗气的市井商人气息和土气的乡村农民艺术。

在欧亚大陆的其他专制国家,世袭贵族一直都是皇室之外最重要、最稳定的手工艺主顾。文艺复兴以来,欧洲世袭贵族同皇室共同在手工艺行业掀起一波又一波的时尚潮流。

正是出于对彰显不俗品位的追求,文人贵族往往鄙视对富贵的直白表现,而是追求含蓄的高贵。所以在选择手工艺品时,会更看重手工艺品背后的匠心独具,更重视艺人对材质的纯熟驾驭、巧妙应用,希望手工艺品能够意境高雅、气韵灵动、耐人寻味。因此,他们虽然不会像劳动阶层那样追求材料使用的节俭,但也并不赞赏对贵重材料的堆砌和一味炫耀技艺的高难精巧。材料、形式和技巧更多的是为体现艺术品位,而不是其本身,并力求风格的卓尔不凡、超凡脱俗。所以,文人士大夫阶层和世袭贵族的手工艺就在精致高雅灵秀之外呈现出更为多样的艺术个性。

无论中外,在传统社会里,由于森严的等级制度和由此而形成的阶层意识,手工艺人的地位一直低下,贵族士大夫阶层对手艺人一直都没有真正的尊重过,只将他们视为实现自己艺术构想的匠人。但他们能够尊重和欣赏艺人的艺术个性和创造力,更允许和欣赏手工艺品在样式和技艺上的创新,也会通过指导甚至参与手工艺的设计制作来实现自己的艺术理想和审美追求,有时会亲自监督重要手工艺品的设计、制作。有些文人士大夫为了确保手工艺品不离初衷,会直接进行产品的设计。明代的《长物志》就显示了这一趋势。

无论中外,服务于贵族士大夫阶层的手工艺都代表了当时手工艺的最高艺术水平。尤其在古代中国,士大夫阶层作为文人文化的创造者,对皇室所造就的奢侈艺术形成了一种对冲,使得中国形成了特有的文人手工艺,在富贵之上更讲求灵气、神韵。

（3）富商阶层

商人在传统的农业社会,尤其在中国,一直处于一种尴尬的地位。一方面,他们掌握大量的财富,在社会财富的流动中扮演着不可或缺的角色。另一方面,他们却始终难以跻身贵族阶层,地位低下,并且背负着重利轻义的声名。这使得他们渴望通过财富来获得地位和声誉。他们在拥有财富后,会努力用"金砖"去敲开通向统治阶层的大门,会努力让自己首先有权势,其次有文化。成为权贵和有文化的儒商,是中国传统社会中商人的最高理想境界,其中也不乏实现这一理想的成功者,如著名的红顶商人——胡雪岩。完成这种身份蜕变的商人或者渴望跻身其中的那部分商人上层,在手工艺的审美情趣上就自然与贵族士大夫接近。但其余的商人大多就会体现出浓厚的市井品位,在手工艺品的选择上就更倾向于通过材料的贵重和技艺的精巧来显示自己的财富。但无论是儒商还是其他商人,他们几乎无一例外都会在手工艺品中,表达出对财富积累和身份认知的渴望,区别就在于前者更为含蓄而后者则更为直白。明代开始,在中国大地形成了两个著名的商帮——晋商和徽商,其煊赫一时的证物是平遥古城、晋商大院和遍布古徽州的各类古村、古民居,其建筑和各类装饰艺术都达到了极高的艺术水平。因为当时舆服制度对商人们的限制,他们不能任性地使用自己富可敌国的财富,不能恣肆彰显自己的财富,只能在礼法制度规定的范围内挥霍。走进徽州和山西那些旧时富商大户的府邸,建筑及装饰用的石雕、木雕、砖雕、家具除极尽华贵精巧之外,还通过各种隐喻或直白的图案,来显示着主人们的追求——长久地拥有富贵荣华。以蝙蝠来指代福气,以鹿来寓意“爵禄”,以鱼代表“富余”。而其中颇有意思的是以猴子来象征“侯爵”。骑在马上的猴子,寓意“马上封侯(猴)”;背对背的猴子,寓意“辈辈封侯”。

在等级制度松弛或所谓“礼法废弛”的末世、乱世,富商们就有炫耀财富或摆脱社会地位低下的机会,就会着力通过吃穿用度的奢侈来与贵族们分庭抗礼,就会要求服务于自己的手工艺更接近皇族、贵族,或者模仿这些高贵阶层的手工艺,也偏好对贵重材料的过度加工和技艺的高度使用。而这些均会助长社会的奢靡之风。

近代以来,民主的革命或改革风起云涌,专制统治衰落,皇族、贵族的特权逐渐废除,等级制度废除,套在富豪身上的身份歧视和限制枷锁终于解除,他们于是可以尽情使用财富来彰显富有。在时代风云变化中成功转型为资本家的商人,得以成为奢侈品手工艺的最主要主顾。

(二)现代社会

1.富豪阶层

与现代工业相比,手工艺生产更适于私人定制,更适于奢侈品生产。由于等级制度的取消,手工艺生产中原有的等级标识与限制或被废弃或者可以为民众任意使用。中国古代关于皇室和贵族、平民在龙爪上的规定,在帝制覆亡后,随即也就无人遵守。平民百姓也可以穿明黄色的衣服。由于没有了等级制度限制,那些出身贫贱的富豪们,一旦拥有足够的财富后,采用曾经为皇室、贵族们所独享的手工艺品就是彰显财富和证明品位的捷径之一了。这就不难理解,在当今中国一些曾经为皇家贵胄们服务的手工艺品突然大受追捧的原因了。

2. 中产阶层

日益壮大的中产阶层,是当代中国传统手工艺的一个重要消费群体。如果经济能力允许,他们更倾向于使用和欣赏手工艺品,并且更倾向于购买实用功能与欣赏功能兼具的手工艺品,所以中产阶层逐渐成为当今众多中端和部分高端手工艺品的主要消费群体或者潜在的消费群体。

3. 年轻的小资阶层、文艺青年

之所以在此特别将他们列为传统手工艺的消费群体,是因为他们是传统手工艺不可忽视的上升中的潜在消费群体,他们尤其是文艺青年,更能够理解传统手工艺的文化内涵,更欣赏个性化的生产和生活方式。也许因为消费能力的有限,他们目前只能消费低端和中端的手工艺品,或者只能消费部分脱胎于手工艺的工业产品,或者消费只具有少量手工加工的产品,在传统手工艺的市场中的货币消费总量是很低的。但是他们中的很多人尚在成长中,当他们拥有了一定的消费能力和财务自由后,就会成为真正手工艺品的消费者,而且也会是体验型手工艺的潜在消费群体和实践者。

4. 游客

当大众旅游为旅游业带来蓬勃发展的时候,为游客提供纪念品就成为很多传统手工艺维持生计的重要途径。但是我们会发现售卖给游客的手工艺品,很少是真正能够体现地方文化特色和具有文化内涵的品质优良的手工艺品,其中有很大一部分是手工程度很低的半工业品。即使采用手工生产,也大多是质低价廉的大路货,特点就是工艺简单、工序简短,可以分工协作易于大规模迅速生产。其存在前提是当地有一大批掌握简单工艺的生产者,可以迅速熟练地生产一些制作了无数次的产品,最常见的就是旅游景区里随处可见的绣花鞋、刺绣包袋、陶瓷玩偶等。还有很多旅游纪念品只是打着手工艺的"羊头"售卖劣质工业品的"狗肉",严重地扰乱了市场,破坏了声誉,并给当地真正的手工艺带来致命的打击。

这种乱象的存在,很重要的原因就是游客很少会愿意花费相应的金钱去购买真正的手工艺品,游客购买的目的很大一部分就是为了表示到此一游,希望以尽可能低的价格买一些有点旅游地特色的商品。适应这样的消费理念,旅游纪念品成为只是涂抹了简单地域或民族标示的粗糙物品,购买者和生产者之间已经形成了对低质低价的心照不宣。

这种粗制滥造的另外一个原因在于生产伦理道德的缺失与沦丧,在此已不需要赘述。总之,秉持着低价低质的消费与生产理念的低端旅游纪念品市场,其扩大只能消解当地手工艺的文化内涵,而无助于传统手工艺的传承发展。

尽管大众旅游纪念品的市场很大一部分沦为传统手工艺的低端市场,粗制滥造的现象至今都未有明显改善。而且低价竞争也使得生产旅游纪念品的利润普遍不高,但是因为旅游业的兴盛,旅游纪念品市场一直是很多手工艺生产单位要着力开拓或保持的市场,尤其是那些曾经有着一定的劳动力优势,发展现代工业有诸多阻碍因素的欠发达地区,旅游业成为当地着力打造的产业。传统手工艺于是就成为重要的旅游业资源,生产旅游纪念品就成为这些地区手工艺生产单位或艺人的不二选择了。

为旅游业服务的手工艺的生产场景和生产过程,也成为一种独特的人文景观。所以把生产过程开放给游客,将部分生产流程交给游客体验,也成一种旅游项目,并以此来使顾客更切身体会到手工艺生产的价值,而增强购买手工艺品的意愿。

尽管作为旅游纪念品的手工艺品声名不佳,屡屡成为传统手工艺"堕落"的例证,但是不能否认旅游业给很多传统手工艺存续所带来的市场机遇。在游客与手工艺生产者之间的互动博弈中,也不乏良性互动的成功例证。很多已经在本地基本没有市场的手工艺,在旅游开发后,这些传统手工艺品却得到游客青睐而重新焕发出活力。云南香格里拉的土陶、贵州黔东南的造纸、鄂伦春族的桦树皮制品等,游客购买在销售额中的比例均已达到40%以上,并且还在不断增长。有些产品虽然不是游客直接购买,却通过游客的口碑而获得远方的顾客。因此,我们看到越来越多的景区正成为传统手工艺的集聚地。作为一种良性互动,其前提是作为购买者的游客真正理解手工艺品所包含的文化内涵与工艺价值,并且愿意为这种价值支付相应的价格;同时也需要生产者对作为顾客的游客真正的尊重,秉持手工艺固有的生产伦理道德,坚持手工艺品质和文化内涵。在一些旅游业和传统手工艺都很发达的地区,部分手工艺高度依赖旅游业,但仍保持了固有的文化特色和品质。旅游名城平遥有一项国家级非物质文化遗产——推光漆器制作技艺,现在的重要顾客就是游客,很多中端和高端产品是被游客买走的。

随着旅游市场的细化,高端旅游、生态旅游、深度旅游从走马观花的大众旅游中分离出来,这些旅游方式强调拓展旅游体验的深度与广度,所以体验富有地方民族特色的传统手工艺也成为一种深度的旅游项目,这部分游客就有可能成为高端手工艺品的客户。现在一些旅游机构所推出的旅游路线中,已经出现手工艺体验之旅。

二、中国传统手工艺的适用对象

(一)传统社会

1.信仰与民俗场合

在传统社会中,各种信仰一直深刻地影响着社会生产和民众的精神生活。社会的绝大部分成员都有信仰,只是信仰内容不同而已,或许是信众广泛的基督教、伊斯兰教、佛教,也许是地方小神先贤或者万物有灵。而基于信仰又形成了各类节日、祭祀等节庆或民俗活动。为这些信仰场所和民俗活动提供手工艺品成为传统社会手工艺生产的重要内容。

在传统社会,能够参与建筑或装饰信仰场所是手工艺人们最引以为傲和最觉得神圣高尚的荣誉,基于做这类工作可以积累功德和获得神灵保佑嘉赏的信念,他们会尽力发挥所长,以精湛的手艺、精美的作品来表达自己的虔诚。为神灵供奉祭品、供品,在很多宗教里就是一种修行活动。例如在藏传佛教区域内,寺院喇嘛必修的课程中就包括了寺院建筑技艺、木雕、堆绣、酥油花制作、唐卡绘制等,所以一个取得格西学位的合格喇嘛,也一定是出色的手工艺人。纳西族中沟通俗世与神灵的东巴,既是信仰活动的主持者,也是精通东巴造纸技艺、东巴绘画的手工艺人。在中世纪的欧洲,一些著名僧侣的另一个身份就是著名的手工艺人。在僧侣分工日益细化的中世纪中晚期,大的修道院依然是十分重要的手工艺生产中心。这些僧侣和神职人员在制作这些作品时,往往以虔诚的心去制作,并以特有的仪式来开始和结束。例如,绘制唐卡,必须净手焚香拜佛后才能进行。所以在传统社会中,寺院、庙宇等场所的建筑往往是一个地区最为精美宏大的建筑,在建筑及装饰等手工艺上,宗教信仰场所获得了与宫廷同等重要的地位。在舆服制度森严的古代中国,钦定修建的佛寺、道观可以与皇宫在建筑规模、装饰手段等方面享有几乎同等的规制,最直观的就是寺院外墙可以使用皇家御用的明黄色。在遵奉君权神授的中世纪欧洲,那些著名大教堂的规模与建筑及装饰陈列的精美,鲜有皇宫可以媲美。

出于对神灵的崇拜敬畏,又没有对建筑规制的限制,寺院等宗教场所的建造者,会尽力把这些信仰场所修建装饰得宏大精美,不惜工本,并尽可能延请最好的工匠来进行有关的工作。出于信仰,制作者会尽最大的努力来展现技艺,以得到神灵的嘉许和保佑。所以,同为皇族服务的手工艺一样,服务于宗教信仰的手工艺也往往代表了当时或当地最高的水平。

但因为试图通过这些手工艺来强化对神灵的敬畏、崇拜，所以为信仰服务的手工艺在精美堂皇之外，更多体现出庄严肃穆、神秘玄妙的风格与审美取向。

为信仰服务的手工艺几乎很少是具有实用功能的，其产品绝大部分更接近于艺术品或欣赏品，如神灵塑像画像、佛经刻印、宗教故事壁画、唐卡艺术等。尽管没有实用功能，但对信徒而言，却是不可或缺的，比如神像、香炉、香烛等。在一些十分贫困的地区，与信仰相关的手工艺也许是那里唯一与实用无关的装饰艺术：贫瘠的土地和粗陋的民居间，精心修饰的教堂、庙宇、塔楼却让人感受到信仰的无所不在。信徒或许家徒四壁，却还是会在墙壁上挂上绘有神灵的绘画，或者摆上神灵的塑像。

基于各种信仰而形成的各类民俗，其在活动之时，也会制作使用特有的民俗用品。这些民俗用品大多具有特殊的装饰和标示功能，并具有一定的时效性或周期性，即使具有实用功能，也并不是日常性的用品，而且都具有一定的装饰作用。其装饰图案形象都基于特有的祥瑞或禁忌的文化，地区不同，其艺术形象所具有的象征意义也不相同，最典型的就是龙在东方是祥瑞动物，在西方则代表邪恶。

民俗活动所用的手工艺品，分为节庆手工艺品、人生礼仪用品两个大类。节庆用品中，在中国最典型的是年画、剪纸、灯彩、端午五彩绳等。在西方则是圣诞树饰品、复活节彩蛋等等。而人生礼仪中，无论中外，都以婚礼和葬礼最为重视。依附于传统汉族婚礼的手工艺有花轿制作、灯彩、刺绣（嫁妆）、箱笼、家具制作等等，其典型代表是宁海的十里红妆，新娘出嫁，嫁妆队伍有数里之长，嫁妆几乎囊括一切生活物品。自然的，在宁海当地，出现了众多与红妆相关的手工艺。由于中国人有烧纸器具给逝者的传统习俗，在很多地方，造纸和纸扎造型手工艺都服务于丧葬习俗。

在各地各民族中，形成了许多与信仰相关的地方性民俗，许多手工艺正是依附于这些民俗活动而存在的。民俗是众多手工艺依存的载体，民俗消失，依附其中的手工艺也随之消失。

2. 海外贸易

翻阅世界历史就会发现，即使在交通很不发达的古代世界，海外贸易却一直存在，并在很多时期里甚为兴盛。海外贸易的重要商品，就是手工艺品，比如中国的瓷器、丝绸，波斯的地毯、琉璃器具，印度的珠宝等。世界各国的手工艺品颠簸于骆驼、骡马背、海浪之上，经历种种艰难，最后到达异国他乡，成为昂贵的舶来品。著名的商路有丝绸之路、茶马古道等。

无论中外，在传统社会中，使用舶来品都是富贵阶层的标志。这些带有异域风情的手工艺品无疑更适于权贵富豪们来炫耀财富,标榜地位,所以供应海外贸易的手工艺往往能够获得相对丰厚的利润。在传统社会中,某些地区会因为某种原料充足或品质优异,而形成了加工这些特有原料的手工艺,这种手工艺发展到一定阶段,在当地就会形成全面或者独特的技艺,并拥有充足的技术人才。由于材料和技艺优势,其产品品质精良,其他地区无法生产或即使生产也无产品优势,于是就具备了在海外畅销且形成固定海外市场的条件。例如景德镇,由于盛产高岭土,在宋代逐渐成为中国的制瓷业中心,之后则由于体系完备分工细致的制瓷人才而成为世界瓷都。盛产蚕桑的苏杭也在南宋之后成为供应海外丝织品市场的主要产地。

这些供应海外市场的手工艺,生产者和主顾由于在空间距离上的遥远和文化背景上的迥然不同,往往无法进行直接的交流和沟通,只能通过中间商来进行间接的交流,他们之间是一种简单的供应和购买关系。商品能否适应主顾需求,很多时候完全取决于中间商的信息传递和营销手段的应用。因此,供应海外市场的手工艺与前文所述的手工艺相比,是最少根据顾客的具体需求来进行生产的,也因此更多的是生产艺术欣赏品(很多是奢侈品)。比如中世纪波西米亚生产的玻璃器、中国生产的瓷器。部分则是生产制作其他手工艺品的原料,如丝绸、棉布、毛呢等。在艺术风格上,呈现出两种看似迥异的风格:一种是完全按照本地风格生产,到异地后就具有浓郁的异域风格;另一种则是按照主顾的喜好来生产,其外观样式与图案等参照仿照进口地的相类产品来生产。在明代以后,景德镇出口的瓷器就呈现出这两种风格的并存。

由于主顾与生产者之间的无法直接交流,外销工艺品往往更容易出现在材料和工艺上的偷工减料、以假乱真等现象。所以供应海外市场的手工艺价格可能昂贵,但品质不一定优越,技艺也不一定优良。在产品品质层次上,呈现多样化。其中,用于直接的朝贡贸易的手工艺就代表了较高的水准。一些由使用者或经销商亲自监督生产的产品,也会呈现较好的品质。

3. 自娱自乐

在传统社会中,手工艺的生产者与使用者合而为一的情况,一种是自给自足,而另一种则是自娱自乐。在传统社会中,儿童的很多玩具是自己制作的,制作玩具往往是很多人制作手工艺品的开始,最为常见的就是各类仿真模型,如泥狗木剑,之后则是简单的毛毽、沙包等。每个民族每个地区都有一些特有的歌舞和运动,由此就产生了为歌舞运动制作道具的手工艺,最典型的就是乐器制作。几乎每个民族都有独特的乐器,如汉族古琴、蒙古族马头琴、维吾尔族热瓦甫、傣族象脚鼓等。在传统社会里,尤其是劳动阶层,这些自娱自乐的道具大都是自己制作的。

很多娱乐活动在自娱之外,还是竞技活动。比赛时道具工具的制作水平直接关系到比赛结果,比如龙舟制作水平就直接影响到龙舟的行进速度,龙狮制作的工艺关系到舞龙舞狮艺人表演的效果。这就更刺激制作者努力提高自己的技艺水平。这些比赛和娱乐活动往往和重要的节庆联系在一起,本身就是节庆活动的重要内容,比如灯会于元宵节、赛龙舟于端午节。这些竞技比赛和集会,既是舞者健儿的盛会,也是手工艺人的盛会。旧时清明前后,大江南北都会举行风筝会,获胜的风筝都是精美的手工艺品,风筝会是风筝制作技艺存续的重要推动力。往往参加这些竞技比赛活动的人,自己也会做相关的工具和道具,有些还是出色的手工艺人。灯会上的彩灯,大多是自己制作各逞其能。打造龙舟,扎制龙狮,则会是一个村庄或社区的集体盛事。

当然,不可能所有娱乐竞技活动的工具,都能够自己制作,尤其是在分工日益细化的传统社会后期,于是专为娱乐活动服务的手工艺产生并日益兴盛。儒家文化盛行的地区,琴棋书画是文人雅士必须具备的素养,由此而产生了丰富的手工艺,如斫琴、造纸、颜料制作、制墨、砚雕、毛笔制作等等。当一个地区经济繁荣礼乐昌盛时,乐器制作技艺就会成为当地的重要手工艺。在中国的汉族地区,在宋代以后形成了体系非常完备的乐器制作工艺。在演奏方式上,有吹奏的笛箫呐呗,击打的锣鼓缶镲,弹拨的琴瑟琵琶,拉弦的二胡四胡等,在材料上,有丝弦、竹木、金属、皮具等等。乐器制作技艺,成为中国古代发达的礼乐文化的重要组成部分。

各地各族都曾有着丰富的健身防身竞技类项目,中国古代最典型的健身防身术就是十八般武艺。为这些健身竞技活动提供服务,出现了弓箭制造、刀枪制造等手工艺行业。龙泉的宝剑锻造技艺就是个中翘楚。在大江南北曾经流行抛石锁这一武术,制造石锁就成为一些石匠的重要生产内容。

(二)现代社会

1.现代化程度较低的地区或保留传统生活方式地区与人群

尽管曾经为劳动阶层生产工具和生活用品的传统手工艺总体上基本消失,但在一些无法采用现代化生产模式和现代化尚且无法抵达的地区,仍然为传统手工艺保留了一席之地。中国的很多农业地区都是山区,农田多是梯田,这些地区即使有平地上的农田,面积也很小,现代的大中型农业机械在那里很难有用武之地。小型的农业机械则因为价格等因素,也不一定为农民采用。所以欠发达的中西部山区中,还保留了一定的传统农耕方式。中国东部发达地区的山区,也因为耕地面积小且多为山地,而存在零星的传统农业,如浙江温州等地的山区,还可以看到农民赶着水牛使用几千年来的传统农具在耕作。在苏南的平原地区,农民还有小块自留地,也尚有零星的农业生产存在。当然这种小规模小农生产模式即使存在,所使用的农具也多是农具厂用机器生产出来的工业产品,但由于使用习惯、手工工具的顺手、工匠和使用者之间的关联继续存在等等原因,还是有农民继续使用手工打造的农具。在全国百强县的张家港农村,仍然有少数的农民在使用传统的镰刀、锄头等。笔者就在南京高淳地区的庙会上,看到铁匠手工打制的种棉花的铁筒和铁锹等。在贵州的山区,传统农具的使用程度还是很高的。因为传统生产方式的存在,一些为这种生产而服务的工匠就会继续生产。

制作传统生活用具的手工艺,比之生产工具的使用,市场则更大一些,因为生活用具更讲究舒适,而传统手工艺在这方面比之工业产品更为优越。有些日用传统手工艺继续存在,则是因为原有的生活习惯还有其存续的空间,比如居住在传统的院落平房,而非居民小区公寓楼,就可以用传统炉灶与传统炊具来炊煮食物。在现代化程度已经非常高的苏州农村,尚未拆迁的村落里,传统的柴灶普遍存在,传统的木蒸笼也依然广为使用,因为柴灶和蒸笼做出的饭菜味道更好。在这些农民家里,就有现代煤气灶、电气化炊具和传统炉灶炊具并存的现象,乡村中就还有木匠和做灶的泥瓦匠在继续生产。因为有传统炉灶,所以灶画也有零星存在。在新疆喀什市,匠人街上铜器店前打铜声音叮当不绝,乐器店里乐器琳琅满目……就是由于维吾尔族传统的生活方式和习俗等仍在延续。

这些为平民百姓日常生产生活服务的传统手工艺存续的一个重要前提是现代化尚未全面渗透到生产生活中,很难说在现代化继续推进的过程中,它们还能持续多久。

但是不可忽视的是另外一种趋势,在经历了现代化之后的地区,在亲身体验过工业产品之后,在比较过手工产品与机器工业产品的优劣之后,当消费者有能力消费手工产品时,就可能会优先使用手工艺品。除前文所述的现代化程度高的苏南土灶的主动保留,在云南迪庆州的尼西土陶,在近十年中市场反而日益旺盛,就是因为人们在使用了现代的不锈钢等炊具后,发现土陶烹煮的食物味道更好。在苏南农村完全采用传统方式制作的棉被和蚕丝被市场也在不断上升。

这些曾经与日常日用密切相关的手工艺品,在一些现代化始终难以充分推进的地区,在一些传统文化根深蒂固的地区,还是会继续存在,但都由原来的主导地位转变为现代生产生活方式的补充和修正。

2.文物的复制、修复和仿制

人类社会存世的大部分物质文化遗产,都可以说是传统手工艺这一非物质文化遗产的产物和证物。也就是说现存大部分文物都是人类历史上各个时期手工艺人们的杰作。在当代,文物的复制、修复一直是各类博物馆、收藏机构的一些重要工作。那些掌握制作这些文物的相关技艺人员就成为复制、修复这些文物最合适的人选。而有些手工技艺就是依托文物的修复与复制而存在的。古建筑修复、古旧书籍修复、古旧书画修复就是其中的典型。文物的复制尤其是修复,对艺人技艺水平和艺术素养都提出了较高的要求,参与者或单位都是在行业内具有较高声望的艺人或单位。通过对文物的复制、修复,则可以进一步提升或丰富这些单位或艺人的技艺水平和艺术素养。苏州缂丝艺人王金山、刺绣艺人顾文霞先后参与故宫、定陵相关文物的修复或复制,他们都认为通过复制修复文物,使他们真正领会到传统技艺的精妙,这些宝贵的经历大大地提升了他们的技艺水准和艺术眼界,使他们受益一生。后来这两位艺人都先后被评为中国工艺美术大师、非物质文化遗产国家级代表性传承人。

随着旅游业的兴盛和古城、古镇、古街、古建筑保护意识的不断提高,古建筑的修复与复制也成为古建行业和木雕、石雕、砖雕、彩绘等传统手工艺的重要市场。苏州城北陆墓所产砖瓦质量优良,可使用百年以上。自明代以来,就为皇家建筑专用,被称御窑金砖。近年来,故宫、天坛等著名古建筑的修复都采用此地生产的砖瓦,古建筑修复和仿古建筑营造成为御窑金砖的重要市场。随着民办博物馆、美术馆和陈列馆的兴建,为博物馆、收藏机构、陈列馆制作文物的仿制品也成为传统手工艺中高端艺术欣赏品制作的一个市场。

这些文物的修复、复制,对参与者而言,是一种荣誉与肯定。但是与这种工作的内容相类似甚至相同,给制作者带来财富的同时,也带来沉重的心理负担甚或牢狱之灾的,就是文物的仿制,在行内称为"作伪",即生产制作文物的赝品。将这种卑劣的交易也作为传统手工艺的市场之一,是因为这个市场确实存在,而一些传统手工艺生产者确实以此牟利。在一些文物大省,已经形成了一些文物赝品从制作到售卖的完整产业链条。以生产传统手工艺品之名,行制造赝品之实,有时则是生产明确的仿制品与生产假文物并行,难分彼此。作伪并非新鲜事物,早在明清就已经盛行。

仿古铜器、仿古玉器,个中老手代有传人。在当代的盛行,则与文物收藏市场的混乱和监管机制的不完善相关,更有道德水平滑坡的深层原因。尽管赝品市场的存在养活了一些艺人,但这种背负了太多道德谴责的存续模式,显然无助于传统手工艺的真正传承,其危害比之粗制滥造更为严重。

3. 国际贸易市场

在南宋以后海外市场成为中国大宗手工艺品如瓷器、丝织品的重要市场。但是只有在工业革命兴起后,随着现代运输业的出现,才形成了真正意义的国际贸易市场。中国的传统手工艺也才得以获得了多层次的海外市场。由于中国传统手工艺的高度发达和产品的多样丰富,手工艺品一直是对外出口的重要商品,并且对应不同层次的国外消费人群。苏州刺绣,其产品供应国际市场曾经占到市场的 40% 以上,而这个市场既有高端艺术欣赏品也有中端的艺术欣赏品,还有相对低端的刺绣日用品。20 世纪 90 年代之前,在很长的时间里,中国劳动力资源丰富、劳动力成本低廉,而且现代工业不发达,就业渠道狭窄,所以还是有众多劳动力从事传统手工艺的生产,并且在一些地区成为支柱产业。在有原料优势又有深厚手工艺传统的地区,供应国际市场的传统手工艺就成为当地农村人口的重要副业。例如山东临沂,江苏徐州、连云港地区就曾经有着发达的柳编手工艺,产品在 20 世纪后半期以后就主要供应国际市场。

为海外市场生产日用手工艺品曾经是中国众多传统手工艺的大宗市场,具有数量上的绝对优势。当然这部分产品在国际市场的主要优势就是价格低廉,另外一个重要的原因,是材料天然环保,符合欧美国家对环保的要求。但当我国的劳动力与天然原材料成本都上升之后,这种优势逐渐失去,在国际市场上逐渐被劳动力和原料价格都更为低廉的国家所取代。随着中国国内消费能力的不断提高和其他国家的竞争,部分主要供应国际市场的传统手工艺品逐渐将市场转向国内市场,或增加国内市场份额。山东、江苏境内的柳编产品,在国际市场不断减少的情况下,国内市场却在不断增加。

随着全球化的不断推进和信息运输技术的日益发达,国际文化艺术交流的不断发展,越来越多原本只供应本地或者本国的传统手工艺也获得了海外消费者的青睐。一些需要一定的传统文化素养才能够真正理解其价值的传统手工艺,如年画、传统服饰制作,原本只供应国内市场,但在近 20 年里也逐渐拥有了一定的国际消费人群,如明式家具,因为结构合理,造型简约大方,更易为现代人所欣赏,所以海外市场份额在近年呈增长趋势。也由于交通和信息的发展,之前隐于深山老城中的传统手工艺得以走出大山,为世人所知。因为这些地区曾经长期处于封闭状态,手工艺品保留了较多的地方民族特色,更给人耳目一新的感觉,也因此更容易在追求多样化和新奇的国际市场上获得一定的份额。例如,苗族刺绣、银饰就以其独特的民族风情和深厚的历史文化内涵而获得国际收藏家和消费者的青睐。很多民族和地域特色鲜明的手工艺品,也许在本国未获青睐,却在异域大受欢迎。所以,很多这类手工艺把开拓国际市场视为一个重要的营销目标。众多第三世界国家的传统手工艺,如越南、印度、斯里兰卡等也在积极开拓国际市场,竞争正日益激烈。当中国的劳动力资源逐渐失去,更多还要依赖手工产品的品质和产品中的设计与文化附加值来赢得市场。

综合来看,当今传统手工艺的市场和消费群体呈现出多元化、多层次化的特点,在消费空间和地域上呈现出多元化和国际化的特点和趋势。

第二章　中国传统手工艺的类型

　　我国在相当长的历史阶段中,许多物质生产力和手艺技术水平都处于世界领先地位。不同历史时期的传统手工艺,不仅客观地反映出在不同时代里不同的制作技艺水平和造物设计审美观念,同时也与社会生产力的进步有着必然的联系。本章将对中国传统手工艺的类型展开论述。

第一节　器用与服饰

一、器用

（一）陶瓷

　　陶瓷是陶器和瓷器的统称,包括一般所谓的瓦器、砂器、窑器、琉璃、炻器、瓷器等。它们都是以自然界中蕴藏极为丰富的黏土为原料,经配料、成型、干燥、焙烧等工艺流程而制成的器物。

　　陶器与瓷器一般根据它们的原料构成以及烧成温度来划分。陶器用陶土作胎,其胎体质地比较疏松,敲击发出的声音低沉浑浊。瓷器一般认为主要是以瓷石或者高岭土为原料,富含长石、石英石和莫来石等成分,并且含铁量低。陶器的烧成温度一般在700℃以上、1200℃以下,通常表面不挂釉,即使挂釉也大多是低温釉,按烧成温度、方法以及制作原料的不同可以分为红陶、灰陶、彩陶、黑陶和釉陶等。瓷器的烧成温度一般在1200℃—1400℃,可分为中温瓷器、高温瓷器,胎质致密,具有透明或半透明性,敲击可发出清脆的声音。一般来说,烧结程度和致密度越高,则吸水率就越低。

　　陶与瓷的材料之间存许多差异,陶土含铁量高于3%,黏性较强,颗粒大,较粗糙,但便于塑造成型。由于原料的差异,高温烧结后可呈灰色、浅红色、青色、黑色、白色、黄色。瓷土含铁量低于3%,有黏性,质地柔软细腻,高温烧结后呈浅白色。

比较分析,瓷器烧成温度较高,敲击声音清脆,吸水率大于0.5%,质地细腻光滑;陶器烧成温度较低,敲击声音沉着,吸水率小于15%,质地较粗;炻器的性能是介于陶与瓷之间,它的机械强度远远高于陶瓷器具,适合用于机械清洗的日用产品及特种用途的器物制造。

陶瓷器具的普及,成为大众生活的器皿,替代了造价昂贵的青铜与漆器等工艺复杂、难于推广的器具类型。陶瓷釉色、装饰纹样和陶瓷造型本身都是陶艺创作的重要元素。人性中有爱美、扮美的天性,是因为人类有创造美的能力作后盾。由此可知,在原始陶器出现的同时,陶艺创作的行为也必然随之开始了,陶艺创作应该是早期人类探求与索取美的主要渠道之一。

在陶瓷上进行艺术加工的各种方式、技法就是陶瓷的装饰工艺,它能提高作品的艺术性、审美性。装饰的设计要从陶瓷造型的整体出发,相互配合。装饰可在施釉前在瓷胎上进行,也可在釉下、釉上及釉的本身进行。常见的装饰有单色釉、花釉、窑变釉、结晶釉、釉下彩、釉上彩、釉中彩、斗彩、粉彩、素彩、金银彩、珐花、绞胎、开片、刻花、划花、印花、堆花、贴花、剔花、雕塑等。各种装饰方法,既常单独使用,也可综合运用。

(1)釉下彩,又称"窑彩"。施于瓷胎釉下的彩绘装饰,即先在坯体上彩绘纹饰,然后施釉、入窑烧造。烧成后釉面光亮平滑。因有釉面保护,画面不易受损,耐腐蚀,并能保持色泽鲜艳及防止铅等有毒物溶出。但彩料品种较少,色彩不及釉上彩丰富。釉下彩自三国东吴时出现,唐代趋于成熟,宋代得到发展,元以后取得突出成就。常见的有釉下褐绿彩、白地黑花、绿釉黑花、青花、釉里红、釉下五彩等。民间瓷器采用釉下彩较为普遍,至今仍有制作。

(2)釉上彩,也称炉彩。在烧成的陶瓷釉面上施以彩绘纹饰,然后入窑炉低温烘烧,使彩料烧结在釉面上。釉上彩色泽鲜艳,操作简便,丰富了陶瓷装饰的色彩,但画面光亮较差,易磨损变色,受酸性食物侵蚀会溶出铅、镉等有毒元素。釉上彩在低温色釉的基础上发展起来,宋代开始出现,明清有很大发展。主要有红绿彩、五彩、粉彩、珐琅彩、墨彩、金银彩等。民间陶瓷的釉上彩装饰不及釉下彩普遍,以红绿彩与粉彩居多。

(3)釉中彩。当代发展起来的新的装饰技法,亦称高温快烧颜料。颜料熔剂成分无铅或含少量铅,以釉上彩方式施于器物釉面,再入窑在高温下快烧,使釉面软化熔融,颜料渗入釉内,冷却后釉面封闭,细腻晶莹,耐磨损,抗腐蚀,具有釉下彩的效果。

(4)斗彩是釉下青花与釉上彩相结合的装饰技法,又称"逗彩"。明成化年间景德镇窑始创,后进一步发展。先以釉下青花在坯上勾绘纹样,挂釉烧成后,再用釉上彩加以填涂或点缀成完整花纹。斗彩有多种形式。如点彩,主要纹饰为釉下青花,仅以釉上彩加以点缀;覆彩,在釉下青花纹饰上覆盖釉上彩色;染彩,在青花纹饰轮廓边沿用釉上彩色加以烘托相衬;填彩,青花仅勾绘出轮廓线,再釉上填彩加彩,主要纹饰以青花组成,仅部分使用釉上填彩等。

(5)珐花也称法花、粉花,一种以牙硝作助溶剂的釉陶制品,主要是将我国传统壁画粉画中的"沥粉法"运用到装饰上。做法是将精细的泥浆装进带管的特制布袋中,挤压让泥浆从细管中流出,在成型的陶坯上按纹饰需要勾勒出凸起的轮廓线。阴干后在花纹轮廓线内填上不同颜色的釉料,花纹以外部分涂以单色釉,作为底色,对花纹起烘托作用。经干燥、入窑一次烧成。珐花釉色鲜艳,色调明快,有黄、蓝、白、绿、紫、黑等色,有"黄似金珀,紫如紫晶,蓝似宝石,绿如翡翠"的美誉。珐花元代开始烧造,明中期流行,明清景德镇窑也仿造珐花器,在烧好的白瓷胎上用"沥粉法"装饰施"珐花釉",再入窑低温烧成,风格更为细致精巧。

(6)开片又称"冰裂纹",瓷器釉面的一种自然开裂现象。根据开片裂纹的疏密及图纹不同又分别称为冰裂纹、鱼子纹、百圾碎、蟹爪纹、牛毛纹、鳝血纹等。

(7)刻花。在成型的坯体上用竹、铁、木制刀具刻出花纹,然后施釉烧成。刻花以刀代笔,一般刻纹为一边深一边浅,线条成斜状。刻纹的深浅粗细以坯的大小厚薄及造型为准,粗则豪放,细则秀丽。纹饰生动活泼,有层次感。刻花工具简单,不需贵重材料,经济大方。

(8)划花。用竹针、骨针、铁针在坯体上浅划或浅刻出花纹,由于刻痕浅,没有刀锋直入的深浅变化,花纹缺少层次感,但划花利用线的疏密变化表现形象,线条流畅自然,再施以单色薄釉,在滋润透明的釉色下反射出花纹,犹如丝绸的暗花一样秀美。

(9)印花。在瓷坯上印以花纹,方法主要有三种:一是用刻有装饰纹样的印模在成型后尚未干透的坯体上印出花纹;二是用刻有花纹的模子制坯,使坯体上留有花纹;三是丝网印花,将彩料通过花样丝网套印在坯体上。印花有凸起的阳文和下凹的阴文两种,层次丰富,有立体感。

(10)贴花亦称移花。先用陶瓷彩绘颜料印制成贴花纸,将其粘贴在坯体表面,再加以烘烧,又分为釉上贴花和釉下贴花等。

(11)剔花在坯体上将花纹以外的部分用刀具剔除,使花纹凸起。剔花可分为化妆土剔花、黑釉剔花等多种。

(12)堆花在坯体上用泥浆堆成花纹,有浮雕的效果,又称"堆雕"或

"浮雕"。制作时用泥浆填堆纹样,堆好后用小木棒垛紧,垛紧一层再填一层,直至填到纹样的厚度要求,再用刻刀修整完美。还有一种堆釉,用釉浆堆填纹样。一般为白色釉浆,烧成后呈半透明状,可充分表现浮雕的效果。

（二）漆器

髹漆,指用漆涂在各种器物的表面,也作"髹饰"。我国是世界上最早发现和利用生漆的国家。髹漆的技艺有着悠久的历史。在人类物质文明发展史上,漆的利用,最早可能是应用于工具、器物的粘连与加固,然后才有漆饰的日用品和带纹饰的漆工艺品。

天然漆是制造漆器的主要原材料。天然漆又称生漆、大漆、真漆、国漆,是我国著名的特产。它是漆树上的一种生理分泌物,呈灰白色乳状汁液,主要成分是漆酚。从漆树上取出的漆汁中含有一些水分,称为生漆。生漆在日光下边晒边搅脱水以后,就成了深色黏稠状的流体,称为熟漆。漆液可以涂饰器物和制作各种漆制品。

漆器在制胎、髹涂后,基本上是光素无文的,为了使漆器更加精美华丽,还需要加以装饰。漆器的装饰工艺丰富多彩,《髹饰录》中就列有质色、纹刨、罩明、描饰、填嵌、阳识、堆起、雕镂、戗划、煸斓、复饰、纹间、裹衣、单素等14种髹漆技艺,并且各种技艺间的综合运用,还能变化出许多种装饰技法。但概括起来,漆器最基本、最主要的髹饰漆艺可分为罩漆、色髹、描绘、刻漆、雕漆、填漆、堆漆、镶嵌等类。

（1）罩漆是较为简单的漆饰技法。例如,将透明漆涂饰于以精细而纹理优美的材料所制漆胎的表面,不加任何纹饰,以充分表现其材质的质地美,如优美的木纹,并发挥天然漆的特点,产生如水之清、纹色明彻、光泽莹亮、典雅自然的艺术效果。

（2）用色漆髹涂器面,黑、朱、黄、绿、紫、褐等,凡是可以入漆的颜料,均可与漆调配成各色的色漆。

（3）漆器的彩绘描画,也称画漆,描绘后,不需研磨、推光及罩漆。花纹干后,一般比漆地略高。

（4）刻漆在推光漆面用刻刀镌刻图案。或阳刻,或浅刻,或细微,或豪放,或刮、擦、磨、染,变化多样。

（5）雕漆用油光色漆,在漆胎上逐层髹涂,数十层乃至数百层,叠积到需要的厚度,待半干,用刀剔刻出有层次的花纹。

（6）填漆。在漆器面镂刻出花纹或用漆及其他方法造成漆面不平,再填入色漆或填金银罩漆磨显。填漆大致可分为磨显填漆和镂嵌填漆两种。

（7）堆漆用漆、漆灰或胶灰等材料，在漆胎上堆起花纹，有的要堆几层，待干后，再在堆漆的花纹上进行描绘、研绘、贴金、镶嵌、雕填等装饰处理，有的还要再加以罩漆。

（8）镶嵌是以金、银、玉、石、螺钿等为材料，镶或嵌在器物上，也即漆面借物以嵌饰。镶嵌只使用一种材料的，称为素镶嵌；利用多种材料加以组合的，称为花镶嵌。

（三）青铜器

青铜为红铜与锡的合金，其熔点较红铜低，硬度较红铜大，在浇铸时气泡少，流动性好，可铸出锐利的锋刃及精细的花纹，适于制作坚实的兵器、工具及金光亮丽的容器。

景泰蓝，又称"铜胎掐丝珐琅"。它是一种用铜作胎，用细扁铜丝掐成图案，焊在铜胎形上，再点填上彩色釉料，经烧制、磨光、镀金而成的工艺品，具有浑厚持重、富丽典雅的艺术特色。景泰蓝在古代皇宫就像他的母体艺术——青铜器一样，充当着礼器和祭器之用。

景泰蓝工艺的最大特点，在于掐丝工艺。掐丝时铜丝花纹要排列得紧密，不宜太疏，这是由制作方法和其物理性能决定的。因为釉色在烧制时有膨胀力，面积过大在反复烧结过程中容易发生破裂，在反复的研磨时也容易损坏。从艺术效果上看，掐丝花纹也宜密不宜疏，疏了就易失去富丽堂皇的感觉，色彩的丰富性也将受到影响。景泰蓝是将造型、色彩、装饰合为一体的传统工艺品。

铜镜在我国古代属于镜子，它是用铜做的。铜镜正面经过研磨抛光，光洁明亮，用以照看；背面则一般铸有花纹或字铭，作为装饰，而这些纹饰与当时的政治经济和社会风尚都有一定的联系，如明代鎏金龙凤纹镜，又如清代乾隆万春芙蓉镜，主纹为连枝梅花及喜鹊，寓"喜上眉梢"及"喜相逢"之意；方钮，钮周为二重弦纹，外饰花叶。

二、服饰

（一）丝织

丝织是我国人民伟大的发明。中国在丝织品方面有很多种类，由于应用功能要求的不同、制作工艺的区分、艺术风格的各异，而有各种不同的名称。

锦是一种高级的丝织物，它是丝织品中多彩织物最华美的一种。人们常用锦绣或锦仁添花代表美好的事物。中国著名的织锦有云锦、宋锦、织锦缎、壮锦、苗锦等。其中,云锦的艺术特点是色彩丰富,其配色有的多达三四十种,又因它多采用金线,所以更加华丽。

纱是一种稀疏、轻盈、方孔、纤细的丝织物。它通常是以地经与绞经和纬线交织在一起的一种织物组织,其中绞经时而在地经的左侧,时而在地经的右侧,每织入一根纬线以后,绞经就会变换一次位置。它最主要的特点是具有典型的规则空隙,"方孔曰纱",其孔眼为方形,古时候叫方孔纱。

绡和绢是两类不同的丝织物。绡是一种生丝平纹组织的织物。绡的密度稀疏,纤维精细,与纱相似,故又称轻沙(纱),绢的表面有皱纹时,又称轻縠。由于绡是用生丝织成的,故织物既轻薄又挺括,适作夏日衣料。绢专指麦茎色(即丝的本色)的丝织品,是平纹或平纹变化组织的一种丝织物,质地轻薄。用生丝织成的画绢,专供书画用,或作为扇面及灯彩,古代常用以抄写文献或经文。现代绢则为蚕丝和人造丝提花交织,常见品种有天香绢和挖花绢,适作冬季衣服面料。

罗是由地经纱和绞经纱与纬纱交织的一种纺织物,有疏孔并具有横条效应。罗织物由于用绞经,织时不用箱,而以打纬刀打紧纬纱;以开清梭道,然后投梭再打紧纬纱。罗织物从织物的组织分,有横罗和直罗;当梭口拉开时,将纹杆伸入以开清梭道,然后投梭再打紧纬纱。罗织物从织物的装饰分,有素罗和罗织物轻盈、透孔、华美、结实,是适于炎夏服饰的良好丝织材料。

绫是一种斜纹地起斜纹花的丝织物。绫有花、素两类,一般为暗花,即本色花。它轻薄、柔软、光滑,适于装裱书画用,这是近代绫织物的主要用途。

缎是一种采用缎纹组织的丝织物。所谓缎纹组织,是相邻的两根经纱或纬纱的单独组织点均匀分布但不连续的织物组织,它是织物的三原组织(平纹、斜纹、缎纹)中最复杂的一种。

缎织物充分发挥丝织的最大优点:一是具有丝的最好的光泽,二是使织物非常柔滑。这是我国丝织工艺的一项伟大创造。

(二)刺绣

刺绣,又名针绣,俗称绣花,主要是根据设计的花样,运用绣针穿引彩线(丝、绒、线),在织物(丝绸、布帛)上运针刺缀,以绣迹钩成一定的纹样或者文字。

"四大名绣"主要是指以"苏绣、湘绣、蜀绣、粤绣"为代表的四种刺绣类型。

苏绣,指的是以苏州为中心的江苏一带的刺绣。苏绣工艺的题材丰富,技法精巧,针法多样,色调柔和,具有优美典雅的艺术风格。苏绣多采取分面、分色阶的表现方法,面与面、色与色之间留出空线,称为"水路",这就必须将写生的形象加以简略和变形,因而形成苏绣工艺图案化的特点,富有浓厚的装饰性。苏绣的传统题材,著名的有花、猫、鱼和孔雀等。

湘绣,是生产于湖南地区的一种刺绣,它是在民间刺绣的基础上发展起来的。湘绣,以杭缎为地,所用针以锋端尖锐而鼻底圆钝,不致伤手,绣时只用拇指和食指运针。其用力的轻重徐疾,必须具有一定的技巧所用线采自湖北沔阳一带所产的丝线。湘绣的风格写实,色彩鲜明,层次丰富,具有真实感。湘绣的制作精细纤巧,匀薄平整。湘绣著名的传统题材是狮和虎。

粤绣是广东一带地区所产的刺绣。粤绣从其地区和艺术风格来分,有广绣和潮绣两大体系。广绣,是以广州为中心,包括邻近的南海、番禺、顺德等地的刺绣。潮绣,是以广东东部的潮州为中心地区的一种刺绣。粤绣的特点是用线的种类较多,除绒线、丝线外,还多采用金线,因而效果富丽辉煌。此外还采用孔雀羽线,金翠夺目,别具一格。

粤绣的色彩明艳,对比强烈,具有热闹气氛。粤绣所用的题材,有百鸟朝凤、龙凤、孔雀、鸡、海生动物、荔枝、瓜果等,具有地方特色,其中"百鸟朝凤"是著名的传统题材。

蜀绣,是产于四川以成都为中心的一种刺绣,又称川绣。蜀绣的针法常用的有二三针、三三针、晕针、切针等,总共有120多种。产品题材有虫鱼、花鸟、走兽、山水等,有"芙蓉鲤鱼""黄莺翠柳""平沙落雁""玉猫千秋""三羊开泰"等作品,富于诗情画意。

(三)印染

印染工艺,是对纺织物加以染色和印花的工艺。我国古代的印染工艺历史悠久,技艺高超,制作精美,在世界上独树一帜。它不仅颜色种类多,色泽艳美,而且染色牢固,不易褪色。

我国古代的染料十分丰富,按染料的性质分,有矿物染料、植物染料和动物染料三大类。矿物染料,实际是一种颜料,它只能在和胶粘剂合用时才能较牢固地附着于纺织物上,否则容易脱落。古代对矿物染料的纺织物染色,称为"石染"。矿物染料有赭石、朱砂、石黄、空青、石青、胡粉等。植物染料,是植物的花、叶、皮、根、果以及分泌液所得来的染料。动物染料,是由动物所形成的一种染料。

印染工艺的类型主要有以下几种。

(1)蜡缬,即蜡染,现代印染学中称蜡防染色。它是用一种特制的大小不同的"蜡刀"作工具,将黄蜡热熔后,用蜡刀蘸蜡液,在布上画花。蜡绘完成后,即可投入靛蓝染缸中浸染,染好后用沸水去蜡。由于蜡系油脂,有蜡处水性的染料不能起到染色的作用,而无蜡的空间染成蓝色,因而形成蓝地白花的艺术效果。也有制成白地蓝花的,技术要复杂一些,它是将没有花的地方全部涂蜡封盖,而将花纹留出,不涂蜡液,入染后就只染花纹,而封盖的布地则仍为白色。

由于蜡在冷却后凝固,有时会在凝固的蜡块上产生断纹,或人为地将画好蜡液的布轻加折揉,使形成断纹,入染后有斑驳的蓝色纹理,增进了蜡染的装饰效果。

(2)夹缬是用雕花版夹布的一种印染方法。夹缬的特点,是将布对折后夹在两块同式的雕花版中间,染出后,花纹是完全对称的。我国的染织工艺家曾做过夹缬工艺的试制,认为夹缬的雕花版是采用了一种木制的版框,将镂花的纸版固定在木制的版框上,前后共两个。在印染中,不宜平置,需把印坯布料从中对折后系在两根有一定距离的木柱上,再将两块版框挂夹在印坯上,进行印染操作。最早可能是用纸版固贴在框上,后来则可用油漆一类根据花纹的要求直接涂在纱罗上,成为如同现代可用的筛网印花,或称"筛罗花版"。

(3)绞缬,又称扎染、撮晕,是一种折叠缝扎的防染印染品。它制作简便,为我国民间印染中所常用。

绞缬的制作方法,是先根据花纹的要求,折叠坯布,有对折、四折、斜折等,或在坯布中放入豆类,或在坯布中缝以粗线,或用钩针将布挑起,再进行结扎或缝抽。结扎是将布用小绳扎牢,缝抽则是用线将坯布缝钉抽紧。扎结实后,最重要的是将染件放入清水中浸湿,这是关键的一步,为了使坯布容易吸收染料,也可使坯布在浸湿后产生膨胀,使扎结更紧。坯布中水分吸收多少,将会使色彩有浓淡和晕色的变化,产生朦胧的效果。最后入染,需使染液全部泡没坯布,染后在凉水中漂去浮色,拆开晾干即成。

(4)碱印,即碱剂印花,是一种使用碱剂并综合防染和拔染的印染工艺。它是用强碱剂印浆在织物上印花,其碱剂本身并不具有色彩,但可以在染色中取得不同的色彩效果。

碱印的印染作用主要在两方面:一是在丝织物上印花时碱可将丝胶

层去掉,使蚕丝松软,便于吸收染色;二是碱性可以将染料的酸性中和,使染料褪色,如同现今的拔染。碱剂印花能够得到浅地深花或深地浅花两种效果。

(5)版印,或称型版印。型版印有两种:一是阴纹型版,即镂空型版;一是阳纹型版,即凸纹型版。版印的特点,是在雕版过程中注意花纹中间的脱落,如全雕一个圆,则圆心便会脱落,这就要注意在花纹的表现处理时,尽量运用点或线,以便花纹联结。如果采用纸版,则应以罗或绢将镂空的纸版加以衬托,以免脱落。另一特点是在印染中,移位时要注意印版的衔接,使不致重版或脱版,即花纹重叠或出现空当。

(6)拓印,是指凸纹印染,所刻花纹凸起为阳纹,而将花纹之外的版地雕去。拓印的印染方法有两种:一是压印,即将雕版向下覆盖在印染坯布上,用力加压,使涂在凸纹上的色浆印在织物上;一是拓印,即将雕版平放在台上,而以坯布反扣在雕版上,再在布的背面用工具刷印。前一种压印的雕版宜厚,使有一定重量;后一种拓印的雕版宜大,使有一定面积,便于将织物平置,这种拓印方法,在纸张印刷中应用较多。

(四)棉织

棉花,作为纺织材料之一,在我国的发展是比较晚的,但是,由于它的优良的特性,如保温性、吸湿性,穿着舒适透气,对染色有良好的亲和力,所以,一经传入种植,就很快得到推广。

在棉织工艺的生产发展中,各地形成了各种不同制作技法和艺术风格的棉织品,有的十分精美,华贵似锦,而以锦名之。主要有土家锦、侗锦、鲁锦以及其他少数民族织锦等。

土家锦,是居住在湘、鄂、黔、川毗邻地区的土家族所制作的一种棉织品。它以红、蓝和白色棉线作为经线,以各色棉线为纬线,采用通经断纬织成。土家锦的花纹,据说有近二百种。有表现动物题材的,如阳雀花、石必(小兽)花、马必(小马)花、猴手花、大小狗牙齿花、猫脚迹花、蝴蝶花等。

侗锦,是贵州等地区侗族所织的锦。侗锦以棉线为经纬,浮纱较短,两面起花;色彩喜用蓝、白或棕、白等色,采用花、蝶、菊以及鹰等作题材,鹰是象征侗族的子孙如鹰一样雄健。侗锦用色不多,但善于运用色彩的交替和纹样的变化,具有素雅质朴的艺术风格。品种有被单、背包、台布、头巾、壁挂等,是侗族人民的日常生活用品。

鲁锦是山东西南地区所产织锦的总称。鲁锦,是以棉纱作为经纬线,分平纹色织布和提花彩锦两类。鲁锦的花纹常见有枣花、水纹、斗纹、芝麻花、核桃纹、鹅眼纹、猫蹄纹等。色彩有大红、桃红、湖蓝、绿、紫、棕、黑等。由于运用图案组织的反复、连续、虚实、对比、平行、间隔等形式法则，在织造上又应用单经单纬、双经双纬、经线起花、纬线起花等多种织法，因而使人感到变化万千，丰富多彩。

第二节　陈设与装饰

一、陈设

（一）家具

我国的家具工艺有悠久的历史和优秀的传统，这里仅简单介绍明清以来的家具。明式家具以造型见长。它的最大特点，就是科学性和艺术性的高度统一。它擅于将选材、制作、使用和审美巧妙地结合起来。

明式家具讲究选料，多用紫檀、花梨、红木、杞梓木（又名鸡翅木）、铁梨等硬木，也采用楠木、樟木、胡桃木、榆木及其他硬杂木。其中以花梨中的黄花梨效果最好。这些硬木色泽柔和，纹理清晰坚硕而又富有弹性。这种材料对家具的造型结构、艺术效果有很大影响。

明式家具的造型安定，简练质朴，讲究运线，线条雄劲而流利，家具整体的长、宽和高、整体与局部、局部与局部的权衡比例都非常适宜。并且不滥加装饰，偶施雕饰也是以线为主，或应用小面积的精致浮雕和镂雕等，点缀在最适当的地方，与大面积的素面形成鲜明的对比。

清代家具造型已趋向笨重，并一味追求富丽华贵，由于繁缛的雕饰破坏了造型的整体感，触感也不好，更不利于清洁。但在民间，家具仍沿袭"明式"的程式，保留了朴实简洁的风格。

新中国成立后，家具种类很多，有各式办公桌、方桌、圆桌、会议长台、茶几、凳、新式靠背椅等。在造型上，多运用平面、直线、圆角等艺术手法，形象朴质简练，使用时也便于保持洁净。家具的结构，采用暗榫和胶合相结合的方法，坚固耐用。

（二）竹编

竹编，是运用各种竹子加工编成的工艺品。我国竹林分布广，品种多，资源丰富。用于竹编的竹子总体说须材质坚韧，纹理平直，富于弹性，劈篾性好,以便加工成竹条、篾片、篾丝,用以编织。适宜作竹编的竹多选较高大、端直、质密、柔韧、节长、节平、少疤少斑痕的品种,主要有毛竹、慈竹、淡竹、水竹等。

竹编编织技法千变万化,但基本上都是在经纬挑压编织的基础上发展变化的,大致可归纳为垂直挑压编织法、多角挑压编织法、翻转弹插编织法和其他穿插编织法四大类。

在陈设品中,竹编主要有立体竹编造型,即呈立体形状。它主要采用提压排列的编织方法,篾条加工有扁平、圆形、方形、三角形等多种,用途及编织效果均不同。立体竹编牢固结实,实用性强,造型丰富,编织技法多样,装饰效果突出。立体竹编多用于箱筐、盘、瓶、罐、盒、玩具、灯具、家具,及竹编动物、人物,瓷胎竹编,木胎竹编,装饰花插,屏风等竹编工艺品。

（三）竹、木、根雕

（1）竹雕,又称竹刻,是指在竹制的器物上雕刻各种纹饰,或用竹根雕刻成工艺品。20世纪以来,竹雕工艺发生新的变化。贴簧竹刻进一步盛行,留青竹刻技艺更加普及,在民间有广泛的基础。一些艺术家转向竹刻艺术。北京金石篆刻艺人张志渔潜心研究竹刻之艺,成为"北方竹刻之祖"。

竹雕工艺大体可分为竹节雕、留青雕、翻簧雕、竹根雕四种。

①竹雕通常用得最多的是毛竹。毛竹种植普遍,材料易得,而且体型大,竹壁厚,材质致密坚韧,特别适于雕刻。选用毛竹要注意竹龄,一般认为二年以下的嫩竹质地未坚,三年以上的老竹纹理粗糙,以三年竹龄的最为适合。一般竹面雕刻,对竹材的外观要求不高,浮雕及镂雕要求竹壁较厚。用新竹雕刻小件作品,须及时逐节锯断,倒出其中竹液,以免其泛出表面形成黄斑。然后再将竹筒截成毛坯,用水煮沸半小时后捞出,洗去竹上浮脂,自然阴干,即可雕刻。

②留青雕,又称皮雕,是留用竹子表面的一层青筠,刻成微凸的平面花纹,然后铲去图纹以外的竹青,露出下面的竹肌作底。充分利用竹青与竹肌(纹与地)不同色泽、肌理的对比来表现空间变化和刀法韵味,有很高的艺术性。

留青对竹材的外观要求很高,竹青上不能有任何损伤或斑痕,故常常要在产地专门挑选。选伐秋冬季多年生毛竹,经防霉防蛀工艺处理,使竹材底面光润,竹筠洁如玉,竹肌有丝纹。竹筠色浅,年久呈微黄;竹肌色如琥珀,年愈久色愈深。将竹筠、竹肌的雕刻两相结合,按需刻成厚薄不同的层次,形成色彩从深到浅,自然退晕效果,明晦浓淡,因景而施。

③翻簧雕。翻簧雕,又称贴黄、竹簧、文竹等。将毛竹锯成竹筒,去节去青,专取竹材内壁的牙黄色表层(竹簧),经煮、晒、压平,胶合或镶嵌在木胎或竹片上,经打磨光滑后,在上面雕刻各种人物、山水、花鸟等装饰图案,有的再加以彩绘或镶嵌。翻簧雕刻,多在很薄的竹簧表面,故以阴纹浅刻为主,亦有施以薄雕的,纹质细洁,色泽光润,类似象牙。

④竹根雕。利用竹根的形状、节疤和较厚的竹根节壁进行雕刻,技法以圆雕为主。有时为了便于造型,把竹根倒置过来雕刻,称为"竹根倒刻"。可制各种人物、动物、花果,甚至假山等,还可将其剜制成各种工艺器皿。

(2)木雕,是利用各种木材雕刻成的建筑装饰构件及工艺品。浙江省东阳县是著名的"木雕之乡",主要以浮雕技法为主,借鉴传统的散点透视法、鸟瞰透视法构图,讲究布局丰满,散而不松,多而不乱,保留平面,不伤整料,突出主题,表现情节。造型美观,工艺精细,装饰适当,图案古朴,线条流畅。木雕挂屏还往往运用多情节、多层次的传统手法。各种成套家具,造型、图案不断翻新。其中款式多样的樟木箱更是别具一格。

木雕的制作大体可分设计、选材、雕制粗坯、雕刻细坯、修光、擦砂磨光、打蜡上光、配制底座等。

①设计。将构思好的造型画出设计图稿或塑出模型。

②选料。根据设计需要选好木料。有些木料纹路美丽,色泽好看,充分利用木质本色会使作品更为出色。一般讲,木料以无腐朽、无裂缝、无节疤为好。小型雕刻原则上应使用同一块木料。大型雕刻有时需考虑材料的拼接。需注意选择同种、同质的木材相拼接。

③雕刻粗坯。雕制粗坯即雕刻大形。一般顺序是先雕浅的地方,再雕深的地方。

④雕刻细坯。在粗坯的基础上加强细节部分的刻画。

⑤修光。更精细地表现作品的细节,力求达到光洁滑爽,使作品更加美观和完整。

⑥擦砂磨光。用粗细砂纸磨去刀痕凿迹,应先粗后细,依照木绺,顺绺而磨,使作品光洁细腻。

⑦打蜡上光。为增加光洁度和保护层,一般采用果仁油、石蜡、白蜡、清漆等。

⑧配制底座。一般对圆雕及浮雕台屏等都要配制精巧的底座,以使作品更加完整、美观。底座的内容、尺寸、颜色要与作品相协调,形成一个整体。

(3)根雕,也称树根雕,是利用根材的自然形态,施以艺术加工的工艺品。

根雕的制作,是巧借天然的艺术加工和创作思想逐步实现的过程。在制作中,要熟悉根材的特征,明确各部分的用途和取舍的部位,努力做到物尽其用,做到"奇"与"巧"的有机结合。根的造型讲究,"依形度势,象形取意",要充分利用它特有的殊姿异态和纹理,强调"三雕七借",就是要"三分人工,七分天成",尽量用其自然形态,不做过多雕琢,既保持原生态的美,又增添艺术造型的美,赋枯根以生命,化腐朽为神奇。要有巧夺天工的意境,在构思和制作中充分利用根材的体积、疤节、木纹、凸凹、弯曲、节蔓、穿窿等,虚实结合,顺势顺形加工,并注意使加工尽量不露人工雕琢的痕迹,使作品浑然天成。

（四）编结

编结,是指用丝、纱、线、绳、带等,经过编结而成为装饰物的一种工艺品。它多为手工制作,因而它的结构与样式具有很大的随创性。它不同于一般纺织品的经纬交织,而是一种线系的自由交接和维合。编结工艺在装饰上应用很广,除服饰及环境美化外,现已扩展为一门独立的欣赏艺术。

在民间,编结也作为民俗而被广泛应用在生活中。例如,浙江龙游一带民间社火的舞狮,狮头用硬木制成,狮身由细麻绳编结,走街表演,以镇灾驱邪。

现代,我国编结工艺在传统的基础上更加扩展,并形成独特的风貌,被人们称为纤维艺术,或纺织品雕塑。现代编结的材料,除了常用的丝、毛、棉、麻等,还常结合化纤、皮革.塑料、金属、草木等,以扩大编结材料的肌理效果。编结的方法更加丰富多彩,除传统编结方法外,常用的还有金钱结、梅花结、云雀结、兔耳结等,都以象形取名,以及各种基本结的灵活应用等。编结的艺术特点,既有具象的描写,也有抽象的创造。它表现出剔透的空间感,也表现出多层次的立体感,或柔,或刚,或宁静,或粗犷。编结的用途,除了作为服饰的装饰物,还发展出作为装饰件的崭新编结品种,与建筑装饰结合起来,成为环境艺术的一个重要组成部分。它具有传统的木雕、贝雕、羽毛贴、漆画等所没有的特点,轻便价廉,更富有创造美,为人们所喜爱。

二、装饰

（一）玉器

玉器在传统手工艺中主要以雕刻的工艺呈现。玉雕工艺，是我国历史最久远的传统工艺之一，玉器的广泛应用形成了我国独特的玉文化。玉雕注重审材。因料设计，不仅是为了使玉料能得到充分地利用，而且能使俏色得到充分的利用。

俏色，天然的玉料常由几种颜色构成，或点状，或块状，或片状，也有的为层带状。利用其天然的色彩和纹理雕琢相应的物像，就能取得好的效果，产生精品、绝品。

埋葬在地底下的玉，受到地下温度、湿度、有机物和无机物等的侵蚀，年代久了就会产生质地和颜色的变化。这是入土古玉的特征，称之为沁色、蚀斑。由于汉及汉以前的古玉入土年代久远，其沁色与蚀斑尤为多见。具有沁蚀的古玉更具有苍浑古朴的韵味。

陈设类的玉雕主要有仿古彝器、鼎、尊、簋、觥、瓿、瓶、炉、壶、山子插挂屏、花插、如意、动物、人物、端兽。

传统玉雕工艺技法，主要步骤为"审、绘、琢、光"。

（1）审也称"相玉"，是指对材料进行全面的观察分析。

①审皮色：就是观察玉皮的情况和构思如何利用玉皮。玉材的皮质，为天籁之工，有人为雕琢难以达到的特殊韵味，无论仿古还是时做，都注意"留皮子"，以此沁色蚀斑增加玉的古韵；下皮处理得好可以弥补玉质的瑕疵和绺裂。

②审料性：就是观察玉料的质地优劣，包括色泽变化和纹理的走势等。构思最佳的设计方案，以充分显示玉的美质和俏色。

③审绺瑕：认清玉质中的瑕疵，考虑雕琢时的清除方法。原本质地不佳的玉料，要构思周密，在制作时将绺瑕剔除得干净而成为高档作品。

④审形势：这是对玉料整体的了解过程。根据玉料的基本形势，认定玉料定向和构思作品的造型。

（2）绘也称"划活"。根据"议"所掌握的基本情况，进行设计，根据所构思的形象，绘出图稿。绘也包括在玉料上用笔绘出基本形态。绘体现在玉雕的过程中，随着琢磨的不断深入，描绘也由整体到局部，逐步细化。

（3）琢：即琢磨，是玉雕工艺的主要步骤，基本工序主要体现在以下几个方面。

①清理表皮：将不必要的表皮清除，留下可以作雕琢的玉料。

②描绘粗稿：将设计稿的基本形画在玉料上。

③铊割取料：按照设计的要求，运用斩铊，将玉料割出基本的形态。

④整体分割：制成基本的轮廓块面结构。

⑤环链抽条：制作荷链条的炉瓶类玉器，要按照设计的要求，先将环链用料取出，制成粗胚。

⑥平底定位：平整作品底部，固定作品的形势，使之便于安放。

⑦分割细部：琢出作品的各部分的位置和结构。

⑧描绘细稿：画出稿子的细部，进一步做好作品局部的刻琢定位。

⑨琢磨细部：碾砣细部，如镂琢钻孔，掏膛制口。

⑩精细修饰：将细部进行平整，纹饰精雕，器物阴阳口准合。

琢磨的过程概括起来，可归纳为：粗坯—细还—精琢三个阶段；具体分解，以琢链为例，则可以细化为：刺条—刺十字—掐节—掏链—做环等五个阶段。

（4）光是将雕琢完成的玉器抛光，使之光洁明亮，尤碾琢痕。

抛光时较多采用胶碾。胶碾又称"胶铊"，主要成分是虫胶和抛光粉。通过加热与碳化硼糅合后，粘在轴杆上，乘热捏成所需的形状，然后在旋转中用碳化硅条将其打磨成最终形状。因为胶碾可以按需要进行制作，可适应玉器的各个部位，所以使用十分方便。然后按需配备其他抛光工具，这样玉器的抛光就能得心应手。有的玉器在完成雕琢之后，还要进行：刻文，即在玉器上刻文字；镶嵌，在玉器上镶嵌金银珠抱；描金，在玉器上用金粉描绘图案。

不同品类的玉器，制作有简繁之别，掏膛和合阴阳口子等工序，主要适用于雕琢比较复杂的炉瓶类。玉器的制作未必按上述工序，如唐宋以前的玉器，一般没有链条；汉和汉以前的古玉造型，多片状，少复杂的透雕和阴阳合口，工序就相应减少，故有"汉八刀"之称。

(二)年画

年画是一种装饰年节环境的图画，它作为反映人们情感、美化生活的工艺品，或除旧换新，或常年贴挂，都受到民众广泛的欢迎。

年画的题材内容极为广泛，举凡世俗生活、风俗信仰、神话故事、历史人物、民间戏曲、山水花鸟、吉祥喜庆等均有所表现。民间世俗生活的年画多表现农民的劳作与丰收，家庭的美满与幸福，对安居乐业、丰衣足食、风调雨顺的向往和对美好生活的追求，如合家欢乐、庆贺新春等。风俗信仰类的年画以表现年节习俗的最多姿多彩,如春节逛庙会、十五看花灯、端午闹龙等。以神话故事、历史人物、小说戏曲为题材的年画极为丰富,既适应了年节的娱乐性,又能起到传播知识、教谕劝诚、颂扬美好的作用,对人们的精神生活和道德观念都产生巨大的影响。风景、花鸟类年画颇重视艺术性、装饰性。吉祥图案年画,如福如东海、富贵长寿等,主要运用寓意、谐音、象征、象形、取义等表现方法,反映广大民众对于幸福生活、健康长寿、安居乐业、家富国强的美好愿望。

年画的体裁由于各地的生活条件和习俗的差异,以及不同屋宇建筑格局和装饰的需要,有不同大小开图张及横竖方直等多种样式。从年画的开张来看,有整张、对开、三开、四开、斗方等;从装饰环境的部位来看,则可分为门画、中堂、对联、横匹、条屏、炕围画、格景、斗方、月光、窗画、历画等多种,体裁样式之繁多,种类之丰富,为其他画种所不及。

年画的色彩鲜艳、明快,极富民间传统特色。年画既注重传统,又富于创新;既突出民间艺术的风格,又借鉴其他艺术的技法。年画在早期为手绘,但唐代雕版印刷一出现就立刻为年画所运用,使年画长期带有版画的特点。明代彩印套色的成熟,被广泛使用于年画中。年画在发展中借鉴了传统壁画、工笔画、书籍版画插图,甚至文人画的技巧,使年画更具艺术魅力。

年画的构图设计精巧,大都饱满匀称,主次分明,富于变化,不追求奇形怪异,也不留过多的空白。如戏文故事年画的构图要求周密考虑画中人物的宾主关系,场景处理和整个画面的气氛,对于典型场面的选择既能集中、概括地表现故事的主要内容及前因后果,又要是民众所熟悉和欣赏的情节。

（三）木版画

木版画是指产生于民间的用木刻雕版而印制的各种图画。在近代的印刷制版术发明之前,我国古代的印刷品基本上都是通过雕版用墨或水色刷印的。我国木版画的形式多种多样,内容也很丰富。年画,门神、灶君、财神、纸马等神像画,灯画、墙纸、纸牌、庚帖、斗香等印制品,都曾广为流行,至今在不少地方仍有留存。一些传统工艺,如年画等,仍在使用木版印刷。

（四）剪纸

剪纸是用纸剪或刻成花样的一种民间工艺美术。我国剪纸艺术有着悠久的历史,源远流长。

剪纸的形式较为多样化,综合起来主要有单色剪纸与彩色剪纸。

(1)单色纸剪成的剪纸,也称黑白剪纸。单色剪纸的表现手法主要有阳刻、阴刻两种。阳刻剪纸的主要特征是保留剪纸造型的轮廓与线条,剪去线条以外的块面部分,如同篆刻中的朱文。阳刻艺术效果突出,制作简便易学,在剪纸中较为普遍。阴刻剪纸与阳刻相反,是将轮廓线条用剪刻镂空,保留块面部分,靠空白来显示形象,如同篆刻中的白文。阴刻黑白对比强烈,线条柔细优美。阳刻、阴刻在一幅剪纸中也常结合使用,虚实相间,黑白有序,使画面更加丰富。

(2)彩色剪纸是指在一幅剪纸上有多种颜色,绚丽多彩。主要有如下几种。

①分色剪纸,用多种颜色的纸,分别剪出剪纸的各个局部,然后将它们拼成完整的画面。如红纸剪花、绿纸剪树、褐纸剪房屋等,再拼成图案。分色剪纸色彩不宜过多,常为两三种颜色,色彩的搭配要适合构图中各种物象的相互关系。还有的是将剪纸分成主纹和底纹,两者交错重叠,一般以底纹为衬托。

②拼色剪纸,也称斗色剪纸。也是用多种色纸拼成一幅剪纸,但在分色上富于变化。即一次剪刻多幅,每幅色纸的颜色都不相同:剪刻时除总构图留下完整的轮廓外,其余均按各部位的结构分别剪刻开,完成后将各部位色纸打散,随意拼接,使每幅剪纸的色彩搭配都有创新,更加华美。

③套色剪纸,在剪纸后套以色纸,使剪纸更加富丽堂皇,丰富细腻。又分整体套色和局部套色。整体套色多以黑色或金色的阳刻剪纸为主稿,将正面扣合在所需各种色纸的背面,再将要套色的形状分别剪好,然后把剪出的各种色纸按要求部位,正面向下,相应地套粘在主稿背面,以达到一种衬托的效果。有时还常把所套色纸与主稿的轮廓略微错开一些位置,使剪纸更富变化。局部套色只是在某个局部进行套色,颜色要少而精,以起到点缀和突出的作用。套色剪纸在使用色纸时,要注意主调和各色彩的搭配。

④衬色剪纸,在剪纸下面衬以不同的色纸。有多种方法:一是在剪纸下衬一种对比鲜明、协调的色纸;二是根据剪纸各部位的特点分别陪衬不同的色纸,此法在民间剪纸中使用较多:三是不受剪纸各部位轮廓的局限,不规则、较随意地衬以各种色纸,使主纹与衬色相交错。衬色剪纸,被衬的主体花纹以单色为主且颜色不宜太浅或太鲜艳,一般多用黑色纸、金箔纸,并以阳刻为主,注意镂空,以便显现出衬色。如有的金箔剪纸,

在各部位后分别衬以大红、玫红、翠绿、深蓝、湖蓝等色纸,显得极为华美。

⑤点色剪纸,点色即点染,在剪纸上染上各种颜色。剪纸多用宣纸或连史纸,纸薄易于渲染,染料以民间染料为主,常加以白酒调和,以增强渗透性。点染一次多时可染二十余张,用毛笔饱蘸色料,笔点之处,颜色往下渗而不向外扩散,但须注意,一种颜色未干时不可点染其他颜色,以免串色。为适宜点染,剪纸常以大块面积内的镂空阴刻为主,很少用阳刻线条。点色剪纸色彩鲜明、艳丽,并具有晕染效果,颇具民间特色。

⑥填色剪纸:把剪纸贴在白纸上,再在其空白处根据需要施以各种颜色,一般为平涂,个别地方也用渲染,但不能把色涂在主稿的轮廓线上。填色剪纸多为阳刻,以利于在镂空面上加以色彩处理,这与点染有很大区别。

⑦勾绘剪纸:一种剪刻与彩绘相结合的剪纸,大体分两种。一是以剪刻为主,兼用毛笔描绘细部,如人物的五官,花卉的花蕊、叶脉等,风格淡雅柔美,二是画面线条全都描绘,反将其空白处剪刻镂空,并衬以色纸,风格艳丽华美。剪纸加以彩绘,丰富了它的艺术效果。

⑧木印剪纸:剪刻与木版印制相结合的剪纸。主要用在需大量复制的剪纸上。或局部木印,如人物面部用木刻戳印,称为"开相";或全部用木版刷印,再剪刻镂空,加以着色。其艺术效果类似于民间木版年画。

剪纸要充分表现社会生活和人们的审美情趣,抓住对象最利于表现的主要特征,加以丰富的想象和集中的概括,用意象的、谐音的、象征的、寓意的、夸张的、变形的、抽象的手法,来反映主题和形象。

剪纸在构图上,追求平视化的效果。它总是把所表现的物象的体积、空间等压缩在一个平面上来处理,不注意讲求"近大远小"等的透视关系,而是创造一种较单纯的美,在单纯中求丰富,在对比中求和谐。剪纸的造型多是直觉的,生动形象又富于夸张变化,想象较为自由、随意,适合大众审美欣赏的习惯。

剪纸创作十分注重整体的装饰性、图案美,根据作品题材、功用的不同,在剪纸点、线、面的处理上,在色彩的协调搭配上,均要考虑装饰化的要求。如窗花要造型优美、线条流畅、空灵剔透,礼花要喜庆吉祥、形象端庄、色彩艳丽。又如剪人物注意突出衣纹的花饰;剪牛羊,极力夸大牛毛、羊毛的旋涡纹等。

剪纸艺术在长期发展过程中,形成了许多程式化的表现手法,创造出了极富表现力的各种纹样,如锯齿纹、圆纹、弧纹、回纹、云纹、菱形纹、波状纹、月牙纹等,以及大量寓意丰富的传统吉祥图案。

剪纸艺术还有一个突出的特点就是一幅剪纸作品完成后要能够"提

得起、贴得上"。这就要求剪纸的各个线条都是相连交织在一起的,最忌有断刀、断线之处,即所谓的"千刻不落、万剪不断",而且要连得紧,接得妙,使构图完整、严谨。

第三节 游 艺

一、泥塑

泥塑,是用泥塑造的一种塑像,是我国民间传统的雕塑工艺。因其多在表面饰以彩绘,故亦称彩塑。成品既可实用又可作为装饰品或玩具,因此深受人们喜爱。

泥塑选用可塑性好、无杂质的黏土,主要是红黏土,经过精选,用水润开,并用木棒将其捶打成面筋状,然后搓成条块,要达到易弯曲而不断裂的程度。为了使泥塑结实易于捏塑,而且干燥后不产生裂纹,常需要在黏土中加入适量的棉花或棉纸,用木棒将棉花与黏土混合捶打,直到均匀。黏土中加入棉花的多少,要依塑品而定。如捏塑人物,制作头像时要少加一些棉花;而制作身体、衣服、手时则需多加一些棉花。为使调制好的黏土或半成品保持湿润,要将其放入阴室或用湿布、塑料袋包裹保存待用。

塑的制作主要是捏与塑。捏,用于捏出大的造型,把所塑物的形归纳为大的几何形状,如长柱形、半圆形等,充分注意形体的比例、结构、动态等,并要注意造型的重心,作品要安定稳重。塑,用各式工具加以拍、削、压、滚等手法,刻画出塑物的细部、细节,并将表面压平、滚光。

塑造中还有许多具体的要求和程序等。如泥人张人物塑作的步骤为一头、二身、三手。即先做头,当头部塑造约有六七成以后添加身体大形,并深入刻画,最后再做手,循序渐进地加以完成。

泥塑的彩绘优秀的泥塑作品一般都是捏塑和彩绘的完美结合。泥塑造型完成后,在泥塑坯体上着色常是很关键的一步,可以使泥塑作品更加生动、传神。

泥塑的泥坯干燥后,用细砂纸将泥形打磨光滑,便可彩绘。彩绘时要"随类赋色,和谐统一"。这是要求用颜色要根据不同的对象,而施以不同的色调,或冷或暖,或朴素或富丽,或强烈或淡雅,最后的风格与效果应统一和谐。

彩绘总的要求是:要新鲜、明快,要清爽、干净,要均匀、齐整;既要有大的色彩效果,又能细看,所谓"远看颜色近看花",要局部不能影响整体,纹样与底色须相互衬托,使之更美。

二、风筝

风筝,古代又称"纸鸢",也作木鸢、鹞子等,是我国发明的历史悠久的传统民间工艺品。

我国风筝的种类繁多,而且各地、各流派风筝的样式和风格,制作材料和扎制技艺等均有差异。研究者们一般都是从不同的角度对风筝进行分类的。

根据题材内容和造型形象划分:

(1)动物形风筝,如鹤、鹰、沙燕、蝙蝠、蝴蝶、蜻蜓等,也有金鱼、蛙、蟹等动物,以及龙、凤的形象。

(2)植物形风筝,多为生活中常见的植物,如莲花、蟠桃、葫芦、大白菜、萝卜等。

(3)人物风筝,多为神话传说、历史故事、古代戏剧和人们喜闻乐见的人物形象,如孙悟空、老寿星、天女散花、白娘子、胖娃娃等。还有各种戏剧脸谱风筝。

(4)物品形风筝,如花篮、宫灯、扇子、花瓶、宝剑、鼎、香炉、钟等。

(5)文字风筝,多为吉祥用语,如双喜、福寿、吉祥、太平等。

(6)几何形、图案形风筝,如三角形、五角形、菱形、圆形、八卦、如意、方胜等。

根据风筝的艺术风格划分:

(1)民间风筝,大多为民间艺人及平民自制的风筝,用料朴实,造型结构简练无华,图案色彩明快自然,有较浓厚的生活气息和乡土风格。

(2)宫廷风筝,多为专业艺人所制,用料考究,装饰华丽,绘画精美,工艺精巧,价值昂贵。专供官宦富贵人家娱乐、赏玩及收藏。

(3)当代风筝,在传统风筝。基础上加以创新发展,既保持民族传统特色,又不断吸取新材料、新工艺、新手法、新题材,如运用合金骨架、化纤面料、塑料薄膜等现代材料,以火箭、飞机、卫星、汽车等为题材。并充分利用现代科技成果,使风筝在结构、性能及放飞上都有新的改进和提高,具有突出的时代特征。

根据风筝的功能划分:

(1)玩具风筝,主要作为人们的娱乐。这类风筝样式丰富,流传广泛。其结构简单易制,艺术风格朴实自然。

（2）工艺风筝,制作精巧,装饰华丽,有较高的艺术欣赏价值。

（3）特技风筝,制作精细巧妙,有突出的特技放飞性能,并多带有特殊的发声、变色、变形等装置。

（4）实用风筝,主要用于特定的实用放飞需要,如摄影、通讯、科研探测、宣传等。

按风筝的结构分类:

此种分类能较好地概括出各种风筝的不同结构与技术特性。

（1）硬翅风筝,风筝的两翼基本是用上下两根横条构成骨架,两侧边缘略高,中间较凹。骨架尺寸有较固定的比例,一般是总长与总宽相一致,其中头部、尾部各占四分之一,腹部为分之一,翅膀膀条的七分之一又为腹部的宽度。这样,只要先确定了膀条的长度,风筝其他部位的尺寸即可推算出来。硬翅风筝的翅膀是固定的,但翅外的造型则常随内容题材的不同而变化丰富。硬翅风等筝结构坚固,放飞适应性强,较为普及。

（2）软翅风筝,风筝翅膀上只有一根主翅条,其余的部分均为面料,没有骨架依附,可随风飘动。有的翅膀甚至还可折叠或拆卸。

风筝骨架也有做成浮雕式的,有单层或多层。软翅风筝表现力较强,适于禽鸟、昆虫等题材,形象逼真。

（3）拍子风筝,结构为平面形,无凸出部分,中间扎有骨架。拍子风筝扎制简单,飞升性能好,适于表现脸谱、器物、几何图形等题材。

（4）串式风筝,将数个乃至几十个相同或不同的风筝串接在一起放飞的风筝。如将多只大雁风筝连接在一起放飞的串雁。串式风筝最突出的是加以拼接的象形风筝,如蜈蚣、飞龙等。

风筝的流派主要有以下几类。

（1）北京风筝。构思奇特、骨架严谨、扎制精巧、彩绘华丽,具有典雅工整、雍容华贵的艺术风格,颇具帝都特色。北京风筝从清代至今,较为知名的代表如金家风筝等。金家风筝以金忠福的作品为代表,风筝造型粗犷豪放,色彩艳丽鲜明,注重装饰性,善于运用色块的对比来产生强烈的艺术效果。当年金家风筝也多为宫中所用。尤以"黑沙燕"（"黑锅底"）为人们珍爱。这种风筝,黑白两色,对比强烈,图案明快,线条挺拔,放飞效果好,备受赞誉。

（2）天津风筝。最著名的代表是老艺人魏元泰一家扎制风筝,被誉为"风筝魏"。魏家风筝式样很多,蝴蝶、鹰雁、仙鹤、美女、神话人物等,均制作精巧。制作工艺讲求"穿眼带榫、前后见平",骨架纵横交叉的竹条互不重叠,还创造了锡焊铜箍衔接骨架的新工艺。有的风筝还能拆卸折叠,数尺长的风筝可装入一尺左右的盒子里,便于携带收藏。风筝彩绘吸取了年画、剪纸、建筑彩绘的特点,设色浓重鲜艳,勾画均匀明快,装饰效果突出。

天津杨柳青风筝也有悠久历史,骨架轻巧,结构严谨,图案以飞禽走兽为主,形象生动逼真。有时直接以木板印画做风筝面,或用剪纸来装饰,别具特色。

(3)山东风筝。以潍坊的最为精美,最具代表性。潍坊风筝造型丰富,有平面、浮雕式、立体多种。平面如八卦、鱼、花卉等,形象生动,浮雕式以飞鸟为多,做工精美,立体为串式或筒式,技艺高超。风筝彩绘强调图案与色彩的统一,并将木版年画的工艺移植到风筝上。

(4)南通风筝。造型简朴优美,绘画富丽明快,音响丰富独特,有浓郁的乡土气息。板鹞是南通风筝中最具地方特色的品种。风筝为平面结构,基本形有正方、长方、六角、八角、菱形等。后又发展变化为"连星"风筝,有的多达几十、几百连星,角角相对,排列规整。板鹞的骨架由细竹竿横竖直线交叉为多角几何形,蒙以棉布。彩绘多为工笔重彩技法,喜用红、黑、白等对比强烈的颜色,富于装饰美。图案内容有八仙、飞鹿、飞马、凤戏牡丹等。

三、木偶

木偶,古代也称为"木禺""傀儡"等。多为全身可活动的木制人形,头部为木雕制品,施有彩绘及饰有头发或胡须等,躯干部分配有服装,是木偶戏的演出道具或玩具。20世纪以来,我国民间木偶制作在继承传统的基础上,融入了新的艺术因素,更加精致,具有鲜明的艺术个性。

木偶的人物造型一般分为头、手、足、盔、躯等部分。木偶头是造型的核心,而面部又是首要部位。木偶的创作要符合戏中人物的性格、特征及表演的需要,加以集中概括,突出典型形象,使木偶更富艺术魅力。

木偶戏的种类主要有提线木偶、杖头木偶、布袋木偶三种。

(1)提线木偶又叫"悬丝木偶",在唐代时就有所发展。提线木偶的人物形象完整,木偶全身各部分关节,都要做成活动的关节,头部五官根据需要也可以做成活眼、活嘴等。木偶的头、身、腰、肘、腿、手、脚,以及眼、嘴等各部位上,都系有吊线,线的另一头集中串在"操纵板"("勾牌")或"操纵棍"上。一般一个偶人用八根线牵动,俗称"八线班",也有十六根线及特殊角色多至三十多根线的。表演时,演员站在幕后的高处,伸出两手操纵表演木偶:一只手拿着操纵板,提着木偶,另一只手拨弄吊线,提拉木偶该动作的部位线,使之活动。所演剧目很多,以历史传说故事为主。

（2）杖头木偶又叫"杖头傀儡"。杖头木偶一般只做上半身，偶人体积比较大，偶人由三根细棍操作，一根与头部连接，两根分别与左右手连接，偶人没有脚。一个演员操纵一个偶人，表演念唱均可。唱腔和伴奏乐器各地不同。剧目很多，凡地方大戏的剧目，差不多都能演。其脸谱和服装与地方大戏没有什么差别，有的更夸张一些。

（3）布袋木偶约起始于清代中期。它是木偶种类中装置较简单的一种。表演者自下而上，将手伸入木偶衣服中，以手指托起偶头与偶手，直接进行操纵表演，动作灵活自如。因偶体形似布袋，称"布袋木偶"。因以手掌表演，也称"掌中戏"

布袋木偶以福建泉州、漳州、晋江、龙溪最盛，浙江、广东湖南、四川等地也有，北方则流行于河北、河南等地。

四、皮影

皮影，是用驴皮、牛皮、羊皮等加以刻镂并着色的民间工艺品。它是皮影戏的主要道具。皮影戏，在古代又称为灯影戏、影戏等。大约形成在汉、唐时期。

皮影所用的皮料中以驴皮性能最佳。驴皮耐刮磨，可以制成不同的厚度。透影性、染色性能均好，又不易串色和褪色。所以，凡有条件的地区，多用驴皮制作皮影，故有"驴皮影"之称。因各地差异，也有用骡皮、马皮、牛皮、羊皮制作皮影的。

皮影作为一种演出用具，它在造型上全部是平面的。为了突出演出时的立体视觉效果，皮影较为注重正侧面的造型构图方式，行话叫作五分脸。同时，又必须根据剧中人物生、旦、净、丑等角色的不同，对脸谱中的眼睛、鼻子、嘴唇等部位进行特别地夸大或移位，着力深化人物的典型形象和性格，从而形成了皮影人物所特有的平面变形的艺术特色。此外，皮影中的飞禽走兽以及桌椅、台案等道具，则多采用斜侧面构图，以表现视觉影像的完整性。

皮影敷彩最初多用红、绿、黄等色，加以深浅的变化，用黑色勾勒。后来，皮影的色彩逐渐丰富，粉红、湖蓝、橘黄、青莲等色调常被艺人们使用，色彩华丽，但皮影的色彩不应过于复杂，否则银幕上的色彩和形象会显得凌乱。

皮影人物一般由多块部件组成，组装时多用琴弦绞连。还要在皮影侧面或背面安装数根细竹竿或钢纤操纵杆。

我国传统皮影最有代表性的有陕西皮影、北京皮影、乐亭皮影等。

（1）陕西皮影造型非常重视观赏性，人物造型的外部轮廓概括简洁，线条优美，有势有韵，在轮廓内部以镂空为主，适当留实，做到繁简得宜，虚实相生。对于皮影人物道具、配景的各个部位，都满饰不同的图案花纹，讲求整体的艺术美。

陕西皮影流传于民间，有东、西、南三路之分。东路皮影形体较小，古朴，雕工细，男性角色多为豹头深眼，装饰严谨；女性形象极尽秀婉妩媚之态。西路皮影形体较大，男性多刻通天鼻形，轮廓简明，图案花纹大方，女性相貌俊秀。南路皮影介于二者之间，人物忠奸善恶易分，英妇少女有别，技法、设色能区别身份和性格、年龄。

（2）北京皮影主要分为两派：西城派（西派）与东城派（东派）。

西派皮影[①]造型古朴，人物面部特点突出，较少有呆板的程式化脸谱，特别是女人的形象雍容华贵，头饰和服装都近似生活的写实。西派皮影早期色彩典雅，以红、黄、绿为主，后期施色复杂，颜色艳丽多彩。西派影人雕刻精细，艺人功底扎实，刀法运用自如，既有精雕细琢之精巧，又有大刀阔斧之气魄，很有特色。

东派[②]皮影造型上富有民间窗花的特点，女性人物脸呈弧形，眉似弯月，凤眼斜挑，再加唇上一点红色，更增添了人物的几分俏丽，很适宜表现村姑、民妇和小家碧玉一类的人物。净角用面部颜色来区分人物性格，红色表示忠正，黑色表示刚直，绿色表示草莽英雄，蓝色表示神怪，黄色表示骁勇凶暴，白脸（空脸）表示奸邪狡诈。丑角人物造型有很高的艺术成就，性格突出，线条简练，极富变化。东派影人施色鲜艳明快，刀法纯熟，形成了固有的程式化的表现手法。

（3）乐亭皮影[③]的造型艺术极富民间风味，融合了窗花、剪纸和民间年画的艺术特点，在中国的皮影艺术中占有突出的地位。

乐亭皮影的演唱以乐亭方言为基础。演唱时演员用手指掐着喉头，形成独特的演唱风格。旧时一个影戏班子只有六七个人，两人操纵影人，一人操弦、司鼓，一或二人操锣鼓等打击乐。演员都是手口并用，操纵影人和演奏的人员，都兼伴唱。皮影戏剧目十分丰富，体裁多样，既有根据民间说唱改编的单折小戏，也有以神话传说、历史故事编写的连台本。

---

① 在明朝已经形成，皮影班子多集中于北京西城自宣武门至新街口一带，故叫"西城派"。这种影人规格较大，约45厘米，所以又称"涿州影"或"大影"。
② 流行于河北的滦州皮影。在清初始进入北京，班社集中于北京东城一带。
③ 影戏说始于明代。有东、西两派之分，东派指滦县、昌黎、乐亭一带的皮影戏，人们也把乐亭皮影叫"滦州影"；西派指唐山以西，包括丰润、玉田、迁安以至蓟县等一带的皮影戏。

第三章　中国传统手工艺的现状与困境

　　传统手工艺体现了一个民族的生活态度,是历史积淀的集体智慧。时至今日,传统手工艺的代际传承遇到了障碍。以工业生产方式为现实基础的现代化,日益改变着现代世界,现代人类生产生活方式以及相应的社会需要都发生了重大的变化。手工艺依存于社会现实的生态体系备受时变影响,变得摇摇欲坠、岌岌可危,手工艺传承体系也渐渐丧失其完整性。本章将对中国传统手工艺的现状与困境展开论述。

第一节　当代传统手工艺

一、从工艺美术产业发展看传统手工艺

　　自中华人民共和国成立后以来的发展历程,可以大致将其分为四个阶段。

　　第一阶段(20 世纪 50 年代至 70 年代初),这一时期可称为"总体性社会"时期,传统工艺美术生产在计划体制下得以恢复,技艺得以传承,形成了以集体所有制经济为主体、城乡结合、专业生产与副业加工结合的合作化生产体系。以出口创汇、经济建设为主旨,工艺美术品的出口生产曾在这个行业占相当的比重,以雕塑工艺品、景泰蓝、漆器、地毯、竹藤棕草编等为例,最多时出口产品占总产值的 70% 左右。

　　第二阶段(20 世纪 70 年代初至 90 年代中期),这一时期,传统工艺美术行业在第一阶段的基础上取得了更快的发展,尤其是 20 世纪 80 年代,随着对外开放,出口量继续增长,而且自 20 世纪 70 年代末开始,工艺品的生产也渐渐扩大了内销的比例,行业发展迅速。

　　第三阶段(20 世纪 90 年代中期至 2005 年),传统工艺美术行业在改革开放的进程中进入了发展的新阶段,大多数工艺美术企业转变体制,民营、个体等中小企业逐步成为主体,品种、产量迅速扩张,内销外销市场进一步扩大,形成新中国成立以来工艺美术生产的新格局。2005 年,全国

工艺美术规模企业达 3343 户,行业总产值为 1430 亿元(仅规模以上企业)。全国传统工艺美术品类多达 1800 余种,各省区市都有代表性的传统工艺美术品类,但发展程度不一。传统工艺美术在当代形成产业化发展,既具备传统的、地方的、民族的产业环境,又潜在创新的、综合的、多元的发掘和再认识空间。

　　第四阶段(2006 年至今),传统工艺美术产业在 2006 年后已开始入轨新的转型期,小到百姓民生,大到国家文化实力建设,它综合的中国历史、社会、文化、艺术、经济价值在区域经济发展乃至国民经济发展中已显现出不容忽视的重要作用。时隔十年后迎来的"第五届中国工艺美术大师评审",国家首批非物质文化遗产项目公布与展演,足见国家层面的重视。同时,随着生活水平的提高、公众媒体的推广,百姓对其参与、认识也史无前例的广泛。2008 年受全球金融危机的影响,传统工艺美术企业,尤其是广东等地以外销型为主的工艺美术企业销售受阻。相比之下,借由北京奥运文化在世界范围内的传播,中国传统工艺文化价值也逐渐得到新的重视,一些走品牌路线的内销型企业,受金融危机影响较小,反而凸显出后发增长优势(见表 3-1—表 3-5)。

　　然而转型时期,国内传统工艺美术经济产业与文化事业在发展过程中也出现了诸多矛盾。如果说,在手工业时代传统工艺美术是主要的经济形式之一,在大工业时代它又作为独特的经济产业,那么在所谓的后工业时代,它作为"中性产业",也将发挥它的潜在优势以满足社会文化的内生性需求并促进区域经济的新发展。

表 3-1　2005—2008 年按行业分规模以上工业企业主要指标(工艺品及其他制造业)

主要指标	2005 年	2006 年	2007 年	2008 年
企业单位数 / 家	5131	5764	6416	7692
工业总产值 / 亿元	2035.68	2533.22	3387.71	4088.63
利润总额 / 亿元	90.82	123.25	168.22	224.22
从业人员年平均人数 / 万人	125.51	136.01	136.94	143.35

表 3-2　2005—2008 年按行业分国有及国有控股工业企业主要指标
(工艺品及其他制造业)

主要指标	2005 年	2006 年	2007 年	2008 年
企业单位数 / 家	188	165	139	126
工业总产值 / 亿元	127.02	145.39	209.37	229.00
利润总额 / 亿元	4.64	4.8	9.47	10.07

续表

主要指标	2005 年	2006 年	2007 年	2008 年
从业人员年平均人数 / 万人	5.64	5.72	5.74	4.89

表 3-3　2005—2008 年按行业分私营工业企业主要指标（工艺品及其他制造业）

主要指标	2005 年	2006 年	2007 年	2008 年
企业单位数 / 家	2274	2760	3245	4225
工业总产值 / 亿元	703.90	921.50	1254.03	1736.50
利润总额 / 亿元	30.54	40.14	57.80	93.44
从业人员年平均人数 / 万人	37.47	43.11	44.13	51.42

表 3-4　2005—2008 年按行业分外商投资和港澳台商投资工业企业主要指标（工艺品及其他制造业）

主要指标	2005 年	2006 年	2007 年	2008 年
企业单位数 / 家	1830	1993	2113	2307
工业总产值 / 亿元	822.24	1044.12	1294.73	1519.47
利润总额 / 亿元	38.76	56.55	69.50	83.74
从业人员年平均人数 / 万人	60.8	66.68	65.33	65.55

表 3-5　2005—2008 年按行业分大中型工业企业主要指标（工艺品及其他制造业）

主要指标	2005 年	2006 年	2007 年	2008 年
企业单位数 / 家	375	440	470	502
工业总产值 / 亿元	790.37	1012.88	1337.55	1571.05
利润总额 / 亿元	18.01	56.95	72.72	94.23
从业人员年平均人数 / 万人	42.82	48.68	49.07	48.22

表 3-1—表 3-5 表明,2005—2008 年工艺品及其他制造业中只有国有和国有控股企业数目逐年减少,而其他类型的企业都在逐年增多。无论是规模以上企业还是大中型企业,四年间的工业总产值都近乎翻一番。相比之下,私营企业的工业总产值增加了一倍还多,而且从业者人数每年也有稳定增长。

2006 年,工艺美术大省广东居工业总产值首位,创 896.2 亿元,其中出口交货值占近一半,为 414.02 亿元（见表 3-6 和表 3-7）。同样的,浙江省、福建省的出口交易也在工业产值中占有相当的分量。相比之下,山东、河南、江苏工艺品出口比重不及内销比重。

表3-6　2006年全国工艺美术工业总产值列前十位的省区市　　　亿元①

广东	山东	浙江	福建	河南	江苏	江西	上海	湖南	河北
896.20	811.90	513.90	349.30	259.80	171.50	97.70	72.60	60.00	58.80

表3-7　2006年全国工艺美术行业出口交货值列前十位的省区市　　　亿元

广东	山东	浙江	福建	河南	江苏	江西	上海	湖南	河北
414.02	271.88	221.55	201.98	62.36	54.38	46.23	32.18	22.13	18.81

　　2007年,不包括工艺陶瓷在内的广东省工艺美术行业,规模以上企业为840家,从业人数25.29万人,完成工业总产值656.68亿元,同比增长38.43%;实现利润约16.08亿元,同比增长54.31%;出口额38.37亿元,同比增长16.86%,占全国同行出口额113.48亿美元的33.81%。2007年1—10月,山东省规模以上工艺美术企业销售收入412.2亿元,同比增长30.03%,利税36亿元,其中抽纱刺绣行业销售收入达110.8亿元,同比增长29.7%。西北少数民族地区,青海省黄南藏族自治州同仁县从事热贡艺术的民间艺人已达2145人(至2007年年底),绘画唐卡的市价普遍达到2000元/件,而当中中国工艺美术大师的作品标价已由获评前1000—3000元/件上升为10000—30000元/件,仅唐卡一项就为当地带来了近8000万元经济收益。西南重镇重庆,2007年工艺美术行业年销售总额也达近20亿元,是2005年的2倍。

　　当然,在看到逐年增长的经济份额的同时,还必须认识到发展中的各种问题。手工艺生产较为分散、规模小、生产效率低、成本高、周期长,与机械化、标准化、批量化的现代商品难以进行公平的市场竞争。尤其是资源依赖型的传统工艺美术品类,在消耗中也开始面临原材料稀缺、价格上涨的"巧妇难为无米之炊"的困境。

　　由于国家经济结构调整,工艺美术行业原来实行的一系列优惠政策渐失,如特供物资、外汇和投资的取消,以及生产企业在准入、质量管理、资金与资源优惠、农村副业队伍管理等方面的优势不复存在。而且,现代的企业组织形式方面也发生了变化,这使企业在保护和传承传统技艺的责任和义务方面缺失了原有的约束和限制。现代工业化生产追求利益最大化和效率优先原则,企业在求发展的过程中会不自觉地放弃工艺美术传统生产的那一部分。另外,在缺乏体制保障的前提下,一些零散的生产者进入门槛低,同时还以恶性竞争的手段参与到传统工艺美术的生产行

---

① 资料来源于:《全国工艺美术行业普查报告书》。

列之中,致使传统产品的特色不特、品质也无法保证。二十世纪二三十年来,我国工艺美术企业中私营企业剧增,据调研资料显示,仅山东省就增近 20 倍,然而其中的企业多处于低层次的恶性竞争,非正式、非规范化的特征尤为明显。尽管近年来,工艺美术行业为了求发展、靠政策,有不少企业主动寻求文化产业方面的政策,然而,传统工艺美术在文化产业范畴内也较为尴尬、式微,再加上人才保护与技能认定方面的工作不能同步,现代教育体制的专业教育又将传统技能逐步边缘化,从文化生态与社会再生能力来看,现有环境难以满足和促进传统工艺美术生存与发展的需要。

二、非物质文化遗产视野下的中国当代手工艺现状

中国是世界上非物质文化遗产最丰富的国家之一。当前,中国已公布三批"国家级非物质遗产名录",由民间美术、传统技艺,加上民间文学,传统音乐、舞蹈、戏剧、曲艺、民俗、医药、体育、游艺与杂技等文化形态构筑起来,其中民间美术、传统技艺(民间文学中包含有工艺传说的内容)两类三批名录接近 400 个项目,其地理领域辐射至中国的各个角落,其物质基础是对传统手工艺的加工制造产业。

非物质文化遗产虽然重在保护传承传统文化的表现形式,但其离不开物态层次的载体"物",也脱离不了传统的民俗环境和习俗文化空间。物质文化与非物质文化与日常生活紧密相连,涵盖了衣食住行用到思想行为的方方面面。在传统社会,它们有机地联系在一起,形成一个整体,如节日庆典、清明祭祖所需服饰、器具、摆设等,与祭祖的礼仪、程式、准则,以及人们的愿望、期盼、信仰三者构成了物质文化和精神文化的统一体,经过长久生产生活的积淀,形成一个地域民众相对稳定的生活方式、行为准则、价值态度和精神信仰。

手工艺源于生活,手工技艺赖以存在的主要方式是"生产",而传承的途径也是"生产"。随着时代的变迁,传统文化所依托的社会土壤产生了巨大变化,文化创造的新生土壤也开始酝酿。在中国国家级非物质文化遗产名录颁布之初,人们对于保护非物质文化所赖以存在的"物"缺少关注,保护运动勃兴之际,也是当代手工艺制造产业光怪陆离之时。现代社会生活已使民俗脱离了人们的生活,它们较之现代视觉文化缺乏魅力,而与民间美术和传统技艺相关的工艺品也在市场化的大潮中成了制作粗糙、价格低廉的商品。中国手工艺在当代遭遇困境,就在于退出了人们的日常生活,从而失去了最广泛的生长土壤。因此,适应现代生活而在形式、形态方面引入现代设计理念,使传统工艺技艺和器物蜕变、再生,重构新时代的工艺活态文化,成为非物质文化遗产保护视野下中国当代手工艺的重要生存方式。

21世纪以来,中国非物质文化遗产保护及当代手工艺发展主要有三条路径,并逐渐呈现出开放的特征。一是对传统技艺整体的传承。除了少数自然生存的品种外,为免有遗珠之憾,从文化生态学的高度人为地保护最优秀的品种和大师级人物,如牙雕等需要极为稀贵的工艺,使之不失传。二是传统技艺和现代设计理念结合,即用现代审美意识对传统手工艺进行再创造,使之与现代生活环境相适应,如现代陶艺,着重在造型、彩绘和肌理方面与现代艺术和设计风格相联系。三是将传统工艺的风格从技艺中分离出来,采用现代的工艺,只借鉴风格,不传承技艺,形成具有民族风格的现代形式,如室内装饰的中式隔断、中式服装的西式剪裁等。

处于开放系统中的当代中国手工艺,观念创新,关注民生,应时代生活所需造物,既运用先进的技术和相应的工具,又不失手工制作的特性,保持着手艺的实用品格;媒介创新,将现代材料与自然材料相结合,优先考虑资源消耗、环境保护等与自然环境、社会生态相关的问题,尊重传统工艺中由自然和历史积累而成的规矩法度,维护手艺的理性品格;审美创新,充分发挥手工劳动融合的智慧和力量之美,模糊工艺与艺术的界限,创造符合这一时代视觉欣赏特点、人性化、个性化的审美品格。当今世界,仍然是手工和非手工并存的时代,中国当代手工艺与现代设计并行发展,能够以天然、质朴之温暖,弥补工业化产品的标准、趋同与冷漠的不足。

非物质文化遗产保护既是一种态度,也是一种行为方式,积淀下去,亦会成为自觉的现代生活方式。在政府层面,中国已开展集举国之力的"中国民间文化遗产抢救工程""传统工艺文化生态保护计划"等国家级大型重点科研项目;在民间,也有2011年由欧宁与左靖发起开展的"碧山计划",一批知识分子离城返乡,以手工艺改造乡村、改良社会,并以杂志书《碧山》为平台,以现代人的视角重新梳理传统文化在中国人的生产和生活中的位置。"碧山"的影响日渐深远,它不仅是一个地理名称,更是人们传统家园和心灵原乡的象征。带有浓郁的民族特征、承载在物质之中的中国手工技艺,正以流动的、生长的方式传承,在城市、村庄守护着土地,坚韧地"活着"。

三、中国美院举办当代手工艺学术提名展，叩问当代手工艺处境

2017 年，中国美院承接国家社科基金重大项目"中国传统工艺的当代价值研究"，课题组走访了多个有代表性的手工艺产地，杭间是项目首席专家。"田野考察让我产生了诸多疑惑，今天的手工艺术是否达到或超越了优雅古典的高度？为何作为日用的手工艺日渐萎缩，作为鉴赏的艺术工艺却蓬勃发展？在'传承'日益成为一种威权的时候，中国有年轻的'现代手工艺'吗？对这些问题的思索是策划这个展览的初衷。"他说。

2019 年 8 月，中国美术学院民艺博物馆进行多次展览筹备会，确定拟于 9 月 30 日举办"三重阶——中国当代手工艺学术提名展"。展览由中国美术学院主办，中国美术学院民艺博物馆承办。总策划为许江、杭间，策展人为杭间、吴光荣、王克震。根据策展人的理念，展览分为"遗所思""忽如寄""道无因"三个部分，综合展示百余位当代手工艺家的 300 余件作品。①

"目前看似繁荣的手工艺在逐渐失去本来的实用意义，发展陷入一种'悖论'。"总策展人、中国美院副院长杭间表示，现在每年全国大小工美展上百个，"大师""大国工匠""非遗传承人"多有，手工艺术似乎迎来了新的"黄金时代"。与此同时，作为日用器皿的手工艺制品却逐渐离开实用的初衷，价格高昂；在收藏市场的刺激下，手工艺也有越来越向纯艺术发展的趋势。

这次展览按传统、当代和未来的时间轴分"遗所思——传统的精致与典雅""忽如寄——回到纯艺术的工艺""道无因——工艺当随当代"三个板块，以策展人提名的方式选取 140 余名艺术家，其中既有国家级、省级工艺美术大师等体制评选中的优秀代表，还有两成以上曾留学海外、在中外工艺和文化比较中成长的青年艺术家。展览的主标题"三重阶"以及三个板块的标题"遗所思""忽如寄""道无因"均出自汉乐府《古诗十九首》，"三重阶"语出"西北有高楼，上与浮云齐。交疏结绮窗，阿阁三重阶……"

---

① 由中国美术学院主办的"三重阶——中国当代手工艺学术提名展"自 2019 年 9 月 30 日开展以来得到业界积极关注，这次展览分为"遗所思""忽如寄""道无因"3 个部分，综合展示了百余位当代手工艺家的 300 余件作品，涵盖木雕、石雕、陶瓷、刺绣、家具、首饰、玻璃、剪纸、纤维艺术等 20 余种类。视觉与空间设计为韩湛宁、深圳"亚洲铜"设计。

图 3-1　"遗所思——传统的精致与典雅"板块的部分展品

"遗所思"以"古意"为线索,展出的多为国家级、省级工艺美术大师,非遗传承人的作品,他们仍坚持"寄思于物",将传统审美、情怀和实用功能再现于器物之上。

"忽如寄"选择目前最活跃的手工艺术家,他们的作品已逐渐打破实用艺术与纯艺术的界限,成为纯粹的造型艺术或时尚的单件作品。

"道无因"主要是 80 后、90 后艺术家,他们广泛采纳 3D 打印等新技术、新材料,极大延伸了"手工"的意义,作品注重抽象性、雕塑性,思想和观念的表现胜过功能性。

总体来说,这次展览摈弃以往工艺展以展会为主,重展品、轻策展,强调策展理念,探讨当代手工艺发展的不同面向及其产生的美学、工艺与艺术、边界、继承与重组、人与人造物的关系等。本次展览的目的并非在手工艺作品本身,而是通过中国一直传承下来的手工艺唤起人们对日常生活场景的记忆以及与大自然共处的民间文化的感悟。这些手工艺品是中国文化的基因库,一直不断昭示着人们的精神回归,这在科技日益发展的现代生活尤为重要。

第二节　中国传统手工艺衰微及其原因

在一个相当长的时间内,人们对手工技术和手艺是缺乏认识的。长期以来,传统手工技艺不被重视,它的保护、传承及学科建设无主管部门之关注和过问,众多珍贵技艺沦于濒危甚至湮没失传,与人们在理念上的失误是紧密关联的。

一、环境层面

（一）材料方面

原材料稀缺，市价上涨，成本增加，利润降低。砚石、玉石、瓷土、珍稀木材等资源的无序开采，已经影响到这些行业的可持续发展。比如制作徽墨的原材料中，制墨木模所用的石楠木市场价格高且存量有限，制作松烟墨所需的老松大部分来自福建地区，并且已面临资源枯竭，售价高达 10 万元 / 吨。用于文房石雕的鸡血石与田黄石经多年开采后，原有矿藏资源已急剧缩减，市场上原材料供给严重不足。宣纸原材料的供需矛盾也日益突出，所需原材料的种植面积逐年下降，青檀林基地逐年荒芜，2006 年以来，青檀皮收购价格上涨 95.5%、沙田稻草上涨 54%、燎草上涨 105%，不仅影响到宣纸质量，而且还严重影响到企业的正常生产经营。也就是说，原材料价格上涨，迫使成本增加，利润降低，用工随之减少。长此以往，有关实践技艺便失传。又如，2008 年以来景德镇制瓷业，其烧制陶瓷的煤气价格居高不下，一般工作室和家庭作坊负担加重，几乎占生产成本的一半。此外，泥料、釉料、翻模的石膏等也不断涨价。

寻找替代性材料，成本降低，工艺流程改变且传统手工技艺面临失传。很多企业为了生存会主动寻求可替代原材料的合成材料，以降低生产成本，但材料改变对整个工艺流程的影响也甚大。以曾一度繁荣的宁波草编行业为例，原来都使用自然的咸草或麦秆编织，由于原材料逐渐难得，且税金加重，一件手工制作的自然材料的编织品相应的生产周期长、成本价格高，对于外地采购商和客户来说，他们宁愿选择低价位的产品买进出售，所以生产厂家为了获得商机，就将自然原材料全部由合成材料替代或与合成材料相结合。材料的改变，使生产厂家可以降低产品的销售价格而获得客户，但是同时，部分原来由手工完成的工序和产品逐渐被机械生产取代完成，工厂用工减少，相应地，一些手工操作处理技艺面临失传。

（二）环境污染方面

部分行业存在环境污染和能耗问题。某些传统手工艺牵涉的设备、工艺流程、生产方式，在一定程度上被认为有环境污染和能耗问题。例如北京通州区的传统青铜器制造企业，因炉灶、青铜冶炼、原料煤使用等方面都为传统加工方式，被相关部门视为非环保企业，责令更换电气设备，然而更换相关设备不但费用巨大,而且会完全缺失传统青铜器冶炼制造的工艺价值。还有一些企业环保治理压力沉重,例如传统手工宣纸业,它与现代造纸排污的质和量上均有较大区别,特别是其耗水量大幅度超出机械造纸,原料加工过程中产生的造纸废水处理成本,往往消耗了企业所获的大部分利润,因此,环境质量如何达标也成为宣纸业实现可持续发展的瓶颈。

二、社会文化方面

(一)后继人才缺乏,技艺面临失传

后继人才缺乏,技艺面临失传。很多传统手工艺行业面临招工难、人才断档的困境,然而"环境脏、工作累、收入低"的问题成为较为普遍的从业限制,且"技工"在一般民众看来其社会地位低,很多年轻人宁可做电脑销售、营业收银员,也不愿意从事这类工作。许多学徒无法忍受长年的清贫和寂寞,往往半途而废,一些大师的手艺传承恐怕要后继无人。再加上,年轻人心境浮躁,很难沉下心来长时间从事一项工作,因此经常是学制三年的工种不到一年就出师,要么是自己出厂后自立门户,要么开始独立承担工作任务,由于缺乏足够的训练和培养,很多学徒的产品质量都不过关,这方面产生的成本都需要企业自身负担,而且可能导致行业人才后续培养的非良性循环。

目前,传统工艺的传承方式主要有社会传承、家族传承两大类,社会传承除了通过广泛的就业渠道培养人才之外,还有个人非亲属、非血缘关系的师徒传承方式。当然,家族传承依存的形态也包括由家庭作坊发展而来的家族企业,以及全国范围内大量存在的小型家庭作坊。因为社会结构的变化,传统的师徒传承机制渗透在社会传承与家族传承当中,有些是通过工厂企业来招聘职工、为社会培养从学徒到行家里手的传统手工艺人,有些是亲属或非亲属关系的个体带徒行为。通过分析中国工艺美术协会的一项普查结果[①]发现:工艺美术的传承方式与其生存状态有着紧密的关系,即社会传承方式的发展态势普遍较好,而家族传承则面临更

---

① 经抽样调查,607家为社会传承单位,有332家发展良好,占54.7%;162家生存困难,占26.69%;濒于倒闭的70家,占11.53%;停产的43家,占7.08%。211家为家族式企业或作坊,发展良好的100家,占47.39%;生存困难的72家,占34.13%;濒于倒闭的29家,占13.74%;停产的10家,占4.74%。参见《全国工艺美术行业普查报告书》。

多的生存困难或停产问题。另一项针对传统工艺扶持政策的调研结果显示：114家传统工艺企业的治理结构中，家族式与经理负责制相比对，家族式有93家，约占81.6%。这也更具体地反映出家族传承依然是中国传统手工艺主要的传承方式。

例如江西景德镇陶瓷工艺有些制瓷的工种繁杂且技术要求相对较高，在招收工人时一般不收学徒，只招有一定工作经验的熟练工人。但因待遇不高，好的熟练工人非常难招，招到后也很难持久地待下去。特别是利坯工尤其难找，一方面年轻人嫌苦嫌累，宁愿外出打工也不愿学习利坯，致使整个景德镇的利坯工序中技术工人奇缺；另一方面，景德镇的作坊除了付给工人一定的工资报酬外，并无其他任何的福利保障，因而使工人对工作单位没有信心，随便转行跳槽的现象时有发生。

（二）从业者中"文化人"少，产品难以创新

传统手工艺从业者的人才培养还不能适应产业化建设的需要。一方面，仍然延续传统的师徒传艺模式，但大多数传统手工艺从业人员未接受正规的中、高等文化教育和系统的艺术基础理论辅导，高素质的创新型传统手工艺人才匮乏；另一方面，传统手工艺产业发展缺乏具有工艺美术专业和经营管理知识的"职业经理人"，缺乏一支善于销售、精于策划的"经纪人"队伍，一些企业在文化理念，手工艺作品的定位、设计、制作、包装、宣传、销售等方面也存在薄弱环节，制约了手工艺产业化发展和效益的进一步提升。可以说，从业者的专业素质及综合素质较低，创作的文化底蕴不足，制作工艺较为落后，工艺上的突破速度缓慢，缺少工艺美术专业创作机构和专业理论导向，致使传统手工艺产品创新不够，创作设计水平还不能适应市场发展的需求。而在举国掀起的创新浪潮中，部分手工艺企业、作坊自主创新能力不足，科技研发水平不高，新技术、新工艺、新材料、新设备推广应用力度不大，局限于传统造型和传统工艺的延续式生产，开发手工艺精品及对传统手工艺技艺传承的保护性开发和创造性转化的能力不强，产品附加值及市场迎合度不高，产品销量难以持续增长。

（三）民营博物馆运营尚未进入正轨

目前，多方面因素使很多民营企业自投资金建立博物馆、展馆，在建设方面，一部分政府扶持资金不能按时到位，大部分场馆搁置工期，未能实现原建馆目的。在运营方面，我国的民营企业博物馆，所得到的社会关注和政策支持十分有限，很大程度上仍不能与国家公立的博物馆之间形

成公平的竞争。

三、政策方面

（一）法律法规不完善

目前仅以国务院 1997 年颁布实施的《传统工艺美术保护条例》为准则，各地有关传统工艺保护与发展的具体实施细则尚未正式出台，对传统工艺的保护、抢救、挖掘、发展十分不利。部分具有地方特色、民族风格的传统手工艺品，由于技艺缺乏法律法规的保护及有效措施而濒临人亡艺绝、失传、萎缩并自行消亡。比如，青海省化隆县的铂银工艺，玉树州囊谦县的泥陶，安冲乡的藏式腰刀，等等。这些宝贵的民族文化财富，若要发掘、抢救、保护、整理、收藏和恢复，并非一己之力能完成，还必须依循法律法规，得到相应的保障和支持。大多数地区尚缺少对手工艺技艺和珍品认定的现行标准，依赖业内传统经验、个人意愿喜好、市场经济价值、媒体宣传等做出评价的情况仍较为普遍。

（二）缺乏有效的知识产权保护机制

很多企业时常面临核心技术遭到剽窃、外泄等问题。就如何更有效地保护知识产权、打击市场上充斥的廉价仿冒品问题，往往耗散企业过多精力，使企业不能集中精力进行设计生产。在这种仿造、低劣产品泛滥的恶性竞争环境下，产品创新难，高端精品也就少。而且，从业者缺乏知识产权保护的基本知识，既不能有效地保护自我的知识产权，也不能充分保障他人的知识产权。尤其在品牌建设方面，仅有意识而缺乏实际行动是不可取的。以安顺福远蜡染艺术馆为例，蜡染布底样多为洪福远先生设计，但作品一经市场销售，很快有人采用电脑复制、丝网印刷等技术批量仿制，而产品的质量低劣，价格低廉，许多消费者又缺乏鉴别能力，纯手工蜡染布的销售市场受到低层次产品扩张的严重冲击。安徽大多数歙砚作坊或企业为解决生存之虞，大量复制、仿制同行的畅销产品，所谓创新型产品也多属于移花接木。这种低附加值、低投入的生产直接导致市场中的恶性竞争。

（三）加工制造业企业赋税重

加工制造业企业赋税重，民营个体资金周转融资难。现有绝大多数手工艺企业均按照工业型企业缴纳 17% 的增值税,加上企业所得税、营业税、消费税等,越是规模大的企业税赋越重,一定程度上也阻碍了企业想"做大、做强"规模化发展的目标。企业所涉及的一些原材料进项税无法抵扣,使原材料成本无意间增高。此外,个体民营企业的融资渠道不畅、融资难已是长久以来得不到实质解决的困难。由于家庭作坊及个人工作室规模小、资金周转不利,而且从生产经营来看,家庭作坊不登记也不纳税、自生自灭,很多家庭作坊得不到贷款政策支持。家庭作坊购买原材料时又多以现金结账,产品在家中的仓库和作坊内存放等待客户上门挑选,因此,销售具有一定的偶发性,若市场低迷,客户量就会锐减,产品也会大量积压,致使资金周转困难。

专项资金投入不足,使用缺少鉴定考评。一些手工艺品产区,在基地创建、园区建设、人才培训等方面已有一定的财政投入,但是投入力度不够。福建省已推出了省级及各设区市的工艺产业发展规划与行动计划,但是发展规划与行动计划中提出的优惠政策尚未得到有效的贯彻。此外,类似"阳光工程"的劳动力培训项目中,虽然政府投入了专项资金,但在这种短期培训的成果验收方面几乎是空白。一些企业、研究所、协会等也得到政府的专项资金扶持,但是某些特殊手工艺品及工艺项目缺乏手工艺技艺的准确认定和项目的成果验收,资金是否合理利用无从考评。

（四）管理部门职能不明确

有些地区政府主管部门、行业协会、学会之间的关系没有理顺,有的工作没人管,有的工作多头管,导致从业人员无所适从,甚至有主管部门缺位的现象。工艺美术学会、行业协会的职责、权利、义务并不明确,其在政府与企业间的桥梁纽带作用未得到真正体现。

行业内评比,珍品、技艺认定缺乏标准。大多数地区尚缺少对工艺技艺和珍品认定的现行标准,依赖业内传统经验、人情世故、个人喜好、市场经济价值、媒体虚张宣传等做出评价的情况较为普遍。社会上各类形式的工艺品比赛、奖项以及相关称号泛滥,而参赛及获奖履历作为从业人员申报各级工艺美术大师的参评指标内容,又缺乏规范、统一、有效的参考标准。在行业中,还存在评奖过多过滥、交钱就能买奖的现象,丧失了评审、评奖的公信力。

四、行业市场方面

(一)行业与品种发展不平衡

例如,青海省受地域经济不发达、特殊的地理位置和自然环境等因素的制约,当地居民的经济收入偏低,对手工艺品、旅游纪念品的购买力不强,而且文化消费水平有限,文化市场和工艺美术市场规模小,发展也较为缓慢。但是在福建省,手工艺品发展的总体情况利好。[①]

同样,河南的传统手工艺品类发展也并不均衡。以汴绣行业为例,相比苏绣、湘绣等绣种,汴绣企业的生产能力仍然较低,产值较小,同时也缺乏对外宣传的意识与能力,很多企业在研发新产品和人才培训方面有心无力。此外,传统技艺的代表性人物在行业中的所占比重也不均衡,有些行业的大师太多,而有些却没有。

(二)手工生产能力与市场需求的矛盾

一方面,现代化工业制造对传统工艺造成极大的威胁,生活方式的改变使大量的工业化产品替代了原有的手工产品,如铁锅、竹椅、水缸、杆秤等逐渐被不锈钢锅具、塑料板凳、自来水设备、电子秤等取代。一些传统工艺的传承现实处境极为窘迫,但其仍有存在的生活根基。以铸铁锅为例,其目前仍有市场,因为在一些地区人们传统的惯性还在发挥作用,比如人们已习惯使用铁锅炒菜,因为铁锅导热物理性能适合炒菜、不易糊锅,而且铁锅价格低廉,特别是对在山区生活的农民来说,铁锅经济实用。此外,由于国家规范市场出台政策限制传统杆秤的使用,加之手工杆秤制作的工序复杂,效率较低,因此有千年历史的中国杆秤制造步入日益萎缩的境地。当前除了一些老师傅,几乎无人愿意学习制作杆秤,工艺面临失传。另一方面,还有一些用于满足地方性日常需求的手工艺产品,其面临

[①] 目前产业化发展较好的有德化工艺陶瓷、莆田木雕、惠安石雕、泉州树脂工艺、仙游古典工艺家具等品种,但也有一些传统优势的品种,如福州的花灯、绢画、刺绣、抽纱,泉州的竹编、彩扎、戏剧脸谱、剧装道具、面塑、锡雕,厦门的彩扎、泥彩塑、珠绣制品,漳州的棉花画、东山贝雕,宁德的竹枕、畲族斗笠、畲族服饰,三明的龙池砚,莆田的油画框等,这些门类的产业化发展滞后,品种和传统技艺也存在失传危险。

的困惑是低手工生产能力和高市场需求之间的矛盾。①

第三节　网络时代下中国传统手工艺面临的契机与挑战

一、"互联网＋手工艺"思路

　　中国手艺发展研究中心主任赵普表示,中国手工艺是一个尚待挖掘的文化产业富矿,但也面临着一些生存与发展方面的难题,"互联网＋手工艺"是应对这些难题的很好思路。

　　例如,由上市公司南威软件联合泉州市城镇集体工业联合社共同打造的一个集传承、交流、创新的手工艺文化生态平台旗下品牌华夏匠人APP,为匠人提供展示工艺、销售手作生活美物的互联网平台,以图片、视频等方式展示制作过程,讲述匠人与行业背后的故事,让更多的消费者看见他们。而对于消费者来说,不但可以直接购买这些传统手工艺品,同时还能通过图文、视频等方式了解这些手工艺品制作的过程,了解手艺,与匠人沟通交流。

　　在如何保证平台作品的保真性等问题中,华夏匠人一直以做具有公信力和影响力的艺术品线上交易平台为初衷,联合工艺美术行业主管部门泉州城联社对入驻匠人进行双重审核,只有符合资质的大师才可入驻,对匠人和作品严格把关,以品质取胜,只有坚守这一点才能在用户间树立起良好的口碑以及自身的品牌形象。公司致力于为有购买需求,但不知如何从良莠不齐的市场上进行筛选的用户提供一个让消费者信任的艺术电商平台。旨在让艺术品融入生活,让大师手作真正能走进每个消费者的生活里。

　　"华夏匠人APP除了想要最大限度地复兴传统手工艺,传承中华优秀文化之外,还希望唤醒人们的保护和传承意识,更想要在其中能探寻到中国现代生活美学体系,提升当代人的文化和生活品质。"游总表示华夏匠人为匠人和消费者提供一个联结的纽带,更是在传统手工艺的传承和

---

① 尤其是贵州少数民族地区的传统工艺大多数为两三人的家庭作坊(如制陶的牙舟镇村民钟成雄、西江苗寨银匠等),生产规模小,且因采取纯手工制作,生产周期长,而市场需求经常超过生产供给,但是当下的年轻人又不愿从事手工艺行业,因此,使得这些家庭作坊的生产能力显弱,无法承接较大的订单,很大程度上制约了家庭作坊提高经济收入、传承工艺的可能性。

发展中承担了重要的责任和使命。①

二、重造传统手工艺互联网生态系统

随着网络技术的不断发展,越来越多的智能化产品应运而生。然而,蕴含着中国历史人文的传统手工艺品却逐渐淡出人们的视野。受到形式功能陈旧、工业化产品替代、传播途径有限、部分缺乏政府政策保护和后续传承人不足等问题的制约,传统手工艺已经不能适应现代化社会的发展。但是,传统手工艺凝结着民间艺人智慧的结晶,代表着数千年来传统民族文化的发展,国家现代化进程的建设发展更离不开民族文化这一基石,因此对传统手工艺的保护和传承至关重要。通过服务系统设计,重造传统手工艺生态系统,让传统手工艺以更出彩的方式重新呈现在大家面前,实现传统手工艺的创新传承和适应性的发展。

（一）服务设计介入传统手工艺

服务设计是以用户为中心,整合所有利益相关者的需求,通过整体性的分析,创造出更合理的用户体验流程并实现利益获取。随着物质文明的日趋完善,人们对于物质产品本身的关注正逐渐减少,在服务性经济时代,产品被赋予了新的价值与意义,即只有将服务融入产品中才是一个完整意义上的产品组合①。传统手工艺承载着中国历史文化的进步,它们带有自身原有的文化和地域特色,我们通过创造新型服务模式的同时结合产品,使陈旧的手工艺焕发出新的生机。

在传统手工艺创新发展实践中,以下从三个步骤来研究服务系统:探索、创造与反思、执行。在探索阶段,通过桌面调研了解传统手工艺发展的现状和相关政策,以及其他可借鉴的传统文化保护策略,并通过利益相关者地图分析各个关联者的需求和用户访谈研究消费者对传统手工艺的看法和愿景;创造与反思阶段,通过头脑风暴和思维导图分析系统中各个接触点的功能和需求,并形成粗原型;执行阶段,通过对粗原型的进一步迭代分析,形成各利益相关者之间的服务系统图,并对其商业模式进

---

① 调查显示,如今"80后""90后"手工艺从业者占比已达六成,青年群体越来越表现出对传统手工艺的职业认同。著名文化学者、复旦大学历史系教授钱文忠表示,新一代的年轻工匠熟悉互联网,这对保护和传承好传统手工艺、扩展工艺品销售市场都是发展利好。"满足人民日益增长的美好生活需要,仅仅靠大规模批量化生产的工业产品是不够的,很多人还期待个性化的生产制作,传统手工艺品正可以满足人们这方面的需要。"

行分析,最终形成符合用户体验舒适性并满足相关利益者需求的服务系统,实现传统手工艺的创新性发展。

(二)创造新型服务模式

服务系统设计的建设中,利益相关者的作用贯穿全局,满足各个利益相关者的需求,才能实现传统手工艺合理有效的发展。

我们对传统手工艺的所有利益相关者进行整合,分成三个等级:核心利益相关者、重要利益相关者和主要利益相关者,并对其之间的关系进行梳理分析,创建出同心圆模型。创造新型服务模式来发展传统手工艺主要体现在以下几个方面。

1 介入互联网技术

传统手工艺的广泛分布会造成资源分散,部分资源难以挖掘和了解,且地域性的问题会造成文化传播受阻,互联网技术的发展会解决跨区域的问题,也会加速信息的传播。通过提供互联网平台,加之配合政府的宣传力度,引进传统手工艺人和其他爱好者的入驻,创造良好的文化交流社区,设计师能及时捕捉手工艺发展动态,普通用户也可更加积极深入地了解传统手工艺。

2. 整合相关资源

在网络时代发达的今天,充分调动相关利益者的主观能动性,促进各利益相关者之间的资源流通和互补,利益相关者的资源将会推动项目的发展。充分利用各政府对文化产业的扶持政策,大力宣传项目的优势,实现企业政府联合发展。同时利用网络资源,加强设计师和传统手工艺人之间的交流沟通,手工艺人的技艺和设计师前瞻性的结合,让传统手工艺以新颖的形式又富含文化内涵的姿态重新出现,引起消费者的兴趣。

3. 互动式的服务体验

传统的文化传播模式只存在既有的产品传播或单向的文化宣传和输出,难以调动用户的积极性,通过网络的交互式的务体验,创造有形的中间媒介,在手工艺人的介入下,促进手工艺和用户之间的无形交流,给用户带来趣味性的体验,让用户主动参与到文化传播和建设中。服务是一种过程,当服务结束后,记忆将保存对过去的"体验"。现代人愿意花更多的金钱及心血在愉快的"体验"上,这就要求服务质量要能跟得上。愉快的体验能够促使人们形成对消费的忠诚,而优质的服务是基础。[①]

（三）传统手工艺品的互联网服务系统设计实践

根据前期提出的三个推动手工艺的发展,归纳出传统手工艺的创新发展模式。充分了解用户的物质需求和情感需求,挖掘各地手工艺匠人,保证设计师充分挖掘每一件手工艺品的文化内涵,利用互联网技术,发展线上和线下双向渠道,积极调动普通民众对传统手工艺了解的积极性,打造传统文化服务社区,各方利益者都可作为社区的创造者,保证社区全局系统性的运转。

1. 线上布局——开发 APP 平台

APP 平台不只是为用户提供信息接收源的功能,其初衷是打造手工艺文化社区,颠覆传统仅具备输出式的功能设定,成为集文化交流、购物、分享生活于一体的综合性平台。

利用互联网技术搭建平台,通过政府和媒体的推广吸引手工艺人和爱好者的入驻,以此整合各地域包括边缘化地区在内的手工艺资源,为设计师提供可再设计的资源,并为其赋予新的生机推动可持续发展。除了传统手工艺人和手工艺爱好者分享之外,普通用户也可通过分享日常所见手工艺来累积积分,被采纳作为设计原型的手工艺分享者可获得焕新的设计产品为奖励,积分累计也可进行商品兑换。通过文化传播者的分享形成良好的文化交流氛围,加之蕴含文化底蕴的再设计产品,激发普通用户对传统手工艺了解的积极性,使平台成为文化潮流聚集中心,提升用户的使用黏性。

此 APP 以"发现手艺"命名,分为五个板块。（1）社区。更新用户关注的实时动态,发布个人动态。（2）商城。发布设计师完成再设计的商品,呈现对比状态,讲述设计故事,激发用户的兴趣,进行线上购买。（3）发现。及时更新文化热点动态及其他手工艺相关内容,致力于打造文化潮流平台,方便用户寻找信息。（4）通知。便于趣味相投者互动交友,平台也可及时联系被采纳手工艺用户。（5）我的。包括个人资料、关注收藏内容、浏览足迹、商城订单信息和个人积分,也可对订单服务进行评价。

2. 线下布局——开拓第三空间

线下布局——开拓第三空间 "传统手工艺体验中心"。第三空间的定义区别于第一空间居住场所和第二空间工作场所,第三空间是除居住和

[①]　罗仕鉴,邹文茵.服务设计研究现状与进展[J].包装工程,2018,39(24).

工作以外的非正式公共聚集场所,它要求具备舒适的环境,为都市居民提供更多活动或社交的可能性。例如,星巴克成功将人们引至一种"非家非办公"的中间状态,在星巴克不只为喝咖啡,更有对生活氛围的一种体验和与人交流的快乐,配合精心设计的店面风格,缓解人们的生活压力,使人们对此产生情感化的依赖。"传统手工艺体验中心"除了提供产品的售卖以外,将为用户提供文化交流和社交的空间,设计师将传统手工艺繁复的步骤简化,制出通俗易懂易操作的手工艺工具包,为消费者提供体验服务。除了专业的传统手工艺人指导之外,其他服务人员将对外招募,任何感兴趣的人皆可培训上岗,既能满足其社交需求也能丰富其精神世界。志同道合的好友在此交流、娱乐,传统文化的介入缓慢了都市人的生活节奏,也丰富了他们的精神生活,各种文化思想的交流为传统手工艺赋予了新的活力,通过与手工艺有形的互动式交流和舒适的环境氛围,无形中产生对文化的依赖。通过用户体验的动向分析和评价反馈,可对第三空间的服务进行逐步优化升级,使之成为城市文化建设中不可缺少的布局。

3. 服务系统的构建

传统手工艺互联网服务系统的构建是将整个服务系统的各方一体化考量,加入提高服务质量的利益相关者,从而实现整个系统的运作。通过APP平台和线下第三空间,打造以产品为导向的可持续产品服务系统。线上平台的交流突破了地域限制,通过社交化的形式充分调动用户参与文化传播的积极性,也便于及时掌握手工艺的发展动向,以便为企业提供下一步发展方向。线下为用户提供体验式的服务,让用户积极参与到文化建设中来,实现用户满足感的同时保留手工艺技艺的精髓。线上与线下布局的结合,打破了文化交流的空间,为传统手工艺的发展开辟了新的渠道,更加适应新时代文化发展方向。

综上所述,从互联网服务系统构建的方向出发,探索传统手工艺发展的新模式,通过线上平台调动用户的积极分享交流,线下创造第三空间的互动式体验服务,促进文化与人们之间的交流,促进传统手工艺的可持续发展。虽然创新型的服务系统模式对传统手工艺的发展具有一定积极作用,但在落地实施可行性方面有待进一步的完善。

三、"互联网+"传统手工艺平台的挑战

近几年,随着国家对非物质文化遗产保护力度的加大,特别是在全社

会大力弘扬"工匠精神",传统手艺人一时间备受社会关注。很多互联网平台也抓住这一社会热点,围绕传统手工艺人构建一个"互联网+"传统手工艺平台,它们所采用的电商、直播等互联网式的做法为传统手工艺人提供了新的营销、销售渠道,这对于手艺人的生存和发展而言,是有着极大好处的。然而,"互联网+"传统手工艺平台在利用互联网手段对传统手工艺行业进行改造的过程中也出现了诸多问题,在一定程度上影响了平台的发展。以下将对"互联网+"传统手工艺平台的几大方法以及存在问题进行分析,为互联网背景下传统手工艺行业的发展提供借鉴意义。

目前,"互联网+"传统手工艺平台主流方法有3种:电商,直播/短视频,众筹(与一般的互联网众筹模式无异,本文将不进行讨论),一些平台会基于这种三种模式再进行一些微小创新,除此之外,部分平台也会围绕传统手工艺人提供一些服务来扶持他们的发展。

（一）电商

电商是互联网传统手工艺平台最为基础的一个方法,但也是现在绝大多数平台的核心模式。互联网传统手工艺平台主要采用全品类电商销售、个性化定制以及内容电商的形式来切入传统手工艺销售环节,为传统手工艺人搭建线上销售渠道。相比于传统的乡村集市、会场商区等实地售卖形式,互联网传统手工艺平台可以更快更好地对接供需双方,让手工艺人的作品直接曝光在一批手工艺爱好者的面前,降低手工艺人销售成本的同时也减小了传统手工艺品爱好者的购买成本。但是,在电商与传统手工艺行业的结合过程中也存在着很多棘手的问题,比如说定价虚高、赝品等,其中最可能制约传统手工艺电商的发展的是,传统手工艺人的生产规模很难跟上市场需求量的变化。虽然电商改造了传统手工艺行业的销售环节,刺激了市场需求的增长,但由于传统手工艺人的生产具有个体化、规模小、周期长的特点,很难实现快速大规模生产,如果互联网传统手工艺平台不能做好平台的供应链管理,电商业务的加入反而加重了传统手工艺行业生产环节的压力,不利于整个传统手工艺行业的健康发展。当然,也有一些互联网平台对这一问题也提出了解决方案,比如巨匠汇平台通过在匠人的村子里建工坊,让村民们共同绣花、制伞、做琴,调动小镇居民的闲置生产力,进而扩大生产规模。但对于绝大多数平台而言,这一问题仍待解决。

（二）直播 / 短视频

直播 / 短视频也是互联网与传统手工艺行业相结合的一个重要方法。一般来说，互联网传统手工艺平台的直播 / 短视频内容主要包括匠人访谈、线上拍卖、器物制作过程展示几个方面，也有一些平台在直播 / 短视频内容上做了微小创新，比如说东家手艺人 APP，它将直播与平台的"押窑"功能（平台包下匠人的整窑，用户在成品器皿未知的情况下购买预售作品，最后成品上会刻上用户的专有落款，开窑后按用户订单顺序发货，结果有风险，可能是万中无一的极品，也可能是次品）相结合，在开窑当天会在平台上直播整个开窑过程，一件件成品拿出来，看到精品会翻下底款，念出名字，对于用户而言，增大了可玩性与刺激感。再如，抖音、快手 APP 都有艺人开始发布传统手工艺视频或者直播。总的来说，加入直播 / 短视频方法对于提高平台内容的丰富度是非常有帮助的，同时，通过直播等方式将商品的制作流程等方面展示给用户，一方面有利于提高平台商品的可信度，另一方面也可以增大匠人在平台上的曝光度，有利于匠人品牌的打造和传统手工艺文化的传播。但对于互联网手工艺平台而言，直播模式也存在一定的问题，由于绝大多数的手工艺人不习惯于直播这种展现形式，所以直播前的交流成本会相对较高，且直播内容的趣味性会受到影响，如何降低每场直播所耗费的人力、资金、时间成本是这类平台仍需考虑的一个问题。

当然，除了上面提到的几种方法之外，有些互联网手工艺平台也提出了较为独特的方法，比如线上的共创模式——向美院等第三方创意团队征集创意，共同研发传承人技艺和现代生活美学相融合的产品，线下的手工艺术体验馆、匠人艺术中心等等。从整个市场的发展情况来看，互联网 + 传统文化行业的结合虽然存在着诸多问题，但仍存在着巨大的发展空间，而在互联网背景下，利用互联网手段来推动我国传统文化行业的发展也是大势所趋。

四、网络综艺节目——《巧手神探》对传统手工艺的传播

在漫长的历史长河，拥有深厚底蕴中华民族留下了数不清的文化瑰宝，其中非物质文化遗产绝对算得上是瑰宝中的"瑰宝"，而《巧手神探》就是这样一档全方面展示传统手工文化的综艺节目。虽然此前其他节目也都有介绍传统手工艺的主题，但基本上采取情境记录的形式。这样的形式固然沉浸感强，但整体气氛比较严肃深沉。在当下的社会中，难免会

被埋没。《巧手神探》似乎调和了"科普与娱乐两难全"的矛盾,将那阳春白雪似的"传统手作"与年轻人喜欢的推理探案元素进行巧妙的结合,寓教于乐,让更多的年轻人了解我们优秀的传统文化以及那些匠人的"匠心精神"。

图 3-2 《巧手神探》宣传照

　　无论是第一期就已经让我们大开眼界微雕、修复好的文物还是此后"巧手"们所展示的翻糖技艺、蜡像等,都是匠心与技艺的结晶。节目通过设置以明星为代表的"神探队"和以匠人为代表的"巧手队"的攻守对决来展现这些传统手作的真、精、巧。比如,你能相信眼前一杯绿油油的饮料,居然是番茄蛋汤吗?现在通过物理、化学等现代科学技术,就可以颠覆传统烹饪技艺,改变食物的形态和颜色,打破大众对食物的一贯认知,这便是"分子料理"的神奇之处。又比如说神探队鉴别蜡像那一期,里面的蜡像是周雪蓉大师所制作的蜡像,其作品逼真程度简直让人难以想象,就连毛孔和头发都与常人无异,看不出任何破绽。因此,就连火眼金睛的神探队成员也无法一次性鉴别成功。

　　前面说到一件好的作品是匠心和技艺的结晶,也就是说,它们是同时拥有高超的技艺和匠心精神的人呕心沥血之作。在笔者看来,节目中出现的每一个作品都是有温度的,经历了漫长时间地点打磨,蕴藏着匠人们丰富的情感。它们是其他普通作品无可比拟的,饱含匠人的智慧结晶。从他们身上,我们可以看到"匠人精神"。所谓"匠人精神",是热爱和坚守的结合。这些匠人因为自己对手作的一腔热爱,所以才会全身心地投入这项注定孤独的事业,坚持十载,深入研究,创造更多的可能。因为坚守,他们将这份孤独的事业传承下来,将之发扬光大。下面,笔者就给大家介绍在《巧手神探》节目中比较有代表性的"巧手们"。

（1）周雪蓉：用细致与爱雕刻情怀

周雪蓉以身边的亲朋好友为原型，将对他们的感情融入为他们而作的每一个蜡像当中。据她所述，她第一个制作的蜡像是以外婆为原型的。她表示自己想要永远留住外婆的模样，留住对她的感情和思念。周雪蓉的作品寄托了她的极致的理性和爱，呈现出人间的千姿百态。例如节目中的作品，戴着眼镜的老奶奶，老奶奶脸部的所有细节：脸上的皱纹、皮肤的纹路、眼皮的皱褶，就连老年斑都有。

图3-3　周雪蓉大师的蜡像作品——摄影师

图3-4　周雪蓉大师的蜡像人物[①]

（2）黄根宝：与微缩打交道，需得耐得住寂寞

"微缩大师"黄根宝。"微缩"工艺就是将一件物品按照一定的比例缩小至一定的大小。比如说，我们看到的一张桌子，其被微缩后可能只有一根手指头那样的大小。神奇的是，一把小提琴被微缩后居然依旧能够被弹唱，这不得不佩服黄根宝大师的巧手。在节目中，我们不仅可以看到黄根宝大师亲自在米粒上刻字，还可以欣赏他历时几个月所制作的微缩版的《清明上河图》。"器以载道"是微缩创作的宗旨，黄老师坦言，微缩是一项细致活，必须守住初心，耐得住寂寞。身为一位"匠人"，需要习惯孤独、忍受枯燥。

---

① 图3-2及图3-3来源于：https://www.sohu.com/a/273324876_100207964

图 3-5　黄根宝大师的作品《清明上河图》①

（3）韦祥龙：蓝靛染织技艺非遗传承人

韦祥龙是布依族蓝靛染织技艺非遗传承人，从四川美院毕业后，他毅然投入在这项民族古老的技艺。韦祥龙继承了父辈的靛染技术，并将这种古老的技术加以创新。他染出的布，颜色更加丰富，有超过 300 多种不同深浅的蓝色。如今，才 30 岁出头的他，已经将这种古老的靛染技艺带到了更广阔的舞台，靛染而成的服饰也已"出圈"，登上了国际性的舞台。未来，他想要将这项技艺能够被更多的人知晓。

图 3-6　② 韦祥龙本人及作品创作

（4）雁鸿：易拉罐制成的京剧冠饰

雁鸿是各大短视频网站的红人，像《知否》《如懿传》里的发饰，她都能完美地复刻出来。而且她也不仅限于模仿影视剧里冠饰，还会大开脑洞，自己设计一些头饰。值得一提的是，雁鸿所制作的这些精美绝伦的头饰，原材料居然是生活中触手可及的器物，像废旧的易拉罐、旧毛线等。这些在常人眼中的"废弃物"经过雁鸿的手上便成了一件件艺术珍宝。像她制作的京剧凤冠，就是用 18 只废弃易拉罐制成的。

---

① 图片来源于：http://www.ttdailynews.com/detail.htm?id=3374643&cid=571000
② 图片来源于：https://www.sohu.com/a/397613899_120057623

图 3-7　雁鸿用易拉罐制作的京剧凤冠 [①]

　　就目前来说,雁鸿自己最满意的,还是她制作的"半面妆"凤凰头饰,这也是她的一件代表作。这件插画师古戈力的绘画作品《半面妆》令外界为之惊艳叹为观止!曾有不少人都尝试着去做这个头饰,但都以失败告终,而雁鸿却完美地还原了这款头饰。雁鸿透露,"半边妆"最难的也是最复杂是凤凰的制作工序,光是构思与摸索便使用掉了她半年时间。期间她试过用纸片、用鹅毛染成金色来制作,但都没有光泽感。最后在制作上也耗时一个月,她才做出这款烦琐复杂的头饰。

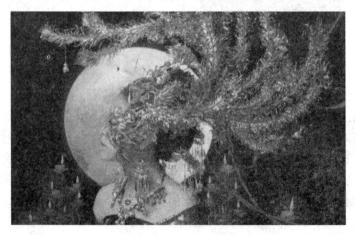

图 3-8　雁鸿手工代表作品"半边妆"

① 图 3-6 与图 3-8 来源于: https://www.sohu.com/a/389323222_508932

无论是古是今,在时代的洪流中,这些传统技艺可以与匠人一起成长,但有一部分技艺会逐渐消失在大众的视野中,不过还是有一部分手艺会在一代又一代人的传承中延续至今,并不断植入新鲜的血液。以身边人为原型制作的蜡像,用易拉罐制作古风首饰。这些手工艺的诞生,是手艺人的坚守,也是人类生活方式的改变的展现。当然,节目中优秀的匠人远不止上述所说的这些,其中也不乏业界大师级的人物。

几期下来,《巧手神探》这个节目难能可贵之处在于巧借"嘉宾"的视角,让观众产生共情,在一次次惊叹中,感受到传统手作的魅力,也对匠人有了全新的认知。原来这些能工巧匠也并非都是白发苍苍的老人,其中不乏许多80、90后的身影。这些年轻的匠人也为这些个老手艺注入了新鲜的血液,让老手艺能够插上创意的翅膀,更好地融合现代社会当中。《巧手神探》作为一档原创综艺,不仅做到了娱乐与科普的结合,也为年轻力量与传统手作提供碰撞的舞台。

第四章　中国传统手工艺的可持续发展

传统手工艺是全国各族人民在长期的生活实践中,共同创造的杰出成果和智慧结晶,是中华民族文化价值观念的重要表现形式,是非物质文化遗产的重要组成部分。保护和发展传统手工艺对于弘扬和发展中华优秀传统文化,增强民族和国家的文化自豪感和文化自信心有重大意义。

第一节　中国传统手工艺的保护与传承

在以农业为主的时代,手工艺是一种生存的手段,与耕种、渔猎一样,提供生活所需的物品。随着时光的流转,生活不断增添新的内容,所有的改变都是因人的需要,所有物质的创造都是为了满足人的欲望,所有的继承都是为了延续曾经的拥有。

生产力的发展促进了社会的进步。工业化时代高速运转的机器改变了生产力和生活方式,在科技创造面前,科学解构了宗教,机械颠覆了人力,所有的一切都在现代化的进程中悄然异化。由此,人工在工业化的生产中变为辅助作用,随着机械规模化生产的兴起,手工艺或是被淘汰,或是被边缘化,其功能也因之发生了改变。

现代科学技术改变了人们的生活,网络信息虽消除了地域的距离,却阻隔了人际的亲情;复制虽可做到无限,却丧失了情感的个性。手工艺中的唯一性在产品不断重复的时代,变得如此珍稀,于是,它让人们体会在漠然世界里最本真的感动。手工艺是农业时代留存的产物,随着发展不断与现代社会融合,形成超越物质功用的文化元素,并且契合当今的社会诉求,民族文化作为文化创新的根本,技艺的相承是发展的需要,也是文明社会的必然。

一、保护性方式传承

（一）生产性方式保护

1. 生产与文化的关系

手工艺品作为生产性产品，具有很强的文化属性，文化含量越高其产品附加值也越高。在各地发展的手工艺的生产中，地域特性的手工艺产品成为当地文化发展的标志，石雕之乡、刺绣之乡、木雕之乡等都以文化为依托，打造属于本乡本土的文化特色。手工艺在生产性保护中文化显然产生经济价值。

当代人对于传统的感怀，缘于民族文化的亲和力。在传统手工艺产品中，体会传统的文化情怀。这样的商品性因民族性和文化性备受关注，无论是本土人或是外乡人，都能在其中找寻到各自的需求。正因手工艺具有强烈的文化特征，契合当下人们的审美需求，由此传统社会中具有实用功能的手工艺品，在当今的生产中必然转化其本质的功能，成为带有文化象征意味的工艺产品。例如，作为非物质文化遗产项目的甘肃庆元香包（图4-1），原本与民俗节庆有关，按当地传统风俗，端午节都要佩戴色彩艳丽内有香料的香包，用于趋利避害，达到祈福祥瑞的目的。当地在保护这项传统手工艺的同时，开发香包的制作技艺，设计制作符合现代审美趣味的香包工艺产品。由此庆元香包的生产不仅使这项传统手工艺得以传承，而且成为当地手工艺生产的重要品种。

丢失本民族文化根基，手工艺就会成为无本之木，庆幸的是我们懂得了珍惜传统。曾经在20世纪追寻的民族风格，在当今有了延伸的意义，全球化视野中的文化应容纳更多的内容。创作力的智慧使文化产生多样性，对于文化的诉求将更为人性、包容、自主、文明。手工艺可以是文化的物质载体，在其发展脉络中可以看到人类的前世与今生。

2. 生产与传承的关系

手工艺的发展顺应时代需要，其传承形式悄然地发生了变化。在市场经济体制下，一些手工艺产业不断扩大生产，追求产值利润，从业人员的队伍迅速壮大。在手工艺品产地每个作坊都有学徒，少则三五个，多的几十个，他们在作坊里学手艺，同时也是作坊的主要劳动力。由于招收的学徒综合素质较低，几乎没有设计创作能力，只能从事产品的复制和模仿，这样的状况在当今手工艺行业中十分普遍。

图4-1 甘肃庆元香包①

当生产效率成为重要的目标时,传统的手工艺得不到很好的传承。于是,我们在审视当下个体带徒方式时,自然会产生一些思考:把学徒作为熟练劳动力来培养,必然会忽视传统技艺的训练,那么传统的手工艺又将如何来延续呢?一些有远见的工艺美术大师们,已经意识到这种劳动力培养的弊端,他们在逐步探索自己培养的方式。比如,以招聘的方式吸收工艺美术学校的毕业生来学艺,培养具有创作能力的手工艺者。学艺期间给予他们一定的工资待遇,以满足他们的日常生活开支,使他们能够安心地学习手艺,在训练技艺的过程中强化创作能力,目的是培养技艺全面的高素质手工艺人才。手工艺以手艺见长,手工艺的传承需要花费大量的时间和精力不断完善。而我们所倡导的保护,是让传统手工艺得以继承,因此手工艺生产也带动了传统技艺的传承,从而维护了传统技艺的发展。

3. 生产与生态的关系

手工艺原本是传统农业社会的产物,但一直延续至今,其原生态的特性依然存在,如天然、人力、质朴等因素,弥补了当下工业化产品的标准、

---

① 图片来源:http://www.jjhvip.com/goods-1380.html

人造、冷漠的无个性无情绪化的产品缺陷。然而,由于手工艺劳力成本的缘故,生产日用产品价格偏高,多用于生产陈设类的产品。目前国内劳动力较发达国家更为低廉,大多数乡镇地区的手工艺产业以外贸加工为主,利用国内的天然材料制造符合国际环保指标的产品,这类厂家在东部沿海地区比较多见,全国工艺美术普查中的浙江省就比较具有典型性。

手工艺资源需要市场的运作,才能发挥生产的效应。地方政府在从事非物质文化遗产保护工作中,也充分意识到民族文化资源的价值潜力。山西长治市黎城县手工艺品黎侯虎(图4-2),作为非物质文化遗产保护项目,被当地政府大力推广,这项传统手工艺得以开发,在生产中维系了传统技艺的继承。这类民俗手工艺具有浓郁地域性,本乡本土的农家妇女熟悉传统的制作技艺,只要组织农家妇女在家进行生产,不需要工厂式的集中管理,由此在低成本的生产中,保护和发展了这类本已濒危的民俗手工艺,并且带动了当地的经济。妇女们在做女工的同时,体会劳动的身心愉悦,还获取经济回报,劳动观、家庭观、家乡观得以稳固,符合乡村和谐生态的营造。

图4-2 山西黎城县黎侯虎 [①]

当今是中国经济高速发展的时代,手工艺行业也必然参与其中。当然手工艺产业的发展不仅仅是增长的利润数字。景德镇陶瓷在泛滥的百人贩瓷团中,遭遇技艺信誉的危机,这难道还不足以给我们警示吗?手工艺不能盲目地发展产业,而是找到手工艺在现代生态中的位置,以保护为前提,才不至于本末倒置地只提倡手工艺的产业化。在现代社会中,手工艺更能符合人的"自在",即为人使用或是享用的物品,而这样的"自在"是为具有同样生活习惯的人设计制作的。因此,要培育具有本土手工艺

① 图片来源: http://wap.91jm.com/lichenghu/

特色的设计,保存手工艺独特技艺并运用到现代设计之中,手工艺才能找寻到真正属于自己的市场,从而证明手工艺在现代生态中的价值。

(二)博物馆专业保护

非物质文化遗产活态存在于人们生活当中,作为手工艺项目的非物质文化遗产的载体呈现是物质的,由此在保护中分为活态与静态保护。《国务院关于加强文化遗产保护的通知》提出:采取有效措施,抓紧征集具有历史、文化和科学价值的非物质文化遗产实物和资料,完善征集和保管制度。有条件的地方可以建立非物质文化遗产资料库、博物馆或展示中心。博物馆在非物质文化遗产保护中发挥重要作用。国际博物馆协会章程(ICOM)第二条中对博物馆的定义是:"博物馆是一个为社会及其发展服务的非营利的永久性机构,并向大众开放。它为研究、教育、欣赏之目的征集、保护、研究传播并展出人类及人类环境的物证。"章程所确立的任务是"致力于社会自然遗产和文化遗产,包括现在和将来的有形和无形文化遗产保存、延续及传播"。博物馆具有保护非物质文化遗产的职能,而博物馆的公共文化服务功能,对于民族文化的推广与认同,起着积极的作用。

在以活态方式保护非物质文化遗产的同时,采用记录和实物保存的手段使非物质文化遗产得到相应的保护。博物馆的专业化保护,对于社会进化的历史梳理具有重要的作用,其不仅具有保存的功能,还起到了文化教育与推广的作用,由此发挥的影响是潜移默化并存在于人们的社会活动当中,为文化发展做出了重大贡献。

回顾中国博物馆创办的历史足以证明,文化保存是社会迈向文明的途径之一。从19世纪下半叶开始,中国社会精英提倡接纳西方思想,尝试采用西式的文化研究体系,提倡文化教育与保存。辛亥革命以后创办的一批博物馆,奠定了近代博物馆文化保存的专业体系。1925年代表皇权的皇宫紫禁城改为故宫博物院,以及1933年中央博物院的设立,不仅是对民族文化的尊重,而且象征着国家民主的曙光。

中国历史上第一个具有综合性框架的博物馆是由实业家张謇创办的南通博物苑。光绪三十年十二月九日(1904年1月14日),民族实业家张謇凭借个人文化责任,以一己之力在江苏省通州县(今南通市)创建中国第一个博物馆。馆藏分为历史和教育两部分,展品门类有金银、玉石、陶瓷、拓本、土木、车器、画像、卜筮、军器、刑具、狱具和雕刻、漆塑、织绣、缂丝、编物、文具、考卷、夹带、窗课等。该博物馆开文化推广之先,带动了当地文化发展。张謇还积极倡导国家博物馆的建立,在朱启钤的支持下,政府从庚款中拨出 20 万元开办古物陈列所,主要以紫禁城武英殿为展室,向公众开放皇室的藏品。1914 年 10 月 11 日前后,古物陈列所正式对外开放,传统文化得以服务于社会,在当时引起很大反响。"1916 年以后几年中,博物馆陈列的那些引人入胜的艺术品吸引了来自世界各地的成千上万的观众。""本所对于外国人来所参观者亦特加优待,平时每遇外国游历团来所即于传心殿预备茶点接待并分布英文说明书俾以明了。"博物馆式的文化陈列,对保存与弘扬民族文化发挥了其文化服务的职能。由此,接受西学的知识分子也积极倡导传统文化的收集与保存,认识到通过专业的途径进行文化保存的重要性,在博物馆的实践中,探寻适应中国文化需要的保存模式。

文化保存对于民族来说,关系到国家文化的发展。1923 年 5 月,北京大学设立风俗调查会,对民间的文化实物进行收集,希望全面而完整地了解本民族的文化。因北大风俗调查会的带动,形成了一种文化趋向,实证与文献的结合,构成严谨而科学的研究方法,所谓"作文野的比较",对当时的民俗学、语言学、历史学、人类学、美学等都起到了积极的作用。也正是此时学者们的推动,民族文化保存成为文化学者的学术使命,成就了近代博物馆的发展。

蔡元培的观点代表了一代知识分子对民族文化的理解,民族文化已成为文化学者们所关注的对象,在实物的征集过程中,加之调查与研究的深入工作,民族文化得以系统地保存。博物馆的展品陈列与保存,对于文化发展的作用在社会中已形成了共识,文化界的学者们都身体力行地投身于传统文化的收集与保护中。

在蔡元培先生倡导下,1933 年成立国立中央博物院,其规划按照大型综合性多学科的博物馆的标准,分自然、人文、工艺三馆。这样的分类按照社会进程中的文化分类,"人文馆范围以人类学、民族学、考古学、历史学为主。凡与人类文化演进相关之材料均陈列之。工艺馆以陈列现代各项工艺品为主"。工艺馆作为专门的馆,体现了工艺在人类进程中的作用。陈列的内容包括中国工艺部的纺织、农作、饮食、建筑、矿冶金工陶瓷、造纸、印刷、髹漆、制革皮货和泰西工艺部的采矿、冶金、纺织、原动机、强流电机工程、陆海空运输、信息交通、建筑、农作、市政工程、造纸、印刷、化学工程、玻璃制造、家政。另人文馆除历史部分外,也涉及手工艺文物的陈列。博物院的功能正是实现了"可以考见本族渐进的文化","可以作文野的比较","可以供美术家的参考;并可以提起普通人优美高尚的兴趣"的理念。民国时期,博物馆已经纳入国家的社会教育体系,加强了学术研究的专业性,并设立了博物馆的管理体制。博物馆的设立在社会变革中,激发人们对文化保存的社会责任。"以史为鉴"一直是中国人心中存在的文化自觉,从自藏古物到为社会服务的展示,虽然经历了漫长的时光,但在近代毕竟走出了这一步,这是社会进步的标志。个人的文化情怀转到社会文化的服务,所迈出的每一步都因现代文明的召唤,由此,国家文化的意识更为强大。

博物馆作为现代文化建设重要成果之一,它是民主与科学的结合体,是基于法律赋予的明确权利而建立、维持、发展的。因此,手工艺在博物馆的保存具有政府的政策与法律的保障;而为公众服务的职能,使手工艺文化得以推广。博物馆的文化保存与推广,唤起公民的文化意识,由国家文化意识到公民文化意识,这种自上而下的文化认同,也是现代文明发展的要求。中国博物馆的保存与研究工作,以近代新文化运动的文化学者为先导,在饱受沧桑的土地上,抢救大量的民俗文物,使得我国散落民间的文化在学术的维护中成就了专门的文化研究体系,他们的贡献是巨大的。至此,我国历史考证从文献走到实践中,突破了对所谓精英文化的认可,民间文化同样是社会历史发展的重要遗存。由于博物馆的公共文化服务功能,以及专业的学术体系,使手工艺文化完整地再现。博物馆的保存是真实而严谨的文化保护,当然,从文化遗产保护的角度来说,对于人类社会发展的意义远不止于此。

二、手工艺理论研究

手工艺的发展伴随着人们的生活变迁,由于其生产的特性,具有文化与经济等多种属性。在当今手工艺具有延续民族文化的价值,手工艺的文化性是近现代文化学者所关注的。

对中国手工艺进行专门研究与调查,是近代才开始实施的。新文化运动带动了人文学科的发展,学者们采用西方人类学的调查方式,进行实践考察,收集、整理研究传统手工艺。在此之前有关手工艺的文献大多是论述与生产有关的技术工艺,如春秋战国时期的《考工记》,论述漆工艺的专著《髹饰录》(明代黄成著),论述陶瓷工艺和发展史的《陶说》(清代朱琰著),论述刺绣工艺的《绣谱》(清代丁佩著)、《雪宦绣谱》(民国初沈寿著)等,基本侧重工艺生产的过程,鲜有关注手工艺与社会的关系。而以文人把玩品赏为目的的《长物志》(明代文震亨著)、《闲情偶记——居室器玩部》(清代李渔著)等,也只是侧重于文人的视角,对工艺审美的品鉴。到了近代,关于手工艺的理论研究成果主要有 1917 年许衍灼编写的

《中国工艺沿革史略》和1940年徐蔚南编写的《中国美术工艺》。这两本是我国早期较系统的工艺美术理论著作。近代调查采纳了西方人类学的方式,结合民生关系进行了深入的手工艺的研究,对于手工艺的调查,从社会角度观察工艺与时代的关系,这是近代手工艺研究所侧重的一面。

在20世纪初,手工艺已经纳入文化学者的研究视野,被视为民族文化的组成部分,精湛技艺是中国文化传统的内容之一。 1924年2月18日,北京大学研究所国学门印发《北大风俗调查会征集各地关于旧历新年风俗物品之说明》,表明对于物的调查不是在"物"的本身,而是由"物"引发的文化思考。作为有民族责任的文化学者,在手工艺的研究中发挥作用,由"中国营造学社"发起人之一的朱启钤,研究髹漆工艺的资料,于1925年辑成《漆书》,此书分为"释名""器物""礼器""雕漆""制法""工名""产地""树艺""外纪"几部分,为后人研究中国古代髹漆工艺打下了良好的基础。他还在研究髹漆的基础上,挖掘明代《髹饰录》的版本,于1926年出版发行,1928年编成《存素堂丝绣录》一书刊行。还曾根据《石渠宝笈》等书辑成《清内府藏刻丝绣线书画录》两卷。后又在深入研究的基础上著作成《丝绣笔记》两卷,另将古代丝绣史上的能工巧匠的传记资料编成《女红传征略》同时刊行。朱启钤对传统手工艺的整理与研究,为手工艺史提供了具有学术性的文献,开启了中国手工艺专门研究的大门。

民国初年,教育走向了较为开放的体系,具有一技之长的实用人才的培养成为教育主导思想,在教育中设立工艺美术学科,与现代设计相结合。这样的探索,是近代中国教育在"实业救国"的背景下酝酿出来的,与生活实践相结合,同时这样的教育模式吸引了一批留学海外的学者。他们对中国手工艺进行调查研究,又谙熟西方工艺教学的发展历程,因此他们坚持在本民族的文化中发展适应中国的工艺美术。教育对于手工艺的研究起到推动作用,手工艺成为专门的研究对象。陈之佛编写了《图案法ABC》《表号图案》《图案教材》等书刊;庞熏琹编绘了《工艺美术设计图集势》;雷圭元编著《工艺美术技法讲话》《新图案学》等。他们研究手工艺与民俗之间的关系,探讨手工艺发展的脉络,以及文化属性。

中华人民共和国成立以后,政府展开了对传统民间文化艺术的调查研究工作。作为发展经济的手工艺,国家给予了极大的重视。在继承传统手工艺的基础上,恢复传统工艺。1957年7月,周恩来在南京召开的全国轻工业厅长会议上指示,要恢复五大名窑生产,之后轻工业部发出《关于恢复历史名窑的决定》,各地成立了恢复名窑委员会,并汇集科研、生产、艺术、文物考古部门专家教授进行科学研究。名窑的恢复带动了当地的制瓷产业和经济的发展。我国传统手工艺的发掘中,需要投入大量的科学技艺人员对传统工艺进行分析与研究。因此,国家筹备在手工艺行业中建立专门的研究机构,从 1954 年江苏无锡惠山泥人研究所和南京云锦研究工作组(后改研究所)成立后,各省都相继建立了工艺美术研究所。工艺美术研究所的工作职能是进行工艺美术的艺术和技术的科学研究以及理论研究的事业单位,是以完成研究课题、推广研究成果来为本地区乃至全国的工艺美术企业服务。早期的工艺美术研究所曾经在挖掘、恢复传统工艺品,总结艺人经验,整理有关历史资料等方面做了大量的工作。研究所还吸收优秀的手工艺人参加创作和研究的工作,不仅传承技艺,也使传统工艺得以完整保存。

当代手工艺的研究主要表现在以下几个方面:

第一,工艺性。手工艺中手的技巧与创造,体现工艺的水平,由此成就其技艺风格。技艺是通过长期的实践获得,在这之中蕴含了手工艺者对材质的认识,手工的分寸,以及创作的感悟,经过不断传承形成了特有的工艺模式。传统的手工艺大多依照这样的规律来表现造物的成果。材料的美感在于发现,而技艺的巧妙在于创造。手工艺中"材美""工巧"方面都有着无法替代的优势。在继承传统手工艺中,对手工艺的工艺性研究,才可客观地梳理技艺中的特质。当代手工艺的继承,必须建立在原真的基础上,一是行为继承(即传艺);二是技艺学术研究的支持,两者的相互结合,才更能完善技艺的传承。

第二,产业性。手工艺满足了人们多方面的需要,所体现的价值层面是非常复杂的。在经济发展中,手工艺的商品性凸显出来。自新中国成立以后,为了发展手工艺行业,在政府主导下,集中大量科技人才研究传统手工艺,恢复了有价值的手工艺。技艺的发展带动了一批手工艺产业,如龙泉窑青瓷、禹县钧窑钧瓷等,都成为地方主要经济产业。在此基础上,制作工具的研发,也在一定程度上提高了产品的生产效率。当然手工与机械在工艺上必然产生矛盾,或许其结果顾此失彼,但是,产业的发展又是维系技艺的生存途径。对商品化生产与艺术创造的价值进行类比,客观分析调查,究其真正的价值莫过于服务社会。一个精美的手工艺品,在陶冶人们情操的同时,还能给予社会以文化性的贡献。手工艺者的个人创作对商品生产应当起到导向性的作用,与之相应也要规范手工艺行业市场,才能真正地发挥手工艺产品的产业特性,做到商品性与艺术性和谐地交融在一起,这样,手工艺产品的价值就不仅仅局限于商业的利益。

第三,文化性。手工艺是比较特殊的行业,承载了丰厚的文化内容,与风俗、习惯、审美等都有着密切的关联。手工艺者在创制物品时,必然涉及与生活相关的种种因素,经历的认同使人们与物品产生共鸣;从另一角度,手工艺者创作也带有个人的信息,如手感、习惯、情绪等,具有个性化的特点使人与物产生亲和力。手工艺从制作到传播都带有社会的痕迹,每个时代的手工艺品都有其独有的文化特点,并伴随着时代的不断前进而具有流变性。技艺代代相承,人是技艺传承的主体,在继承技艺的同时,也必然带有个人的技艺习惯,这也是手工艺活态性的特点。技艺必须融入社会,所谓"喜闻乐见"就是符合时代审美的发展,技艺才有更强的生命。正因为手工艺中的文化习惯与手工的差异,是文化多样性构成的内容之一,手工艺对当代而言,不仅是精湛的工艺,更是维系传统文化的途径。

自 1957 年提出"保护、发展、提高"的方针,各级政府有关部门挖掘、搜集民间工艺美术品,对各自所在地区民间文化资源的普遍调查,使得手工艺的调查与研究有了基础,陆续有研究成果出现。1984 年 12 月,由国家编纂的大型专著《当代中国的工艺美术》出版,计 47 万字。1991 年由国家编纂的《中国大百科全书·轻工卷》出版,其中有关工艺美术的约有 250 多条目,28 万字,由王世襄、杨伯达、田自秉等 50 多位专家撰写,是新中国成立以来的权威性著作。从 20 世纪 80 年代至今,工艺美术理论研究出现一些重要的成果。

2005 年开始至 2009 年底,中国第一次大规模的非物质文化遗产全面普查工作基本结束,取得了阶段性成果。"据不完全统计,参与此次普查的有 50 万人次,走访民间艺人 115 万人次,投入经费 8 亿元,收集珍贵实物和资料 29 万件,普查文字记录量达 20 亿字,录音记录 23 万小时,拍摄图片 477 万张,汇编普查资料 14 万册,非物质文化遗产资源总量近 87 万项。"由此,进一步加深了手工艺的调查与研究。这次全国范围内的普查,发现某些手工艺濒危的状况,在政府主导下进行有效保护,让广大民众参与手工艺的保护,使手工艺得以推广。各地出版大量有关手工艺研究成果,进一步加强了手工保护的研究力量。

三、政策规划与实施

（一）基本保障政策

手工艺是历史文化积淀的重要组成部分,随着社会的变迁不断地吸纳新的内容,也为传统手工艺带来丰富的内涵。然而,当时代的潮流夹杂着现代生活方式,传统手工艺逐渐边缘化。近年来,人亡艺绝的事件不绝于耳,加之发展中顾此失彼的失误,很多伴随着中国文明的传统手工艺的精神和智慧正在逐渐消亡。在全民都在关注社会发展状态时,往往忽略了这个社会的人文生态环境。因此,在这样的背景下,相关的法律保障就显得尤为重要。

在我国手工艺资源较为丰富的地区,传统手工艺曾经是当地主要的经济命脉,因此,在先后遭遇传统手工艺不断式微的境况后,较早地意识到需要通过立法来实施保护。1990年宁夏、江苏先后制定了保护民间艺术和工艺美术的地方性法规或规章。1997年国务院颁布了《传统工艺美术保护条例》,该条例所指的传统工艺美术"是指百年以上,历史悠久,技艺精湛,世代相传,有完整的工艺流程,采用天然材料制作,具有鲜明的民族风格和地方特色,在国内外享有盛誉的手工艺品种和技艺"。条例还规定国家对需要保护的传统工艺美术技艺将采取下列保护措施:"(1)搜集,整理,建立档案;(2)征集,收藏优秀代表作品;(3)对其工艺技术秘密确定密级,依法实施保密;(4)资助研究,培养人才。"在对传统工艺美术进行界定,以及制订保护措施的同时,也强调要重视技艺人才的保护,对长期从事传统工艺美术制作的、自成流派的技艺精湛者,对工艺美术事业做出突出贡献的艺人,经评审委员会进行资格评审,由国家授予"中国工艺美术大师"荣誉称号。

《传统工艺美术保护条例》的发布,有力地促进了地方政府部门对传统工艺美术的保护工作。1989年,江苏省无锡市制订了《无锡市传统工艺美术保护条例》,是我国最早提出对传统工艺美术进行保护的城市。1993年,江苏省颁布了《江苏省传统工艺美术保护条例》,国家条例颁布后对本省条例进行了修改,涉及总则、管理、生产经营保护、人才培养和保护技术保护和开发、奖惩等内容。随后河北、浙江、上海、北京、广东等传统手工艺发达的地区,也陆续推出了《传统工艺美术保护条例》的实施细则和地方性的传统工艺美术保护办法。浙江省人民政府于2000年根据国务院《传统工艺美术保护条例》,结合本省实际情况,在对传统工艺美术的品种与技艺的认定基础上,根据浙江省工艺美术品类的特性,补充了"引进国外具有50年以上历史的工艺美术品种和技艺,引进时间已达50年,且经再创作,已形成独特的地方风格,并有较高艺术价值的,也符合传统工艺美术品种与技艺的认定"的条款。由此,一些在清末通过海上贸易等途径进入浙江的手工艺舶来品种,经过多年融合后已形成本地特色的花边、绣衣等品种的手工艺,也被纳入了保护范畴,使传统手工艺的保护凸显了浙江的地方特色。

为了保护传统手工艺,促进各地区的传统手工艺进一步发展,一些地方相继出台扶持性政策,由当地财政每年安排专项资金,用于支持重点传统工艺美术的保护和发展。传统手工艺的保护与传承是一项长期的工作,阶段性的短期行为不可能起到根本性的作用,有时还会起到负面影响。因此必须要有坚实近年来非物质文化遗产保护成为政府文化职能部门的重要任务之一,手工艺作为非物质文化遗产的组成部分成为保护的对象。2005年3月份国务院办公厅颁发了《关于加强我国非物质文化遗产保护工作的意见》,2005年底国务院又颁布了《关于加强文化遗产保护的通知》,在推进非物质文化遗产保护中起到了关键作用。

各地在非物质文化遗产保护机构设立的同时,也陆续出台了适应各地特点的保护条例,成为非物质文化遗产保护的法律保障。"非物质文化遗产保护有多种方式,我们可以用多种方式来保护,但是最根本的保护是立法的保护。"2011年2月25日,全国人大常委会通过《非物质文化遗产法》,并于2011年6月1日起施行。这部以国家层面出台的行政法,使得中国非物质文化遗产保护有了强有力的法律依托。

在制定保护原则和制度外,也涉及相关知识产权的保护。非物质文化遗产知识产权存在主体对象的界定问题,尤其是许多非物质文化遗产的原创权属关系不是很明确,此部法律根据非物质文化遗产的产权特性做了衔接性规定,从而在法律界定的范畴内给予了非物质文化遗产知识产权的保护,对此也保护了遗产拥有的地区、群体和个人的权益。

事实上,传统手工艺的保护是一个长期的过程,在不断完善保护法制的同时,要获得整个社会的认同,从这个层面上讲,保护是一个民族自觉的行为。在完善保护机制的初期,相关法制的建设至关重要。纵观近几十年来手工艺的发展历程,政府的相关政策法律对保护与传承直接产生了影响。保护不仅关注的是传统手工艺项目的存亡,也关系到一个民族对于本土传统文化的认识与理解。事实证明,我们在发展的过程中,曾经走过许多的弯路,因此在进行决策和落实措施时,为了避免以功利的保护为出发点,导致观念错误而造成所谓"保护性破坏",政府有关职能部门所做的是进行研究认证科学分析,而不是盲目去追求政绩,讲求实效的工作机制才是保护的真正解决途径。

(二)人才培养政策

传统手工艺与中国民众的生活息息相关,然而,随着社会的变革,正走着一条并不平坦的路,辉煌的历史转而化为平淡,甚至默默地退出了人们的生活;而当大家慢慢地习惯于现代生活方式时,传统手工艺的命运由此也变得黯淡了。早在 20 世纪 70 年代以前,日本的民艺研究者就发现传统手工艺在现代生活中窘困的境况,他们的忧患同样是来自人们对传统手工艺的漠视,从而导致对民族传统文化的疏远。研究者们提出要重振工艺文化。"首先是发掘、收集在日本产生的众多的古代民艺品的代表性作品,并复兴其工艺使之得以延续。振兴从传统中汲取营养的新的民艺品的生产,推进以正确的个人作家之路为目标的工艺家们的创作活动及其产业。"时代变迁,对传统手工艺者的要求也在转变。人们的眼中,他们不仅是以手艺为生的艺人,而且还担当着传统工艺复兴的使命,因此,唤醒手工艺者的社会自主意识变得越来越重要。

半个多世纪过去了,当代的手工艺者随着教育、文化程度的提高,他们已经能够拥有文化自觉性,并采用个性表现的方式进行创作,只要找到可以支撑的环境,个性化的技艺就会毫无顾忌地发挥出来。过去的子承父业以及传统的师徒相传的方式,已经逐渐消失在现代产业化的变革中,那么,传统的手工技艺如何真正融入当代人的生活? 当诸如此类的问题接踵而来时,当代人应当以积极的态度进行思考,有相应的举措来应对。

传统工艺可分为观赏工艺与实用工艺两大类,也有将传统工艺分为贵族工艺与民间工艺两类。无论怎样界定,不同类型的传统手工艺之间的特性是非常明显的。实用性的工艺往往会随着生活习俗的改变而较快地消亡;观赏性的工艺则不大受到社会变迁的影响。以青田石雕为例,根据工艺特性属于观赏性工艺品,并且一直按照自身工艺规律发展着,行业状况亦从未进入濒危的境地。只是近年来在看似繁荣的背景下,青田石雕的传统技艺面临着退化,已经没有多少人能够完整地掌握传统的相石布局、画坯凿坯、放洞镂空、精雕细刻、装配坐垫、磨光封蜡的一整套工艺制作流程,试想,一旦放弃了传统的制作技艺,那么青田石雕的工艺特点是否还能完整地保存? 答案一目了然。

代代相传的传统技艺是伟大的,其中蕴藏着丰富的工艺经验和智慧。新中国成立以后的传统工艺的传承,多是通过企业对艺人进行职业培训来实施的。职业培训是以培养技术人才为主要目的,师傅由单位指定与传统的师徒关系不同,师徒同是单位里工作的职工,在传习技艺的同时,还要完成单位的工作量。另外,二轻系统设立了一些中等职业技术学校、工艺美术学校等,培养了大量的技艺人才。近年来,随着工艺美术系统的改制,传统工艺人才的培养的职能被削弱,相关的职业学校纷纷合并到各美术院校或大学中,培养技艺人才的根本宗旨也发生了变化。如今的企业职业培训可以保证一定数量的从业人员,即便如此,还是没有完全摆脱优秀的传统技艺人才的断层窘境。

要使传统手工技艺得以继承,这并不是个人的能力所能企及的,需要社会合力才能完成。以台湾有关部门实施的"重要民族艺术艺师"传艺计划为例,所采取的措施是每年度公开征选,征选的计划类别包括保存计划、传习计划和调查研究计划等;保存计划由艺人技法操作录像、技法解析、使用材料分析、艺人生命史、执行报告等内容构成;传习计划的内容为艺人个人技艺的传授、教材编撰、执行成果报告、工作记录、成果展演等;而调查研究计划则是与上述内容有关的调查研究项目。

事实上,传统技艺的传承是必须发动技艺精湛的老艺人带徒传艺的。一方面要有相应的机构来张罗此事,如由工艺美术行业协会定期组织年轻艺人进行培训;另一方面著名老艺人也要承担起带徒传艺的义务。在相互激励的环境里,形成一整套传承技艺的机制,使新老手工艺者的技艺传承成为可能。新生代的手工艺者只有完成学艺的任务并取得相应的资质,才可以独立开设作坊。甚至可以倡导实行拜师授徒的仪式,以增进学艺的严肃性与庄重感。只有摈弃旧的传统习俗的狭隘观念,保留尊师的良好风气,建立一套健全的授徒学艺的机制,传统手工艺才能常态化地延续。

对于手工艺者的成就给予认定,是稳定人才队伍的重要方式之一。1997 年颁布的《传统工艺美术保护条例》第 12 条明确规定,国务院负责传统工艺美术保护工作的部门可以授予"中国工艺美术大师"称号。

2006 年,停止了 10 年之久的"中国工艺美术大师"评定工作在社会各界的呼吁下又得到了恢复。第五届评审共评出 161 位"中国工艺美术大师",在全国工艺美术行业和社会上引起极大反响。各地政府也相应地授予省、市级"工艺美术大师"的称号,并出台相关政策对他们进行扶持。应当承认,我国授予"中国工艺美术大师"荣誉称号的作用是积极的。但因为多方面的原因,并没有切实地给予获得荣誉称号的艺人们以相应的待遇,政策上也只是较为笼统地表述为应当关心和支持工艺美术大师的创作,为他们创造良好的工作环境和条件。由于没有出台可操作的实施办法,艺人们所得到的只是一个荣誉称号而已。大师们的社会地位、工作状况、经费资助等问题依然没有相应的举措去解决。获得"中国工艺美术大师"的最大利益就是作品在参与市场经济时,其价格有望提升,而这也是处于无序的状态之下,更何况还有不能产生效益的工艺品种。所以说,"中国工艺美术大师"的荣誉称号在现实社会里并没有与之相应的价值相对等。

传承的目的是弘扬传统文化,而在当代社会背景下所建构的传承体系,已经脱离了为生存而学艺的境地。政府对传统工艺的传承实施的有计划的宣传、保护倡导等措施,可以成功地将传统手工艺的价值定位,通过塑造落实在"传统文化"上,使传统手工艺不再是原先的为满足制造器物的技术,而是具有文化精英阶层所认同的,并共同参与和传递的文化标志。

(三)人才激励政策

手工艺的功能与意义在当代有了新的改变,原本是以手工劳作的生产力,因社会生活方式的变化,人们对于物质的需求有了更多的选择空间,曾经伴随祖辈们的生活习俗已经成为传统。当过往的时光成为历史,手艺、器物人事都是传统中的构成元素,而现今所追随的是其中的文化情怀。当传统手工艺成为文化遗产时,传承成为保护的重要途径,随着手工艺濒危状态出现,传承便显得更为重要。

榜样的力量是无穷的,20世纪50年代政府给予老艺人的社会荣誉,曾经激励了一代手工艺者,他们自豪地投身于这一行业,继承老一辈人的技艺。在政府主导下,鼓励年长的手工艺者发挥"传"的作用,激发年轻手工艺者"承"的愿望,政府相关部门有规划地搭建平台,让手工艺者看到社会对手工艺的认同,培养中青年手工艺者的传承热情尤为重要。在工艺美术行业中,1981年开展的全国工艺美术品"百花奖"的评选工作,对工艺美术行业的优秀手工艺者是极大的鼓励。这一举措获得出乎意料的长期效果。由国家主办的工艺美术行业的最高荣誉奖项,在一定程度上激励了传统手工艺的创作,为后续人才的培养起到了积极的推动作用。

现代社会对手工艺者的要求是多方面的,一是要完整地继承传统手工艺;二是以传统技艺为基础创作适应当代审美趣味的手工艺品。于是培养和鼓励新人上要有针对性的措施。以中国台湾地区为例,从1990年中国台湾地区开始设立"民族工艺奖"及"传统工艺奖"的奖励机制,以鼓励传统和创新的工艺创作为宗旨,这是由政府文化经费直接支持的重要活动,中国台湾的研究者对这两项赛事给予了很高的评价。

反观我国近年来的手工艺行业发展,政府层面上的激励措施几乎停滞。1990年,因手工艺行业主管部门的撤销以及行业评选的混乱而导致"中国工艺美术品百花奖"停止评选活动,工艺美术界再也没有国家级的政府奖项,新生代的艺人由此失去了展示技艺成就的平台。手工艺激励机制的缺失,对新生代手工艺者来说无疑是巨大的损失。许多中国工艺美术大师,是因为"百花奖"的不俗成果,才有相应的资格问鼎手工艺美术行业的最高荣誉称号。时至今日,年轻的手工艺者几乎拿不出国家级政府奖的证书。中国是传统手工艺极其丰富的国家，从业人员众多，政府若是忽略了对优秀技艺的激励，这将非常不利于传统手工艺的传承，同时也在客观上阻碍了手工艺的人才建设。没有社会荣誉感的行业是悲哀的，如此又怎能吸引年轻一代投身其中呢？时代的改变，使传统手工艺失去了赖以生存的环境，而社会的漠视，迫使传统手工艺游离于社会文化主流之外。要改变这样的状况，政府必须从根本上改变观念，协调政府部门间的管理职能，与相关部门进行联动，出台相应激励机制，从而鼓励手工艺的传承。

（四）政府管理政策

手工艺行业在国内主要以乡镇为主的中小企业居多，另外还有一部分工作室和作坊，按照企业或个体的性质由工商部门管理，地方经信委涉及工艺品产业的调整，手工艺的专业交流多依靠行业协会。各省都设有工艺美术行业协会（挂靠省经信委）。当初成立行业协会，是因工艺美术行业的转型，地方政府行政部门（二轻厅）基本放开对工艺美术的管理，由民间团体来担当工艺美术行业的业务及市场的指导，并且协调开展工艺美术相关活动。行业协会从组织性质上不具备行业管理的职责，但也充分发挥了行业协会的作用，松散和自由的组织性质适应手工艺行业活动开展的需要。手工艺作为文化遗产的重要部分，并没有消失在现代生活中，而是发挥其审美作用为社会生活服务，由此，对当今文化产业发展具有现实意义。丰富的手工艺是宝贵的文化资源，需要相应的专业机构进行研究整理，开发成果用于手工艺的产业发展。

由于种种历史原因，工艺美术行业的发展出现了多头管理现状，而真正涉及落实实质性措施时，却无相关的政府部门承担相应的职责。如今，手工艺的发展规划、保护措施、产品导向等几乎处于无序状态，自身的拓展也是被动地顺应着市场机制来调整，这是一种无可奈何的状况。事实上，早在20世纪50年代，政府的主管部门就意识到专业机构对发展传统手工艺所起的重要作用。最早的工艺美术研究单位是1954年成立的江苏无锡惠山泥人研究所和南京云锦研究工作组（后改研究所）。不久，各省都相继建立了工艺美术研究所。工艺美术研究所是进行工艺美术的艺术和技术的科学研究以及理论研究的事业单位，是以完成研究课题、推广研究成果为本地区乃至全国的工艺美术企业服务的。各市、地的工艺美术研究所多数由同级工艺美术公司领导，省属研究所则由相应的省轻工业厅、局领导，并接受地方的科学技术委员会的指导。

早期的工艺美术研究所曾经在挖掘、恢复传统工艺品，总结艺人经验,整理有关历史资料等方面做了大量的工作。20世纪70年代以后,在国家重视工艺美术发展的背景下,工艺美术研究所发挥了巨大的作用,国家为了适应当时社会对工艺美术发展的要求,确定了如下工作重点。

(1)研究民族传统、发掘地方资源,创造新产品、新工艺,使研究所成为新产品开发中心。

(2)研究工艺技术,应用科技成果,开发新产品。

(3)进行关于产品发展方向的决策研究。

(4)汇编资料,进行理论研究。

(5)成为专业研究中心。

可见,研究与开发是工艺美术研究所的主要任务,并且要为各地工艺美术的保护与发展制订科学规划,还要致力于产品的设计与开发。1980年,有关方面在北京召开了"全国工艺美术研究所工作会议",会议制定了"工艺美术研究所试行条例",再次明确规定了研究所的性质、任务,要求工艺美术研究所必须设立学术委员会,研究所的人员结构要以研究者为主。当时在计划经济体制下,大多数地方的工艺美术研究所都能够根据条例要求,发挥研究所的实践与理论相结合的特点,为当地的工艺美术企业发展提供决策。

工艺美术研究所作为现代手工艺的专业机构,还需要承担另一个重要任务,即推广手工艺。如何让手工艺真正进入当代人的生活中,是一项极为专业的工程。首先在传统手工艺的继承中发掘创新的设计理念,符合当代人的生活习惯;其次长期向公众开展手工艺的互动活动,宣传优秀的手工艺,使其成为文化艺术被大众接受;再次出版相关的研究成果,使手工艺的研究更为深化和专业,进一步推广手工艺。

目前,我国政府设立的专业性工艺美术研究所已不复存在,于是在手工艺的研究与推广方面相当薄弱。近几年倒是民间发挥了重要的力量,依靠个人的能力对手工艺进行推广,尤其在东部沿海地区,个体的研究所及博物馆陆续成立,可见对于手工艺的研究与推广在民间有着坚实的基础。随着手工艺作为非物质文化遗产的保护对象,各地文化部门也开始整理相关的手工艺资料,积累了大量的第一手材料,当然,对于这些浩瀚的文化资源,如何科学利用发挥作用,也成为亟待解决的问题。1977年由国务院批准成立,1990年正式开放的中国工艺美术馆,其宗旨是推广优秀的手工技艺。现作为文化和旅游部管理的国家级博物馆,移址北京奥林匹克公园中心区域,建设新型的大型场馆,展示、宣传、推广手工艺。2010年,中国艺术研究院成立工艺美术研究所,标志着手工艺研究将进入文化学术领域,以期更好地发掘手工艺的文化价值,弘扬传统手工艺文化。

第二节　中国传统手工艺的当代价值

一、构建了生态伦理道德体系

　　传统手工艺是伴随着人类的产生而产生的。如果说人和动物的最大区别之一就是制造工具，那么人类就是通过手工艺与动物区别开来的。手工艺在产生之初，就是农耕和渔猎经济的补充，其目的一是制作生活必需品，二是制造生产工具，提高劳动效率，三是装饰美化。在漫长的时间里，其生产者和主要的使用者是劳动阶层的平民百姓。这决定了在手工艺的材料选用上，会尽可能采用本地材料、可再生材料与耐用材料，造型上也力求朴素大方，而很少过度加工装饰。

　　中国古代虽然形成了高度发达的农业体系，但对自然资源的使用却一直遵循着渔猎时代就已经形成的天人合一观念。例如，在植物与动物的生长繁殖期间严禁采猎，不涸泽而渔，捕猎是有专门的季节的，形成了对自然资源"取之有度，取之有道"的朴素观念。这种观念使得手工艺的制造者在原料的挖掘采集上也是取之有度的，并尽可能地让原料得到充分的利用。

　　同我国古代的农业一样，传统中国的手工艺也很少会产生废物垃圾。在制作木器、竹器时，废料、下脚料会做成竹钉、木钉或削制为装饰物，即使是木屑、竹屑也会和其他材料搅拌后用于建筑。那些游猎或游牧民族，对自然更多了宗教信仰般的敬畏。鄂伦春族尽管以捕猎动物为主要生产方式，但在猎杀动物时，却严格地执行着各种约定俗成的规定，要求猎手尽可能一枪一箭就打死动物，以尽可能减少动物的痛苦，绝不可虐杀动物。在用兽皮制作各种服饰器具时，会把动物皮毛的每一部分都充分利用，因此鄂伦春族曾经广泛使用由小块兽皮拼接而成的包和手套。

　　类似的观念并非中国独有，而是普遍存在于世界各地采用渔猎和农耕方式的民族和地区中。秉持这样的观念，尽管手工艺不同于农耕或渔猎经济是一种再加工的生产，却最大限度地减少对资源的浪费和对环境的过度采掘，而且尽可能地不去破坏它赖以生存的土地、森林、草原等，不破坏其继续生长的机能。其中，最为典型的就是蒙古包、撮罗子等穹庐式建筑，对草原和森林的环境是零负荷的。南方的少数民族，则大多采用干栏式民居，依山傍水，周围林木茂盛，村寨仿佛生长于山林之间，人与周围环境和谐共生。传统手工生产对自然环境的低负荷和低破坏,使得人与资源之间最大可能地保持了一种平衡。而原生材料、天然材料的使用则不会造成今日化工合成材料无法分解和高污染的危害。这也是在那么漫长的传统社会里,尽管手工艺一直存在,甚至在某些地区极为兴盛,却始终没有造成严重的生态灾难的主要原因之一。

然而,工业革命来临后,手工艺发展到手工工人开始集中生产的手工工场阶段,在对资本积累和利润的渴求下,集约化的生产,无论是手工还是机器,就开始了对自然资源的无度需索和粗暴采掘。有时为了满足人类的无限欲望,这种对自然的掠夺甚至是残忍的:17世纪,估计每年有20万到30万张紫貂皮从西伯利亚流入世界市场;18世纪,有超过1600万张北美海狸皮被制成了帽子和斗篷,用以满足消费者的需求。无节制地捕杀有毛皮的动物很快使许多物种灭绝,或者濒临灭绝,并且永远地改变了这些物种从前生存的环境。

在效率优先的生产理念影响下,无论资本家还是工人,都希望在单位时间内生产出更多更有利润的产品,而不想花费更多的时间去考虑如何最大限度地利用天然材料。所以制造更为廉价更易于机器加工的人工合成材料来代替天然材料,成为工业革命之后材料工程学的重要研究方向。以塑料、化纤为主导的合成材料在20世纪之后成为工业生产的主导材料。至于这些生产方式与材料对环境所造成的破坏和对人健康所造成的危害,都在创造财富才是最重要的这一主旨下被忽视。而传统手工艺(尤其是服务于劳动阶层的手工艺)的生产理念与方式,因为对自然环境的高度依赖,对自然是敬畏、爱惜的,因而形成了与自然更为和谐相生的生态道德伦理体系,视对自然的破坏和无限索取为罪恶,因此必然会受到神灵的惩罚和自然的报复。将林木、竹子、石头、陶土等各种原料视为自然神灵的赐予,要珍惜而不可浪费。在使用材料制造器物时,会用心让其发挥最大的功用,在使用时则会非常珍惜,尽可能地延长其使用的时间。

这种与现代追求不断消费来刺激经济发展的观念截然相反的生态伦理,显然才是当下与未来人类解决环境危机和物欲横流所带来的道德危机所应秉持的法则。也正因为传统手工艺所秉持的这种生态伦理,所以在深刻地感受了现代工业文明的负面危害后,一些具有强烈环保意识的现代人会转而从事无(或低)污染低耗能的传统手工艺,即使收益低廉,劳作辛苦。

二、构建了社会伦理价值体系

与机器工业相比，手工艺生产比之更尊重生产者和使用者的个性。二者之间在很多时候是在同一地域至少在同一文化背景下生活，更为熟悉彼此之间的爱好与需求。二者之间，不会只是简单的买卖关系，而更有互相帮扶的成分，所以彼此之间更容易建立一种亲近和信任的关系，且这种关系相对更为稳定。而由于为熟人服务，为同一文化背景下的族人或同乡服务，口碑效应至为重要，生产者会更注重诚信经营，更注重品质。因此，在传统手工艺中，更容易形成一种诚信关爱的商业生产伦理道德和价值体系。罗斯金等人就是痛感工业革命以来信仰的缺失和道德的沦丧而呼吁复兴手工艺的。

三、发挥了生产者的创造力和个性

手工生产比机器生产更能够体现生产者的个性和创造力，这是毋庸置疑的。这是现代人普遍认同的手工艺的优越性，也是手工生产虽然耗时长、效率低，却依然在当下吸引一些人去为之琢磨一生的主要原因。现代社会，机器制作技术不断进步，尤其是智能模拟技术的应用，使得机器的生产效果越来越接近手工，但手工所承载的文化艺术价值仍是机器所无法全部取代的，任何复杂精密的机械与人手相比都显得简单。再精密的机器也只是人手的模拟，都有其局限性，只有手工才能激活创作的自由和作品无限的变化可能。

手工艺作为一种造物的艺术，需要生产者对原料、最后成品都有着深入的了解和深刻的理解，只有这样，才能够生产出合乎需要的产品。其中，原料的质地和艺人对原料的驾驭能力，决定了产品的品质高低。而原料的驾驭能力，就是一个手艺人的立身之本——技艺。

在实际生产的过程中，除去技艺这一根本要素外，生产者个人的天分、学识、个性、经历、生产经验、好恶甚至心情等的不同，都会使得同样的原料，却可能在不同人的手中，或者同一人在不同的时间里，呈现出不同的效果。传统生产模式下，即使都有着相应的流程和标准，但由于生产者的个人因素的差别和环境的变化，产品仍然会呈现出一定的差别，很难有完全相同的产品，往往呈现出细节上的不同。瓷器烧造中的窑变就是典型的例证：即使是最娴熟的瓷器艺人也无法控制成品的釉色，但也正因为窑变而产生了独一无二的传世佳作。

手工艺生产中的差别性,就是艺术创作中甚为珍贵的个性,使得很多传统手工艺的生产类似于艺术品创作。很多杰出的手艺人就是以技艺个性而闻名并以之来安身立命的。但这种个性是不允许也不可能出现在现代工厂的流水线产品中的。现代机器生产就是要尽可能地抹杀生产者的个人标记,以整齐划一的机器生产来保证产品质量的高度统一。生产者只是机器的操作者,最后则转化成为整个生产体系中的一个构成零件,不需要更不允许其在生产中有情绪、好恶等的个人表达,产业工人之间的差别只是操作机器熟练程度的不同。

正因为手工生产对个性的默许或赞许,对生产者个性和创造力的看重与尊重,使生产者拥有了一定的自由创作空间,从生产中除获得劳动的物质报酬之外,更能够获得劳动所带来的心灵满足。许多手工艺人和大师,当他们在行业内具有一定影响力后,就会在生产中不断追求独创性和个性表达,以此获得成就感。那些产品造型变化不大的日用手工艺,艺人也能够从中获得自由创作的乐趣。

也正因为于此,在传统手工艺的产品中,会有更多耐人寻味的细节,也有更多令人惊叹的巧思妙想。在浙江宁海的十里红妆博物馆内,陈列众多清代至民国时期作为嫁妆的柜橱等家具。这些橱柜材质、形制和漆色大致相同,但是仔细看,却有着非常多细节上的不同,反映出订制的主人在审美上、趣味上的不同,也反映出制作匠人在技艺水平上的差异(图4-3)。就在柜门锁、把手这样的细节上,每个柜子都不尽相同:把手有链条状的;有对称鱼形的、蝴蝶形的。有一个红漆柜子的把手,做成兔子形状,被分成左右两个部分,远看却完全是一只栩栩如生的兔子,不得不让人赞叹制作者的匠心独具。

图4-3　浙江宁海十里红妆博物馆①

---

①　图片来源:https://www.sohu.com/a/215688556_100020910

所以与机器生产相比,手工生产是更符合人的天性,更有利于人创造性发挥的生产方式,并与互联网时代追求个性与创造性的精神更为吻合。

四、贴合了使用者的需求

传统社会里,大多数手工艺都是服务于熟人的,常常是个性化的定制生产或为部分群体服务的小批量生产。这样的生产方式下,生产者是相对熟悉使用者的需要、使用的场合的,也就更能够理解使用者的各种个性化的需求。因此这种生产方式更能够贴合使用者的需要,尤其是个人的需要。打镰刀的铁匠,可以根据使用者的身高和是否是左撇子而特制一把镰刀。在工业化的机器生产中是很难满足这种因人而异的特殊需要的,除非付出高昂的价格。

传统手工艺的生产方式,更能够满足或者理解使用者的审美习惯和习俗禁忌。由于使用者信仰、民族、审美、民俗禁忌、年龄、爱好的种种不同,导致即使是极为普通的大众化物品,如餐具、农具等,也会呈现出外观轮廓、颜色、装饰图案等方面的差异。而在现代工业社会中,尽管很多企业会为细分市场而推出多系列产品,但也只能照顾到一定规模的顾客群体的整体需要,而满足非常个性化的需要,则需要付出高昂成本。而在机器设备高昂且分工严密、生产体系庞大的行业内,个性化生产几乎是无法实现的。同样的一只个性化茶杯,在小型瓷器作坊内生产和大型工厂内生产,成本差异是巨大的。所以,在机器大生产下,消费者看似有很多选择,但其实都只是在生产者提供的商品内选择而已,而不可能是根据消费者的个人需求去选择商品。也正因为如此,在机器生产占主导的今天,个性化定制就基本是奢侈品的代名词。但在传统手工艺发达的时代,满足个性化的使用需求显然并不困难也不昂贵。这也正是当今那些强调创意和个性的行业以及高级定制盛行的奢侈品行业,会有更多手工艺存在的主要原因之一。

五、体现了地域民族文化的鲜明特色

在传统社会里,很多手工艺的生产者与使用者之间是合而为一的,基本属于自给自足型。即使在传统社会的后期,社会经济发展,分工日益细化,但囿于交通等因素,手工艺始终在一个相对局限的空间内生产与流通。流通的区域除少数海外市场外,还是局限于某个国家或某个特定的经济、文化圈内。在这些区域内,相关的手工艺之间形成了一个相互满足

的共生关系,从而使这个区域的经济尽可能实现高度自足。与现代机器生产相比,这种手工艺的生产与流通区域是相对封闭的,与其他区域之间较少交流或者很少交流。而在古代,参与海外贸易的手工艺始终都不是手工艺的主流,并且那些产品很少是与劳动阶层生活密切相关的必需品,日常的必需品劳动阶层会想办法就地解决。因此,海外贸易对于一地日常手工艺的影响极少是巨大或致命的。

传统手工艺对自然环境和人文环境的高度依赖,生产和流通区域的相对封闭,使得传统手工艺得以一直有着鲜明的地域和民族文化色彩。特有的某种传统手工艺常常是某地、某族最具代表性的文化项目之一,也是地域与民族之间进行经济文化交流的动机和基础条件。只有地域性和民族性的文化艺术,才具有与其他文化交流的愿望,同时也具备与其他文化交流的基础条件。而手工艺由于其实用特性,更具有经济和文化双向交流的价值。

手工艺作为无形的遗产,可贵之处就在于其创造性,这一方面体现为对原材料加工本身就是一种创造活动,另一方面则体现在每一个艺人(技艺传承者)对技艺本身的创新。由于众多个性化而构筑的多样化,是传统手工艺的重要价值。

工业革命开始后机器生产的发展,极大地推进了交通运输的变革,真正实现了世界市场,把世界的每一个国家和地区都卷入其中。这也使得机器生产的可复制性和标准化的特质得以充分发挥,产品几乎可以在任何地方被机器生产出来。产品的地域特色和民族风格在短短的一个世纪后就逐渐模糊,产品之间的差异逐渐演变为商标的不同。因此,在全球化进行中,当消费者厌倦了产品的单一,想寻找地域和民族的特色,以多样性取代单一性时,手工艺就成为一种相对理想的生产方式。虽然在全球化和工业化的过程中,手工艺的地域和民族特色也不可避免地在弱化,但还是最大限度地保留了这些特色。所以复兴手工艺,在很大程度上是复兴一个民族和地区的特定文化。从经济的角度出发,在眼球经济盛行的当今,手工艺因为其独特性,而更具有经济价值。

综上所述,在机器生产的大工业成为主流且为人类社会带来巨大经济财富的时代背景下,手工生产虽然无法恢复往日辉煌,但依然有重要的存在价值。而其最重要的现实价值,就是为效率第一利润至上的工业文明提供一个反证,一个虽然缓慢陈旧却不乏优雅且不乏美好的生产模本和参照,提醒人类:我们曾经这样生产,曾经这样生活,今后也可以这样生活,这样生产。

第三节　中国传统手工艺的现代化改造

手工艺的现代嬗变，是社会的需要，亦是时代的必然。随着科学技术的发展，现代制作工艺得到广泛认可，而传统手工艺却被边缘化。当人们哀叹优秀的技艺逐渐衰亡时，禁不住眷恋起手工艺曾经的灿烂与辉煌，无可奈何地接受了这一原本不该是现实的事实。更为严重的是，有人错误地认为这是事物发展优胜劣汰的必然结果。当掌握技艺的"人"在现代社会中失去了政府和社会的有力支撑，被放逐于以经济效益论成败的商业中，传统手工艺必然会在社会转型中在其他别类产业的发展中黯然。手工艺如何发展，传统技艺怎样继承，不仅是手工艺者自己应该关注的问题，也应该是政府和全社会所关注的问题。

一、社会角色的转变

新中国成立以后，手工艺在经济建设中发挥着作用。手工艺者们也归并到社会制度下的集体中施展才艺。在有了新的定位之后，手工艺者在政府的鼓励下，积极投身手工艺的事业之中。对于掌握传统绝技的手工艺者来说，传授家传手艺需要一定的勇气和奉献精神。政府支持手工艺者发挥才能的同时希望他们做好"传帮带"的作用。因此，国家对手工艺者采取了一系列保护措施，在生活上、工作上给予照顾，让他们安心工作。各省手工业管理局及文化部门都制定相关的保护政策，并且认真贯彻落实。自 20 世纪 50 年代开始，政府授予手工艺者"老艺人"的荣誉称号，使手工艺者们作为人民群众的一分子参与到社会活动中，这大大提高了手工艺者的社会地位。1953 年前后，文化部对抢救和挖掘传统民间工艺美术的工作进行部署，从抢救民间美术工艺品着手，在极其困难的条件下，进行了初步的发掘工作。为了响应文化部的号召，浙江省在全国率先开展民间美术收集和整理，寻访手工艺者。1953 年 3 月，中央美术学院华东分院受浙江省文化局的委托，举办了华东地区民间艺人培训班。1953 年 6 月，成立了民间美术创作室，招聘了一批以浙江为主的华东地区雕塑著名艺人，发挥他们的技艺才华，并且教授学生，培养传统手工艺的传承人。

当时的中央美术学院华东分院民间美术创作室汇集了一批技艺精湛

的手工艺者,在此期间通过培训班传授手工艺,也创作了大量的优秀作品,手工艺者的创作情绪日益高涨。政府积极落实保护手工艺者的政策,据资料记载,1956年北京市政府授予了北京工艺美术行业56位艺人"老艺人"荣誉称号,1966年以前,总共有377人被授予"老艺人"荣誉称号。在手工艺资源丰富的浙江省,1956年在青田县率先实施评审石雕名艺人的试点工作,当时由县人民政府授予张仕宽、林如奎、朱正普为石雕名艺人,吴如乾被评为青年石雕艺人。同年,张仕宽等3位艺人当选为青田县人民代表。手工艺者的技艺获得社会认可,他们投入极大热情进行工艺品的创作与生产,优秀的手工艺者在全身心奉献后,政府给予了他们肯定。榜样的力量是巨大的,他们的家人和后代都愿意成为手工艺行业的一分子,很多手工艺者是一家几代人都在同一行业,这时期培养了一大批优秀的手工艺的新生力量,他们从前辈的状态中看到未来的希望。

同时,手工艺在经济建设中体现了产业优势,为了巩固手工艺行业的成果,1957年7月22日至28日,全国工艺美术艺人代表大会在北京举行,提出"保护、发展、提高"的方针,保护依然是手工艺发展中的主要任务,当时提出的"保护"口号,是以鼓励手工艺者为目的,保持他们的事业热情,维护手工艺的技艺传承。

地方政府对手工艺者的保护,充分说明了他们所具有的社会地位。同时,他们劳动创作价值同样也受到人们的尊重。对于手工艺者的保护,从上到下都在实行,而作为国家领导,也极为重视,几乎每一次在北京举办的全国性的工艺美术展会,领导都会给予极大关注,并通过参观展会传达中央对于发展工艺美术的重视。1971年,余秋里指出,中国工艺美术是"祖国的宝贵财富,如果衰落失传,那我们是要负责任的"。1978年2月,邓小平在参观全国工艺美术展览时多次强调对手工艺者的保护,他说:"注意保护老艺人,解决好后继有人的问题。"1979年8月,李先念在全国工艺美术艺人、创作设计人员代表大会讲话时指出:"现在有的行业技艺力量青黄不接,有的甚至有人亡艺绝的危险,这同加强工艺美术生产发展的要求极不适应。"经过"文化大革命"之后,许多手工艺产业停滞而手工艺人才的积极性受到挫伤,因此,重新唤起他们的热情,是发展手工艺的重要途径。

1979年开始,实施评定中国工艺美术家的政策。评选的基本条件是:(1)有丰富的创作实践经验及高深的艺术造诣和修养;(2)作品风格独特或有技艺绝招,并取得最大的经济效益或社会效益;(3)在技艺、作品方面有突出成就,不仅为我国同行公认,而且在国内外享有盛誉;(4)对我国的工艺美术事业的发展和工艺美术的队伍建设有突出贡献。这次评选,鼓励了长期从事传统工艺美术创作和生产的优秀手工艺者,也调动了整个工艺美术行业所有职工的积极性,促进了传统工艺美术的保护和发展。1982 年评选出中国工艺美术家 34 名,通过这一称号对他们在工艺行业做出的贡献进行嘉奖。同年 1 月,中国工艺美术学会在北京为这 34 位中国工艺美术家举办了作品展。

1983 年开始,在全国工艺美术行业制定并实行了工艺美术技术职称制度,从第一届至第五届共评选出国家级工艺美术大师 365 名。国家层面的工艺美术大师的评选带动了各地省市级工艺美术大师的评定。经济状况较好的地区,地方政府财政拨出相应的资金,对荣获称号的手工艺者给予一定的津贴和奖励,用于设立工作室或创作室,以及传统手工艺传承的配套资金等,鼓励他们带徒传承技艺,扶持手工艺事业的发展。

文化部自 2007 年开始开展了非物质文化遗产传承人的评定,扶持鼓励持有技艺的传承人。文化部《国家级非物质文化遗产项目代表性传承人认定与管理暂行办法》中所称的"国家级非物质文化遗产项目代表性传承人","是指经国务院文化行政部门认定的,承担国家级非物质文化遗产名录项目传承保护责任,具有公认的代表性、权威性与影响力的传承人"。入选传承人的标准为:(1)掌握并承续某项国家级非物质文化遗产;(2)在一定区域或领域内被公认为具有代表性和影响力;(3)积极开展传承活动,培养后继人才。非物质文化遗产是依然存在现代生活中并对本民族文化发挥作用的活态的遗产。其维系遗产的核心是具有传承条件的传承人。文化部原副部长王文章提出非物质文化遗产保护应重视传承人的保护,并建立相应的机制,他认为:

"科学保护非物质文化遗产,已经成为时代赋予我们的非常紧迫的历史使命。针对存在的困难和问题,在今后的非物质文化遗产保护工作中,我们将把对非物质文化遗产的科学保护放在首要位置。按照'保护为主、抢救第一,合理利用、传承发展'的保护方针和'政府主导,社会参与,明确职责、形成合力;长远规划、分步实施,点面结合、讲求实效'的原则,以非物质文化遗产项目和传承人为核心,最终建立起科学而有效的非物质文化遗产保护和传承的机制。"

作为当代文化的战略性政策,非物质文化遗产的保护成为自上而下的涉及全民的举措。自 2004 年起,我国建立了较为完善的国家、省、市、县四级非物质文化遗产名录体系。各地政府在保护非物质文化遗产中,对于传承人的保护都出台了相应的政策,文化部门会同财政部门制定了非物质文化遗产传承人的资金补助政策,经费用于支持传承人开展资料整理、展演展示、学术交流、带徒授艺等活动并补贴生活所需。当非物质文化遗产作为当今社会关注的热点时,手工艺者再次获得社会的认同,并将在常态化的保护中维系技艺的传承。

每个人都是社会人,对于手工艺者来说,无论在个体还是集体中,都需要社会的定位和认同。一种行业的发展,职业前景必然影响到其今后的发展趋势,新中国成立以来政府对手工艺者的扶持措施及政策,足以证明保护对于手工艺发展的重要性。在强有力的政策支撑下,手工艺经历了恢复、发展、繁荣的过程;反之,忽略了保护,手工艺也走过了衰落的历程。当然,在市场经济中,适者生存是发展的自然规律,但社会环境的营造对于手工艺的保护却是至关重要的,历史是一面最为客观的镜子。

二、更趋向于专业化

封建制度下的手工艺,是专属于某个阶层的专利,没有商品性,一旦手工艺自主的商品性出现,手工艺生产的自主性就充分彰显出来。中世纪法国的君主开放他的手工艺工场,生产商品销售牟取利润,精湛的手工艺的社会性体现出来。

手工艺为社会提供产品的同时,也在改变着人们的生活品质。工艺品的价值在商品市场的流通中得以体现,促使技艺的发展更为迅速,手工艺者为了维护技艺的信誉,努力工作,同时在行业内,建立行会制度保证手工艺者的利益。在中国历史上,虽然"工商"总是联系在一起,但手工艺的商业发展一直都不健全,由于官府对手工艺的垄断,以及对商业的抑制,手工艺的发展似乎非常缓慢。与民众密切相关的手工艺,主要是涉及木作、裁缝、鞋匠、窑匠等与生活相关的行业,精湛的手工艺一直被统治者所专用,中国民间大多依靠家庭自给自足的手工艺,满足日常所需。自鸦片战争以后,国外工业产品冲击国货,政府才深刻意识到经济对于综合国力的重要性,"实业救国"成为手工艺复兴的理由。

"创办实业,提倡教育"的潮流中,人们在反思中醒悟经济、文化是社会进步的保证。由于政府的倡导,教育的推动,手工艺真正地进入专业化发展的道路,即出现了系统化的教育方式,培养实用工艺的知识人才,指导发展手工艺产业。然而,通过教育培养出的人才不是纯粹的手工艺者,是引领手工艺专业化发展的新生力量。时任教育总长的蔡元培先生在《文化运动不要忘了美育》中呼吁:

文化进步的国民,既然实施科学教育,尤其要普及美术教育。专门练习的,既有美术学校、音乐学校、美术工艺学校、优伶学校等,大学校又设有文学、美学、美术史、乐理等讲座与研究所。

他认为美育带动一个国家的文明与发展,在强调培养实用型人才的同时,要培育国人的美学情操。他对工艺的分类以及功能做了详细的阐述,肯定工艺在人们生活中的重要性,所谓工艺的美是:"不但装饰在个人所用的器具上,更要装饰在大家公共的住所上了。"文化性赋予了手工艺社会价值,其"装饰"的含义不仅是生活的点缀,而是上升到民族素养的层面。这是在推行新学思想后,随着社会制度的改变,处于中国民族存亡之际来审视民族的文化,以及文化对民族的推动力,国力的振兴在于发展新的生产力,新思维,新观念。正如张謇在《雪宦绣谱》中阐述:

"世近有可说者,则上海顾氏露香园之绣。得其一幅者,往往列诸彝鼎,珍若璎璧。顾其法若何,士大夫所不能知也,虽能绣之女子,亦不必能说。今世觇国者,翘美术为国艺之楚,而绣当其一。"

与国外交流中,对于文化的理解与传统的观念大相径庭,手工艺品对于人们来说,俨然成为民族文化的一部分。在近代史上中国工艺文化的两次盛举,即1910年的南洋劝业会和1915年赴美国的巴拿马太平洋万国博览会,在国内展会和国外交流的活动中代表国粹的展品是手工艺品,手工艺品成为展示中国文化的载体。南洋劝业会工艺美术品主要分布于瓷业、染织、制作工业和美术四大类中。参赛地区很广,以江苏、广东的产品获奖最多。巴拿马太平洋万国博览会中,据不完全统计,参加赛会的中国著名手工艺匠师和工场代表约有300多人。博览会凭借中国传统的手工艺走出国门,让世界了解中国精湛手工艺,同时也让国人看到了海外的发展,产生强烈的忧患意识。当时参加该博览会的屠坤华在《万国博览会游记》序言中表述:"人国方日新时异,疾走突飞。而吾国乃从容雅步,依然故我。……如今日生,亡羊补牢,亦或非晚。"民族手工艺成为图强国力的经济之一。处于传统农业社会至现代工业社会转换的过程中,手工艺有其值得推广的一面,手工艺产业在中国实业中占有一定的优势。1915年参加巴拿马太平洋万国博览会的余觉回国后曾对著名画家颜文梁说,国外拟订购40万美元的绣品。而江苏推行的女工传习所的确为手工艺实业发展起到了一定的作用,也在国际上树立了中国手工艺品质的声誉。

由于手工艺在经济中的作用,培养有知识、有技能的手工艺者,成为手工艺传习的主要目的。而在新文化运动之后的教育,把工艺作为学科引进,所秉持的宗旨也是培养实用人才,以致被纳入美术范畴中称为"商业美术"或"实用美术"。自此,中国手工艺的发展历程中又出现了一批不同于手工艺者的工艺设计人员,他们是社会的新生人才。其中以陈之佛、庞熏琹为代表,他们都有手工艺背景的经历,后赴海外留学受到现代设计的影响,回国后极力开创具有中国特色的工艺设计理念。

陈之佛在杭州工业学校(后改称"浙江省甲种工业学校")编成《图案讲义》,由学校石印成册,这是我国最早的自编图案教材。1923年他创立"尚美图案馆",该馆招收学员,通过基本功训练以及实践工作培养设计人员,为当时各大丝绸厂设计绘制大量图案纹样,包括颇为有名的虎林厂生产的产品纹样多出自他的设计,推动了我国工艺设计的发展。陈之佛本人在书籍装帧、商业海报等方面身体力行地实践他的设计,有了独特的建树。

庞熏琹1930年从法国巴黎回国后,创办了我国最早的工艺美术社团"工商美术社"。他极力推广工艺设计,认为优秀的设计来自手工的实践。但由于各种原因"工商美术社"遭遇事业发展的困顿,无法继续坚持。他的社团事业虽然失败,但仍然坚持商业设计的尝试,在上海举办了中国有史以来第一次工商美术设计展览,在大众的层面积极推广装饰美术的作用。1940年至1945年,他在四川省立艺术专科学校任实用美术系主任,兼授工商美术课,完成编著《工艺美术设计集》一书。这是我国最早一部以各时期装饰纹样为基础,适应于现代生活的工艺造型艺术设计专集。

工艺设计顺应时代的需要,与此同时,传统手工艺并没有因工艺设计的发展而有所萎缩,由于外贸的需求,依然成为手工产业的支撑点。工艺设计则吸收传统手工艺的艺术特色,设计符合本民族审美习惯的工艺产品;传统手工艺由于设计的介入,工艺的制作中赋予了文化的内涵。手工艺依然按照传统的制作方式生产,设计对于手工艺的影响是循序渐进的。由于手工艺者的个人创作意识的觉醒,以及受过教育的设计人员的加入,手工艺创作的个性逐渐显示出来,形成现代中国手工艺的发展趋向。

在中华人民共和国成立以后,手工艺产业又成为经济建设的重要角色。为了体现政府对手工艺的重视,在1953年12月7日,由文化部主办的全国民间美术工艺展在北京举行,这是新中国成立以来首次全国性的工艺美术展览。刘少奇、朱德、周恩来等领导人参观了展览。观众达18万多人。同日,《人民日报》发表庞熏琹先生之文《巩固民间美术工艺的成就》。这些举措传达一个信息,手工艺无论是作为产业还是文化事业,都凸显了在新体制下的地位,手工艺将要走向专业化的路途。在政府的主导下,1953年至1957年期间,我国广泛开展了对农业、手工业及城市工商业的社会主义改造,从消费合作、供销合作到生产合作,采取多种过渡形式,逐步进行所有制的变革。其中工艺美术行业纳入手工业社会主义改造行列,基本实现了合作化。手工艺进入国家的管理范畴,进行有计划的生产,手工艺人第一次成为有单位的工作人员。1956 年 3 月 1 日,毛泽东在中央手工业管理局和全国手工业合作社联合总社筹委会汇报手工业工作情况时说:"提醒你们,手工业中有许多好东西,不要搞掉了。""我们民族好的东西,搞掉了的,一定都要来一个恢复,而且要搞得更好一些。""提高工艺美术品的水平和保护老艺人的办法很好,赶快搞,要搞快一些。你们自己设立机构,开办学院,召集会议。"1956 年 11 月 1 日,在周恩来的指导下,成立中央工艺美术学院。1957 年 2 月,中央手工业管理局下设工艺美术局。在加快经济建设的背景下,提出"保护、发展、提高"的方针和"适用、经济、美观"的生产原则。到 1956 年底,合作社的产值占了手工业总产值的 90% 以上。手工业生产的大幅度上升,有力地支持了新中国成立初期的经济建设。时任中央手工艺管理局局长的白如冰这样解释手工艺发展的方针:

"'保护'就是保护和继承我国工艺美术的优秀传统,保持我们民族的、地方的特点和风格,并且发扬光大。'发展'就是在为人民的物质文化生活和国家社会主义建设服务的方向下,不论是生活日用品或艺术欣赏品,内销或外销,都应该极力发展生产。'提高'就是加强创造设计工作,提高工艺品的经济效益和艺术质量,改进花色品种,提高产品的思想性和艺术性。"

对于经历了巨大变革的手工艺者来说,他们的身份和生产目标都发生了改变,每个人都担当了社会的责任,为了一个共同的目标——"提高产值,发展经济"。1974 年 4 月,周恩来更强调:"中国人民有传统的手工艺,历史长,要保持自己的特点。手工艺是群众的智慧,劳动人民的最大才能。这些工艺品(外国)没有人能与我们竞争,要提倡手工艺,要把它搞上去,换取外汇。手工艺大有前途。"在产销结合的关系上,国家建立了广州出口商品交易会的机制,在逐步拓开远洋海运贸易后,工艺品开始进入国际大市场,参与市场经济的竞争。这时工业和外贸部门都加强了市场观念,但各自从本部门的角度出发,外贸强调"以销定产",工业部门和文化部门强调发扬传统特色,要"以产促销",后来在实际执行中贯彻了"以销定产和以产促销相结合"的原则,既尊重外销市场的客观需要,又发挥工业部门不断创新的能动作用,收到较好的实效。

从 1965 年开始,各省重视海外市场的开拓,发挥手工艺者的创作能力,开发新样品,配合每年举办的出口商品选样会,会上除外贸部门选择样品和介绍市场信息外,还进行技术交流,这对促进产销结合起了很大的作用。这一期间工艺美术品的销售,根据生产发展和国家出口需要,贯彻了以"出口为主、内销为辅"的两条腿走路的方针,发挥内外销的互补性,促进协调发展。内销工艺品的销售,主要由工业部门自行组织推销,小部分由商业部门收购,其中 30% 左右通过工艺美术服务部和一部分企业自设的门市部等形式进行销售。

1974 年后为了进一步扩大工艺品内销,全国每年举办内销、旅游工艺品交易会,也有地方举办的各种类型展销会,组织工商双方看样订货和现场零售。手工艺品在不断扩大的需求下,产业规模也逐步发展,与工艺有关的单位体制包括事业编制、国营企业、集体单位以及销售公司,手工艺在共和国的社会主义制度下成为国民经济的中的重要产业之一。

由于政府的重视,各省都有相应的管理机构,手工艺最早归属文化局,后因产业发展的需要归口于工业局。基于"保护、发展、提高"的方针有必要对优秀的手工艺进行整理与研究,并对手工艺产业进行业务指导。早在 20 世纪 50 年代,政府的主管部门就意识到专业机构对发展传统手工艺所起的重要作用。最早的工艺美术研究单位是 1954 年成立的江苏无锡惠山泥人研究所和南京云锦研究工作组(后改研究所)。不久,各省都相继建立了工艺美术研究所。

这一时期,手工艺相关的中、高等教育也随之蓬勃发展,全国各地几乎都设立工艺美术学校。开设装潢美术、工艺绘画、工艺雕塑陶瓷、织绣、漆器、金属工艺、服装、家具设计、染织设计等专业。最早于 1952 年建立的是福建工艺美术学校、福州工艺美术学校、北京工艺美术学校。苏州、上海、河南、山东青岛等地,在 1956 年以后都陆续建立了工艺美术学校。高等教育方面,在 20 世纪 80 年代,全国有工艺美术学院 1 所(后并入清华大学),设有工艺美术学科的美术学院 6 所艺术学院 5 所、工科学院 6 所,所设专业有:陶瓷美术、染织美术、服装设计、家具设计漆器设计(磨漆)、工业造型(轻工产品造型)、室内装饰、装饰绘画(工艺绘画)、装饰雕塑(工艺雕塑)、商业美术、书籍装帧、装潢美术、工艺美术史论、特种工艺等。开设的课程有:政治理论课、形势教育、外语、体育、艺术概论、工艺美术史、文学以及绘画基础课、专业基础课、专业设计课。

中国历史上没有一个时代能与共和国体制下对手工艺者的重视程度相比,从事手工艺的技艺人员可以作为国家干部,如众多工艺美术研究所中的手工艺者,他们也很在乎政府给予的待遇,更专注于手工艺的技艺提高,回报社会给予他们专业的定位。1983 年 1 月 31 日,国务院批准颁发劳动人事部《关于工艺美术干部业务职称暂行规定》,规定业务职称为高级工艺美术师、工艺美术师、助理工艺美术师、工艺美术员以及工艺美术技师。手工艺者从此具有专业技术职称,标志着中国手工艺的专业化机制的确立。

三、游离主流文化

技艺是技巧与艺术的结合,因其产品的商业性,与经济的关系似乎更为密切。在传统社会中,"工商"处于社会的末业,更何况在传统主流文化中"重道轻技"的观念,使手工艺被排除在所谓精英文化的范畴之外。物的精美让世人欢娱,而对造物人却从未给予过多的关注。

在文人眼里技艺只是雕虫小技的把式,历代文献中也是吝施笔墨来记载手工艺者的劳动。手工艺与文人艺术似乎是两条道上跑的车,各自有其发展的方向。当然,这也奠定了手工艺者的社会地位。在欧洲,技艺与艺术也曾产生过分离。早在文艺复兴时期,艺术家使宗教体现了现世人性的美好,由此艺术上升到崇高的地位,艺术可以与神直接进行沟通,让无上崇高的神在圣洁中溢满了人性的光辉,由此艺术从技术中分离出来,它们之间产生了界限,艺术家的作品充满了感性的光华,从而使艺术与神融合为一体。而手工艺者的劳作与世俗生活密切相关,依然是平凡的人,艺术家与手工艺者成为两个社会阶层的人。

在欧洲历史发展过程中,画家多次受勋而被世人尊敬。鲁本斯就曾被英王查理一世授予骑士称号,并不止一次地充当过佛兰德斯哈布斯堡摄政王的使臣。17世纪鲁本斯的社会地位成为艺术家们的典范,对欧洲的艺术家有着深远的影响。18世纪的艺术家雷诺兹创建并领导的皇家艺术学院,使艺术家拥有"专业"地位的平台,艺术家获得比手工艺者更多社会认可。在爱德华·露西-史密斯所著的《世界工艺史》中这样论述:如果你观察一下雷诺兹的一生,然后再留心同时代最负盛名的英国家具制作大师托马斯·齐彭代尔,你马上就能意识到两者的差异。齐彭代尔从未有过比成为一个成功的商人更大的奢望了——经营一个作坊,承接越来越多的订货(通常是整个房间的陈设,包括墙纸、窗帘和百叶窗等)。无论他获得多大的成功,他并不指望顾客把他当作一个具有同等社会地位的人看待。而雷诺兹则恰恰相反,把成功看得与金钱一样重要。当然,金钱也说明了某些问题。当雷诺兹为更显赫、更重要的大人物画像时,他的要价也越来越高了。

事实上,社会对于艺术与技艺的要求是不同的,艺术家与手工艺者的理想也存在着差异性,这就使得技艺逐渐与艺术分离,成为两种类型的社会职业。由于技艺的手工劳作性,人们视技艺为手工劳力,即使手工器物让世人赞赏,也只是在乎物的本身。五代后周世宗柴荣感叹柴窑瓷质道:"雨过天青云破处,者(这)般颜色作将来。"美好的器物仿佛是天作一般,至于制作器物的那一双双手，永远不被关注。当然，一方面是社会的因素，另一方面与手工艺者自身的追求有关。他们很少有自己的创作主张，在作坊、工场，手工艺者多是实施主顾的意愿，从而迎合人们的需求。艺术创作可以是个人的，尤其是文人艺术，允许张扬个人的情怀，获取共鸣的是被主流文化认可的意识，艺术家的个人主张得以彰显。

新中国成立以后，中国手工艺者的社会地位得到了大大的提升，社会把所有的劳动阶层都接纳进来作为社会主义建设的一分子。在 "适用、经济、美观" 的生产原则下，手工艺以提高广大人民生活为宗旨，同时加大生产力为经济建设服务。手工艺从新中国成立初的恢复到 "文化大革命" 前的发展阶段，因其经济的价值而定位为手工艺产业，所有的发展方向在手工艺品的生产上，从手工艺归属的管理机构就已明确了手工艺的定位。1957 年在中央手工业管理总局下设工艺美术局，各地手工艺也由文化局改到工业局管理。国家定点的生产厂家，由工艺品供销公司统一制定生产额度，手工艺的技艺发展更是为了提高生产效率。经过 20 世纪 50 年代的 "社会主义改造"，原来个体的手工艺生产被改造为集体所有制和国家所有制的工厂，并且加快产品的机械化生产，一些可以量产的行业随着机械化程度的提高，工厂规模甚至达到千人以上。尽管在统一的生产规划下，手工艺的生产趋于产业化，但在出口产量份额极高的手工艺品中，外销对于手工艺的要求是不一样的，显然文化和技艺的含量要求更高。为此，在各厂都有技艺精湛的手工艺者创作样品，当时通称 "打样"。手工艺者发挥了个人的技艺才华，极力地创作好的手工艺品。据北京泥塑工艺大师双起翔回忆，当时厂里的技术骨干都要创作作品，作为出口订单的选样。每年的选样作品都要在北海的团城展出，并且还要进行作品评奖。这时期鼓励手工艺者创造，他们对于手工艺作品倾注大量精力，为单位、也为个人争取荣誉。

在这期间，手工艺者的技艺才能得到了社会的认可，被授予了各种荣誉称号。随着社会地位的提升，手工艺者参与到社会的文化活动当中，进入美术学院当老师，成为手工艺的研究者。而当以手工艺为重要的生产力时，无人关照文化意义，技艺发展中文化性只占用很少的一部分。在 1956 年成立的中国第一所工艺美术的专业院校——中央工艺美术学院，在办学初期对于教学的方向上就曾产生分歧，以中央手工业管理局副局长、院领导之一的邓洁为代表，认为学院的办学方针应适应国家经济建设的需要，学院培养的人才是为手工艺产业输送人才；而以庞熏琹为代表的学者们则认为工艺美术是文化艺术事业，培养的人才应是新型工艺家，为社会生活服务。中央工艺美术学院的办学方向的矛盾，也体现了工艺美术在产业与文化之间没有较为准确的定位,在当时以经济建设为主的背景下,手工艺的产业化功能已是无法质疑的。然而手工艺作为产业与其他工业的产业形式又有根本的不同,它同时又具有文化的属性,两者兼而有之,但在以手工艺产业为主要发展的状况下,文化的内容就位居其后了。作为手工艺品的价值以产业利润为标准,手工艺者的创造性也在于产业的价值。手工艺者全身心投入经济建设当中,却再次远离了文化的主体,美术创作逐渐淡出了工艺美术的门类。

随着改革开放的不断深入,我国的经济逐渐转型,至 20 世纪 90 年代末,在市场经济中,计划体制下的产业难以适应市场的竞争,全国的手工艺产业持续滑坡,许多大型国有企业纷纷倒闭。曾经有组织管理的手工艺者们在经济发展的浪潮中,急速地转变成为个体劳动者。他们一方面要维持作坊的生存,另一方面寻求组织平台。由于经济转型导致行业职能管理的变化,各地政府职能下的二轻厅也不承担管理任务。浙江省率先在 1995 年开始了手工艺行业的改革试点,让手工艺行业归属于行业协会管理。

面对浙江全省工艺美术行业生产和企业分布格局的重大变迁,几十年来由省二轻独家承担全省工艺美术行业管理的职能,不仅在管理指导和服务上有很大的局限性,而且就其形式来讲,还带有以往计划经济的管理模式,已显然不能适应大行业的生产格局。对此,经 8 个月的筹备,于 1995 年 7 月正式成立了跨系统、打破所有制概念的"浙江省工艺美术行业协会",并召开了第一届会员大会,选举了理事会和常务理事会。浙江省工艺美术行业协会挂靠浙江省工艺品进出口公司,在公司内设常务办事机构。它的成立标志着全省工艺美术大行业的形成和以协会形式对全行业进行整体管理的开始。

手工艺由行业协会管理,虽然放任手工艺自由进入市场经济,但在这种松散状态下,传统的手工艺处于无序化发展,因其工艺的特殊性,无法与量产的工艺品同等竞争。由于失去了国家政府的管理部门的支撑,传统手工艺几乎处于自生自灭的境地,以全国工艺美术行业为例:虽然个别地区、个别门类出现了工艺美术产业发展的繁荣局面,但从全国来看,工艺美术的发展是极不平衡的,传统工艺美术领域的从业人员普遍面临没有劳动保障、劳动报酬偏少、社会地位偏低等各种现实问题,这对工艺美术的传承发展极为不利。普查数据显示,在工艺美术全部 1865 个品种中,传统品种 764 个,新兴品种 472 个,另有 629 个品种的出现时间不详;发展良好的 959 个,占全部品种的 51.42%;生存困难的 536 个,占 28.74%;濒危的 253 个,占 13.57%;停产的 117 个,占 6.27%。

从某种意义上说,一些具有传统文化含量的手工艺无法得到有效的保障。行业管理的角度侧重于产业的发展,忽略手工艺所具有的文化性,然而又得不到相应机构的有效保护,因此,传统手工艺在产业经济发展中处于弱势,在主流文化范畴中位于边缘。手工艺者在变革中成为自由职业者,他们依托市场进行手工艺产业调整,创作的工艺作品很少出现在主流文化的活动中。由于管理松散,人们无法关注到手工艺的文化诉求,而主流文化视其为商业的产品,难以融入所谓高雅艺术当中。手工艺者疲于维持生活状态,无暇顾及技艺水准的提升,手工艺在改制的状态中,无法再次华丽转身,实现技艺的进一步完善。

手工艺的产业与文化不是相互矛盾而是互为依托。在现代社会中,更应正视手工艺中的文化价值,也正是其独特的工艺性,无论传承至哪个时代,都有其瑰丽的风采。实践证明,忽略文化的价值,也就失去了对手工艺创造力的尊重,其后果已然显现出来:即技艺传承的危机。手工艺是手工创造的智慧结晶,它是人类丰厚的文化遗产的一部分,在文化创新的时代,传统文化是现代文化构建的基础,因为有传统的继承,才有本民族文化的延续。

第四节　现代文化创意产品与中国传统手工艺融合的必要性

中国传统手工艺振兴,是在商业文明环境下的传承与创新,需要在适应市场经济环境、遵循市场经济规律的前提下,充分发挥政府、社会和传统手工艺经营主体的合力,按照传承、创新、开放、融合的理念,优化发展环境,推动传统技艺传承与产品手工艺创新有机结合,推动传统文化传承与经营管理创新、商业模式创新有机结合,在深入挖掘传统技艺精髓和文化内涵的基础上,积极引入现代经营理念,树立互联网思维,充分运用现代管理、生产技术、信息科技,积极开发新技术、新产业、新业态、新模式,为消费者提供具有文化神韵、时代风尚的匠心产品和特色服务,让传统手工艺融入当代社会生活中。

一、政府有效引导

近些年来,各地在推动扶持传统技艺、老字号发展等方面已经积累了

很多行之有效的经验,如:

（1）加强顶层设计。在资源普查的基础上,建立传统手工艺保护发展目录,实行分级分类扶持,培优做强,加强对濒临灭绝手工艺的保护。

（2）强化公共服务。建立传统手工艺的综合信息服务平台,运用信息化手段,记录传统手工技艺史料,完善信息咨询发布、电子商务、管理咨询、融资服务、宣传传播等服务功能。

（3）加强人才培养。对传统技艺传承人进行补贴,组织传统手工艺传承人、从业者等参加研修、研习和培训,培养工匠队伍。建立专家库,帮助传统手工艺企业引入海内外高层次管理专家和高技能人才。

（4强化资金、金融扶持。财政设立专项基金用于传统技艺传承发展,引导金融机构开发适合传统技艺。企业特点的金融产品和服务,运用贴息、补助等多种激励措施推动传统技艺企业进行工艺升级、产品创新和市场开拓,积极推动品牌价值高、发展潜力大的传统手工艺企业进行优质资产证券化、上市或到全国中小企业股份转让系统挂牌,利用多层次资本市场做大做强。

（5）支持企业开放、融合、创新发展。支持传统手工艺企业在国内外大型商超、连锁零售业态设立产品专柜,在旅游景区、商业街区开设专卖店,支持传统手工艺传承人、企业通过电商平台,跨境电商平台扩大产品销售。

（6）拓宽传统技艺的展示、传播和营销渠道,加大对传统技艺的宣传力度。支持传承人、企业参加国内外著名展会,利用节庆活动、展览、电商平台、媒体等宣传传统技艺传承人、企业及产品,鼓励拍摄与传统技艺传承相关的电影、电视剧或者微电影,出版刊物、书籍和画册,发行消费指南、手册和地图等。

（7）实施整体保护。加强对传统手工艺集中的乡镇、街道和村落的文化生态保护,在历史文化底蕴深厚、老字号资源富集的城市、县区设立历史文化街区、特色商业集聚区等。

二、消费是最好的保护,使用是最好的传承

随着文化传承的意识和理念日益深入人心,社会各界对传统技艺关注、扶持的热情也日益高涨。一大批具有浓郁文化情怀、国际视野的专家学者、设计师自觉行动起来,以各种方式投身到传统手工艺的传承保护之中。2003年"中国民间文化遗产抢救工程"正式启动,经过十多年的努力,基本完成对包括传统手工艺在内的民间文化遗产的普查、登记、分类、整

理、出版工作。"中国传统工艺美术精品大展""中国当代工艺美术双年展"等一系列品牌展览反应强烈,相当一部分高校开设了"工艺美术"学科,许多中小学的传统手工艺传习活动也开展得有声有色。但传统手工艺作为生活的艺术,产生、发展、壮大的根源在于生活,其消失与衰落的根源也在于生活形态的演变和发展,这就要求社会从文化生态重建的高度提供传统手工艺传承创新的土壤。

消费社会的到来,导致"消费"对于消费者的意义已不再局限于生存的需要与物质生活的满足。现如今消费者的消费观念由最初的务实节俭变为追求生活,再变为消费创造生活。消费社会又是一个风格社会,在这样一个社会中,消费者所消费的已不再单单是物品本身,而是以物品的消费来彰显人的符号,使人产生身份认同。"也就是说,消费者选择一项物品或服务,选择背后是其所隐含的特殊生活风格,并以此来表现出自己与其他人的差异性。"① 每个人的消费,不仅是单纯的实用功能的满足,也是一份无声的文化宣言。"消费是最好的保护,使用是最好的传承",在社会中更多地接触、欣赏、亲近传统文化,使用传统手工艺产品,这是一种国民情怀,也带有着一份文化责任感。

三、融合实现新生

传统手工艺的传承创新,从根本上,有赖于传统手工艺传承群体、传承企业主体作用的发挥,而其中的关键则是在融合的基础上再造文化精魂。这主要表现在以下几个方面:

(1)深入挖掘根本。传统手工艺是中华民族文化表达的重要方式,也是民族精神的象征,表现了中华民族独特的审美心理、民族特色和文化创造力,只有深入挖掘传统手工艺的根与魂,才能立本开新,才能使中华工艺自信挺立于世界技艺之林。

(2)全面实现系统创新,从材质、工艺、艺术语言、文化思想内容等各方面找到与当代生活的血脉联系,积极开发基于传统手工艺、富有文化内涵的现代手工艺产品,让传统手工艺走入当代生活,满足民众精神和审美需求。特别是要强化现代设计理念的导入和手段的应用,结合现代生活需求,改进设计,改良制作,改善质量,探索。

(3)积极引入现代经营管理方式,大胆进行体制改革和机制创新,建立可持续发展的企业经营模式。强化质量意识、精品意识、品牌意识和市

---

① 王景强.文化+的力量 文化创意产业案例研究[M].山东人民出版社,2017.

场意识,极力利用互联网、物联网、大数据等现代信息技术手段提升企业和产品的核心竞争力、市场开拓力。

中华传统手工艺承载了民族的文化精神和造物智慧,是千年流传的文化珍宝,是依然存活在我们身边的活态文化。在工业化和城镇化背景下,传统手工艺作为国民乡愁载体、文化生态再造要素以及文化产业的创意源泉的价值日益凸显;在伟大复兴中国梦的战略格局中,传统手工艺作为工匠精神载体和文化国际名片的价值日益显现。业界的坚守,政府的扶持,学界的情怀,社会的认同,正在合力将传统工艺推向全面振兴的时刻。

第五章　文化创意产品的解读

近些年来,文化创意产品一词频繁出现在人们的视野,不断开启时尚生活新潮流。但目前国内外对文创产品内涵与外延的界定,还存在很大的差异。基于此,我们结合已有相关的理论知识,围绕文化创意产品的概念界定、特性、价值构成、发展现状等进行分析。

第一节　文化创意产品相关概念的界定

一、文化产品的概念

(一)产品

产品是企业向市场提供的,能够有效满足市场需求的,具有价值、并能通过交换实现其价值的客体。从生产关系的视角,产品实质上是连接生产与消费的纽带,对于产品可以分别从企业生产与市场消费来分析。

从企业的角度看,产品的开发与生产是企业经营活动的实质内容。企业的基本功能就是将一定的生产要素通过生产与加工,转化为符合市场消费需求的产品。这些生产要素在未经加工之前,不能直接用于消费,通过生产与加工,以产品的形式存在,同时具备了价值与交换价值。企业正是通过这种产品的生产与销售活动来获取其经济利益的。然而,并非任何产品都一定能为企业带来所期望的经济利益,企业生产的产品必须能够满足一定的消费需求,这样才能通过市场交换实现其价值。

从市场的角度看,产品是能够满足一定消费需求并能通过交换实现其价值的物品和服务。从需求的角度看,市场需求是企业产品生产的导向。具体表现在:首先,产品必须能满足一定的需求,只有满足需求的产品才会被市场接受,通过交换实现价值;其次,产品必须能较好地满足需求,在同类产品中体现出一定的竞争优势;再次,产品通过市场交换,相对其生产成本,必须实现较高的价值,否则企业就得不到应有的经济利益。同时,从满足需求的角度认识产品,随着需求内涵的扩大,企业的产品生产也会获利更为广阔的空间。随着社会的发展与技术的进步,消费者对于产品在满足于基础功能的前提下,会不断衍生出新的需求,这些需求的满足为企业的产品生产提供了市场导向。

（二）文化产品

从功能上看,文化产品首先是一种消费品,作为消费品的前提在于它具有能够满足消费者精神需求的功能。文化产品满足的是精神消费,包括信息(知识、资讯)和体验(娱乐、审美)。这一功能主要通过文化内容来实现,文化产品不过是文化内容的载体,内容才是文化产品的本质,离开了文化内容,文化产品与普通产品没有任何区别。文化产品作为消费品的特殊性还体现在满足消费者精神需求的同时,还是信息传播的载体,通过信息的传播向消费者传达特定的价值观、信仰、审美趣味,为消费者提供认知、情感、心理等多方面的享受,融实用价值、文化价值和审美价值于一体,在使消费者在获利精神愉悦的同时,提升认知能力、文化修养,实现人格的丰富与完善。因此,文化产品具有意识形态的属性。

对于文化产品的概念一直存在着不同的观点。索罗斯比认为,人们通常认为文化产品和服务,如艺术品、音乐表演、文学、影视作品、电脑游戏等,有以下三个显著特点:第一,其生产过程需要付出脑力劳动;第二,它们是向消费者传递象征性信息的工具,也就是说它们并不只是为了功利的目的,而是服务于一个更大的沟通目的;第三,它们具有,或者至少可能具有,提供这些产品或服务的个人和团体所拥有的知识产权。另外,文化产品被认为是一种体验产品、一种理性的、上瘾的产品,也就是说现在的消费会导致未来消费的提高,所以其需求是累积的。在分析文化产品的特点以后,他认为文化产品和服务还可以进一步从其包含或产生的价值这一角度来定义,也就是说除了具有商业价值外,它们还能产生文化价值(cultural value),而后者是不能完全用金钱来衡量的。[①]

综上所述,可以对文化产品做如下界定:文化产品是根据内容生产出来的,用于流通和消费的意义的符号化载体。其内涵可以从三个方面来分析,首先,在文化产品的生产、流通和消费过程中,核心部分是内容;其次,因为意义需要理解、体会和回味,所以,在获取时用于交换的主要不

---

① ［澳］戴维·索罗斯比；易昕译. 文化政策经济学[M].大连：东北财经大学出版社,2013.

是货币,而是注意力和时间;再次,消费者消费的是内容,而流通的则主要是符号。

二、文化创意产品

(一)文化创意产品的概念

设计的核心是人,设计承载了对人类精神和心灵的慰藉。产品是反映物质功能和精神追求的各种文化要素的综合,是产品价值、使用价值和文化价值的统一。文化创意产品一般是指以文化、创意理念为核心,是创意人的知识、智慧和灵感在特定行业的物化表现,即其创意来自文化设计的产品。简单来讲,文化创意产品是指具有文化内涵的创新性的产品,其核心要义是对文化内容进行创新性转化。文化创意产品设计,主要是通过分析文化器物本身所蕴含的文化因素,将这些文化因素以符合现代生活形态的形式转化成设计要素,并探求其使用后的精神层面满足——即产品的"体验价值"。随着现代化社会的不断发展,消费者个性化、差异化的消费需求逐渐让文化创意产品成为市场新颖的消费品。文化创意产品设计处于技术创新和研发等产业价值链的高端环节,科技和文化的附加值明显高于普通产品和服务。如图 5-1 所示的颐和园"春夏秋冬"四君子系列,来自设计师 KIMMIE CHUI。以颐和园的什锦灯窗为元素,以二十四节气为灵感,结合梅兰竹菊四君子的象征意义,历时两年精心设计和改版打磨,设计出了项链和胸针结合的三戴款珠宝首饰,分别展示了颐和园四时的不同光景。如图 5-2 所示为颐和园的文具周边,则传承了颐和园的经典雅致风格。

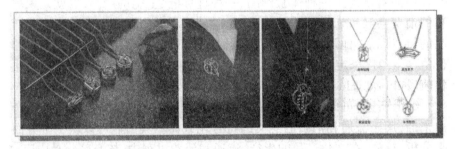

图 5-1 颐和园四君子系列锁骨链[①]

[①] 图 5-1、图 5-2 选自:周承君,何章强,袁诗群.文创产品设计 [M].北京:化学工业出版社,2019.

图 5-2　颐和园文化创意—文具周边

文化创意产品以文化为基础,发挥创意思维并对产品进行创造与研发,它综合了文化产品的"文化经典"和创意产品的"创造创新"的双重特征,以文化生产和服务为产品研发对象,涵盖文化与创意项目策划、产品与服务设计、文化创意内容研发、文化创意活动构思与生产经营。文化资源需借助"创意"进行再加工,对文化再创造、再提高,以将文化资源优势转化成产品优势,从而进一步形成文化品牌和市场竞争力。

(二)文化创意产品的价值

了解所要设计的产品的概念,就可以明确文化创意产品的设计范畴,将文化创意产品的两个部分——文化内容的创意设计和载体进一步分为三个价值组成部分:一个是文化内容的价值,一个是创意内容的价值,再一个是载体(即产品)的成本。前两者难以量化,后者则要从有形载体和无形载体两个类别进行分析,有形载体的价值比较容易量化,而无形载体的价值不容易量化。由此,文化创意产品的属性可以分为两个方面:一个是无法量化的文化创意的价值属性,另一个是经济价值属性。

文化创意产品的价值往往取决于文化创意的价值属性。如苏州博物馆的文化创意产品衡山杯采用文徵明的衡山印章图案作为文化元素,将印章图案应用在杯底,整个杯子的造型好似一枚印章。杯子材质选用汝瓷,以契合文徵明的文人气度,同时也符合苏州雅致的地域文化特点。因为文化元素源自衡山先生——文徵明,其所代表的文化内容让这个杯子增加了文化价值,印章和杯子的结合又增加了创意价值,这使整个杯子的价值远远大于材质本身的经济价值。这也就不难理解,为何在网上相同材质和造型的杯子的售价远低于衡山杯,但销量不如衡山杯了,如图 5-3 和图 5-4 所示。

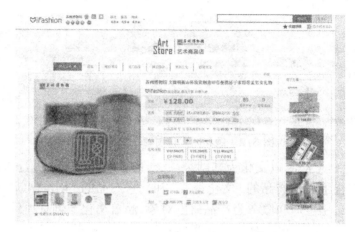

图 5-3　苏州博物馆的衡山杯 ①

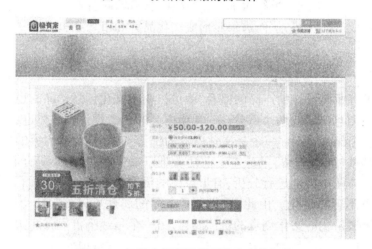

图 5-4　与衡山杯相同材质和造型的杯子

　　同样一杯咖啡,星巴克的咖啡比便利店里的咖啡价格要高出不少,但依然有很多人愿意买单。衡山杯和咖啡的例子说明一个问题:如果说一般的商品因为品牌使其有了差价,那么文化创意产品和普通产品的差价就是由其无法量化的文化创意的价值属性形成的。

　　那是不是意味着只要在普通的产品中融入文化创意的内容,就能立刻增值呢?同样以咖啡为例,咖啡的好坏既可以通过咖啡豆的质量来评价,也可以通过咖啡的口感来判定其价值。对于文化创意产品也会有标准去评价它的好坏,进而决定其价值,标准就是文化创意产品是否能准确

① 图 5-3 至图 5-5 选自:张颖娉.文化创意产品设计及案例 [M].北京:化学工业出版社,2020.

表达相应的文化内容,创意是否新颖。

　　同一个文化内容中包含许多文化元素,表达的方式和载体也多种多样。同样是以"秦始皇兵马俑"为主题的产品设计,图5-5所示的产品中提取的是"秦始皇兵马俑"这一文化元素,并通过卡通人物形象表达这一文化内容,载体是手账本。文化元素和载体两者之间不存在相辅相成的关系,卡通人物形象的载体也可以是抱枕、杯子等。

　　然而,如图5-6所示,这是一个需要通过用户参与,进行挖掘才能完成的秦始皇兵马俑主题的文化创意产品。这种呈现是被精心设计出来的,是经过文化元素的创意组合的,"兵马俑"与"挖掘"这两个文化元素和载体相辅相成,与其他载体相比,这个由粉末包裹的兵马俑小摆件对于这件文化创意产品的文化内容表达具有不可替代性。

　　所以,文化创意产品的设计基础一定是文化,只有将文化内容表达得出彩,才具有其他产品所不可替代的价值。

图5-5　秦始皇兵马俑主题手账本

图5-6　秦始皇兵马俑考古挖掘玩具

（三）文化创意产品的基础

中国传统文化内涵丰富,这也是我国在发展过程中文化积累所产生的优秀成果。中国传统文化有"俗文化"与"雅文化"之分,如被称作翰墨飘香的"文房四宝"——笔、墨、纸、砚便是雅文化中的精品。在古代文人眼中,包括笔、墨、纸、砚在内的精美文房用具不仅是写诗作画的工具,更是他们指点江山、品藻人物、激扬文字、引领时代风尚的精神良伴,如图5-7所示就是古代书房的布置。随着日常生活的审美普及,这种雅文化渐渐重新融入人们的生活中,体现在消费者对衣、食、住、行等日常需求的更高品质和内涵的追求上,最终,文化创意产品依靠蕴含其内的文化在众多产品中脱颖而出,不仅受到游客的追捧,也受到普通消费者的喜爱。这些以中国传统文化为设计基础的文化创意产品也成为沟通传统与现代、维系外观和内涵的载体。

文化创意产品要实现文化内容的准确表达和传达,使消费者通过文化创意产品接收到准确的文化内容,得到文化体验,这是设计文化创意产品的基本要求。

图 5-7 古代书房和桌面器摆

(四)文化创意产品的核心

同样是以故宫文化内容中的元素设计的产品,十多年前为何没能吸引消费者,如今却深受年轻人的喜爱,真正成为传达故宫文化的有效载体?为什么现在不单单是年轻人,几乎男女老少都这么喜欢故宫博物院的文化创意产品?

因为创意!故宫文化创意真正地把创意融进了文化创意产品之中,而不仅仅是复制。故宫博物院有约180万件(套)文物藏品,包含着大量的历史信息,都是工匠精神的体现,同时也是故宫文化创意的创意来源。故宫的文化元素触手可及,但是如果没有好的创意,或者说对文化进行的重构和再造没能以一个好的想法、好的形式呈现,设计便失了新意和吸引力。

（五）文化创意产品的类型

1. 源于传统文化的文创产品设计

所谓传统文化,是由文明演化汇集成的一种反映民族特质和风貌的文化,是各种思想文化、观念形态的总体表现。世界各地、各民族都有自己的传统文化,本部分所述传统文化均指中国传统文化。传统文化丰富的艺术手法和形式有着深沉、恢宏、灵秀、简约、质朴和精致等多种特点。将传统文化中的优秀形式及元素应用于创意产品的设计中,不仅可以实现质量的提高,还可以提升品位。按照一定的文化分类方式,文创产品设计中应用的传统文化元素来源可以分为物质文化和非物质文化两部分。

（1）以物质文化为创意来源的文创产品设计

物质文化是有形的,如园林建筑、景观、服饰、历史文物等实质物体。随着旅游业的发展,各地的历史建筑已经成为文创产品设计的重要创意来源。

中国江南地区的园林历史文化极其丰厚,具有众多可塑的文化元素,接待了无数中外游客。然而,在江南的众多园林中,所售卖的很多文创产品缺少自身特色和文化传承,衍生产品形式单一,缺少创新。

以拙政园为例,其文化也可分为物质文化和非物质文化两个方面。文创产品设计作为传播中国传统文化的方法之一,也是继承和发展地域文化的主要手段。在进行文化元素选择的时候,考虑到拙政园是四大园林之一的属性,最值得从园林文化内容主题中提取并融入文创产品中的典型文化元素无疑是园林中的建筑元素,这是最能够体现其独有的精神风貌和地域特色的文化元素。在此基础上,跳出园林文化内容主题文创产品中常见的载体,如明信片等,选择其他形式,让产品不仅具有同明信片一样的装饰性,还有了功能性。

江南园林是中华民族优秀的文化遗产,如何让园林文化"鲜活""灵动""行走"起来,园林主题的文创产品将起到重要的作用。它们将为园林文化的影响力扩张增添动力,使园林不再只是矗立不动的千年宅院。

不管社会如何发展,衣食住行都是人们生活的基本需求。汉服衍生出的文创产品也是众多消费者所关注和喜爱的类型。汉服是中国汉族的传统民族服饰,其历史可追溯到上古时期。一直到明代,汉族都保持着服饰的基本特征,这一时期汉族所穿的服饰被称为汉服。汉服最能体现汉族人儒雅内秀、神采俊逸、雍容华贵、美丽端庄的气质,但是它又不是简单的一件衣服,在汉服上浓缩了各种复杂的传统工艺,如蜡染、夹缬、刺绣等。因此,从汉服上可以提取的文化元素非常多。

如果想更好地传承汉服,一方面要保持其"交领、右衽、系带"等基本特征,另一方面也应该符合现代人生活习惯的特点,不能被形式所束缚。以文创产品定义为评判标准,改良汉服也是文创商品,并且其被接受的程度远高于原汁原味的汉服,在很多景区都有售卖改良汉服的店铺。改良汉服是一个让年轻人迅速接受汉服文化的方法,魏晋风汉服的大袖非常不符合现代人的生活习惯,在延续汉服基本特征的前提下可以不断创新,如把袖口进行缩小。

但是,对于以汉服图案为主要文化元素的创意设计,则要尽可能多保留汉服的原有特征。当然,也可以从汉服款式图中提取部分文化元素融入产品中。

源于物质文化的文创产品的设计难度并不高,因为其本身的造型和图形就是设计师取之不竭的创意设计来源。然而,大多数物质文化都曾是和古人日常生活息息相关的实物,作为设计师要思考的是如何避免把它们从实用性物品变为视觉化的物品,要让它们在现代生活中继续以日常用品的形式存在,让其继续成为人们的生活习惯,自然而然地达到传承文化的目的。

(2)以非物质文化为创意来源的文创产品设计

非物质文化主要是指那些非物质形态的、有艺术和历史价值的文化内容,是人类在社会历史实践过程中所创造的各种精神文化,如吉祥文化、传统工艺、戏曲、节令民俗等。

①以吉祥文化为创意来源的文创产品设计

中国的吉祥文化源远流长,也和百姓的日常生活紧密相连。以共同的吉祥观为内涵,传统民俗为形式,传统民间工艺为手段,吉祥物品、吉祥纹样、吉祥色彩为载体,共同组成表达人们祈福纳祥的美好愿望的语言。

从新石器时代陶器上的陶文"日"和"月"连成一圈组成的装饰纹案,到西安半坡出土的新石器时代彩陶上的多种形式的人面鱼纹,这些早期吉祥文化将图腾崇拜融于陶器之上,展现了原始先民的吉祥观,之后,这种吉祥观影响着整个中华民族的风俗习惯。

a. 吉祥文化的驱动作用。在中国人千年的生活实践中,"吉"与"祥"这两个字就是一种情感驱动符号,驱使着消费者认同其所承载和附着的产品,从而让游客愿意购买相关的各种类型的文创产品,在情感上驱动人们去感受产品中包含的文化创意设计。

在苏州桃花坞木刻年画中,最受游客喜爱的产品是"一团和气"的年画。同"吉"字一样,"和"字也是吉祥文化元素中最能触动消费者情感的字。"和"代表着和气、和睦、和谐。古代思想家强调"以和为贵""和气致祥",和合二仙象征着幸福。吉祥文化不单是其他传统文化推广的驱动力,同样也是地域文化的活化剂,让具有差异性的地域文化借助吉祥文化重新融入人们的生活,进而促进地区文化创意产业的发展。

b. 基于吉祥文化的文创产品设计。想要基于吉祥文化进行文创产品的设计必须先了解其语义和表达方式,吉祥文化的内容都不是直表其意,而是寄意于其他形象之中。寓意手法通常被归结为三类:一是象征,如石榴只是一种植物,因为其种子很多,所以象征着多子;二是谐音,如以具象的"蝠"表示"福";三是表号,它既是某种形象的简略化,也是一种约定俗成的象征性代号,如由八仙的八件法宝组合而成的图案称为"暗八仙"。因此,基于吉祥文化的文创产品设计首先要从吉祥的表达方式人手,再结合恰当的载体进行创意设计,才能准确地传播包含吉祥文化在内的传统文化。

c. 吉祥文化应用在文创产品设计中的思考。吉祥文化以各种形式体现在我们的生活中,但吉祥行为、吉祥物、吉祥图形三者之间并不是孤立存在的。它们彼此相融,以不同的形态与其他文化相融,以实物或虚拟的产品形式呈现在人们的生活中。古代有"送瓜求子"的说法,这里送的瓜就是葫芦,送葫芦的行为构成一种祝愿,即祝愿对方的家族人丁新旺。此外,葫芦本身就是一种吉祥物品,代表福禄,而葫芦的图案除了有子孙万代、多子多福的美好寓意,还是暗八仙图案之一(代表铁拐李)。人们在用葫芦的三种表达形式体现吉祥文化时,并不会刻意割裂彼此的吉祥寓意,所以,要避免把装饰当作文化,使其在文创产品的设计应用过程中失去本身具有的深刻内涵。

②以传统工艺为创意来源的文创产品设计

传统工艺指采用天然材料制作,具有鲜明的民族风格和地方特色的工艺种类和技艺。比如潍坊的风筝、天津的泥人张彩塑、苏州的苏绣以及不能以地域来划分的剪纸、漆艺、陶瓷、扎染等,这些传统工艺是历史和文化的载体。现在,设计师也需要为这些传统工艺寻找合适的载体进行创新设计,传承其所承载的历史与文化。

不同的传统工艺类别也要考虑其所具有的特点,使其与实际生活和用户需求结合起来,通过创意设计激活其新的生命力。

a. 剪纸。作为非物质文化遗产之一的剪纸,是中华民族非常普及的民间工艺和装饰艺术形式。南北朝墓葬中的动物花卉团花是目前发现的最早的剪纸实物,然而,学者们认为汉唐妇女贴在鬓角处的方胜(金银箔制成)或许是剪纸的更早起源。

作为一种传统工艺,其生命力和形式都随着时代的变迁而变化,越来越丰富的纸张种类和机器雕刻工艺的发展,使得剪纸的形式和功能有了扩展。这是社会的需求,也是现代人们日常生活的需求,就如同传统剪纸和传统民俗是息息相关的。任何一种艺术门类都不可能靠国家保护而传播,只有与社会的需求进行结合才能历久弥新。

目前比较常见的以剪纸为主题的文创产品多围绕传统图形进行创作,以单层传统剪纸装饰画的形态呈现,装在各类镜框中。图形是大家喜闻乐见的传统图形,寓意吉祥,以大红色宣纸为材料,其传统性被保留得非常好。

此外,借助机器完成剪纸工艺的纸雕灯也是文创产品中比较常见的类型,让剪纸工艺不再只依靠装饰性而存在,具有了实用价值。在多层剪纸装饰画后加上 LED 灯带,成为具有实用功能的台灯。

对于剪纸这一历经千年的非物质文化遗产,还有更多创意形式可以应用在文创产品中,设计师可以运用其特有的魅力进行文创产品的设计,让更多的人了解剪纸艺术。

b. 漆艺。传统漆艺产品主要以艺术品和工艺品的方式呈现。漆艺艺术品多针对高端市场,以艺术家个人风格为主体,但由于受众群体的审美与欣赏水平的不同,决定了此类艺术品只能在小众群体内流行,数量与市场限制了漆艺的推广。以此为鉴,当漆艺运用在文创产品设计中,要摆脱纯装饰性的约束,融入人们的生活,尤其是年轻人的生活。让年轻消费者,即文创产品的主力消费群体了解和接受漆艺语言的独特魅力,从而实现漆艺文化的推广,也为传统漆艺产业的再次发展开辟新的方向。

c. 绞胎陶瓷。绞胎陶瓷是中国古代陶瓷装饰工艺中特殊的品种,由于工艺复杂,制作难度大,因此其产品类型和产量在很大程度上都受到了限制。早在唐代,古人就开始研究绞胎陶瓷,但是元代以后这种工艺便逐渐衰亡,直至现代只有少数陶艺家对绞胎陶瓷做了初步的研究与探索。

绞胎通常是用两种不同颜色的瓷土,像拧麻花一样将它们拧在一起制成新泥料,再拉坯成型,或切成片状,最后浇一层透明釉烧制而成。由于绞揉方式不同,纹理变化亦无穷。因此,运用绞胎工艺制作而成的产品存在一定的偶然因素,每一次作品都是孤品,都带着"世上唯此一件"的属性,存在不可复制性。所以每次形成的纹样并不固定,有的像木材的年轮,有的像并列的羽毛,还有的像盛开的梅花等,这些精美的纹饰给人们以变化万千之感。

　　严格来说,包含传统工艺的产品不一定就是文创产品,关键在于有没有对原有传统工艺的运用进行再设计。需要注意的是,创新并非标新立异、割裂传统,而是要在保证传统工艺的精髓和本质"不变味"的前提下推陈出新。

　　基于非物质文化进行设计的文创产品不局限于吉祥文化和传统工艺,与基于物质文化进行的文创产品设计相比较,它有着更广阔的形态创意空间,同时也增加了设计的难度,大多数情况下没有一个原形态进行参考。因此,基于非物质文化进行设计的文创产品一定要抓住文化元素的精髓。

　　2. 由 IP 引导的文创产品设计

　　如果说,由传统文化主导的文创产品所讲述的故事是单集精彩大片,那么基于某个文化主题所打造的文化 IP 的出现,就是要以此为元素讲述系列故事,IP 就是这个系列故事中的主角。

　　现在几乎所有的文创产品都在借助或者创造 IP 以延长其所衍生的系列文创产品的生命周期,文创产品几乎到了"一切皆 IP"的时代。这样的现状离不开自媒体的快速发展,大家都在借助自媒体讲故事,只要故事讲得好,各种 IP 都可以被炒作起来。网络剧、畅销书、网红等都有 IP 出现,在这之中也有博物馆的 IP。

　　让我们再聊一下那只故宫猫,这只猫获得了 2016 中国旅游商品大赛金奖。设计师以故宫猫为 IP 衍生出一系列灵动、可爱的文创产品。身穿皇帝衣服或宫廷侍卫服装、眼神萌萌的形象被广泛用于抱枕、水杯、手机壳、冰箱贴等日常用品之中,并且它还可以延伸到其他业态,如大电影、美术绘本等。

　　(1) 从"IP"到"IP 文化"

　　IP 究竟是什么? IP 原本是 "Intellectual Property" 的缩写,即知识产权。现在它有了新的定义:特指一种文化之间的连接融合,有着高辨识度、自带流量、强变现穿透的能力。我们将这种长变现周期的文化符号称为"文化 IP"。因此,文化 IP 也从最早的文学、动漫和影视作品延伸到传统文化等其他领域。

　　除了故宫的包括故宫猫在内的一系列 IP 及其本身这一超级 IP 外,苏州博物馆的"吴门四家"、陕西历史博物馆的"唐妞"、敦煌研究院的"飞天"都算得上是各大博物馆重点开发的文化 IP,这些文化 IP 都可以在几大博物馆的天猫店首页迅速搜索到相应的标题或衍生文创产品。

　　再如阿狸表情包、故宫的宫廷娃娃等均可成为文化 IP。文化 IP 的基础依旧是文化内容,并且各 IP 以其优质的原创内容或文化元素的重构聚合了一批初代粉丝,通过衍生成影视剧、游戏、文创产品等方式使粉丝群体以指数级增长,同时反哺原始文化 IP。两者形成相互支撑、相互融合的生态链条,最终文化 IP 价值得以转换、变现、放大和生态化。

（2）文化依旧是基础

IP 这个词刚出现的时候,有些人认为 IP 仅是一部小说、一部电影或一个人,其实这些只是 IP 的输出方式。IP 自带流量,是以具象化形象为载体的感情寄托,不同国家的文化各不相同,因此流行的文化 IP 也会不同。

IP 形象只是外在的形式,IP 本身包含的文化内容中的故事与元素才是基础。

高髻峨眉、面如满月、体态丰满、宽袖长裙,漫画人物"唐妞"一出现,就迅速获得了人们的喜爱。与其说人们喜爱她的外在形象,不如说人们喜欢的是以中华传统文化为魂、以唐朝侍女俑为原型打造的原创 IP 形象。

在 2019 年青岛国际版权交易会蓝谷 IP 国际高峰论坛上,唐妞的创作者介绍道,唐妞的出现始于讲好唐文化故事的目的,最终从陕西博物馆收藏的文物中选定了唐朝的侍女俑,从中提炼元素,使其成为更可爱、更萌的 Q 版唐妞,同时也保留中国传统国画的特色。现在,唐妞已成为陕西省历史博物馆的形象代言人之一。

支撑唐妞这个 IP 形象的是唐文化,从 2019 年影视剧《长安十二时辰》的爆红,就可以看到人们更在乎影视剧背后真实的历史故事和文化。《长安十二时辰》带我们走进唐玄宗统治下最繁荣昌盛的时期,剧中的十二时辰环环相扣,步步惊心。而唐妞同样是有着深厚历史文化背景,融合西安十三朝古都历史文化底蕴的一个原创且独特的卡通人物,以历史情感为切入点吸引消费者。如果说唐妞 IP 所衍生出的一系列文创产品是一个个小故事,那后续的《唐妞丝路日记》《唐妞说长安》《唐妞说日常漫画》《唐妞的二十四节气》《唐妞读唐诗》就是以唐妞这一形象为故事主角开启的一系列精彩大片。可以看到这一系列的文化内容都是围绕着与唐文化相关的元素展开的,这也是唐妞 IP 衍生出的所有文创产品的基础。

同样是人物 IP 形象,体态俏丽、持乐歌舞、翱翔天空的敦煌飞天 IP 形象所象征的则是向往自由、勇于探索、超越自然,以及一种积极向上的美学基调。此外,飞天还包含佛教因素并蕴含"天人合一,和谐发展"的哲学思想。由其衍生出的文创产品中最吸引消费者的是其蕴含的独特美学元素。

　　兵马俑被誉为世界第八大奇迹和 20 世纪考古史上的伟大发现之一，并被列入《世界文化遗产名录》。说起秦朝，很容易让人联想到"强大"二字，历经商鞅变法后的秦国拥有了强大的经济实力，远交近攻的战略加上良臣杰士，以及一路所向披靡的秦国军队。这些无疑都是秦始皇兵马俑博物馆值得打造的 IP 形象，其中秦俑 IP 象征的是拥有钢铁般意志的铁血战士。

　　坚韧砥砺的秦人秦国与冷暖相伴的大秦精神组成了真正的大秦帝国。这种精神，延续千年而不朽，在新时代里，依然指引着我们前进的道路，这也是秦俑 IP 吸引消费者的主要原因。

　　上海博物馆主打的 IP 是董其昌，其衍生出的文创产品主要是和书画有关的文具用品，这也是"董其昌"这个 IP 的文化来源。董其昌，松江华亭（今上海市）人，是明朝后期大臣，著名书画家，擅画山水，为华亭画派杰出代表，其画作及画论对明末清初画坛影响甚大。以董其昌书法作品和色彩鲜明的画作局部图为元素制作而成的文创产品，无论是复古风纸胶带，还是真丝材质的围巾，都力求表达出一种"妙在能合，神在能离"的境界。

　　相较于各大博物馆丰富的馆藏品，主题博物馆的 IP 内容就比较单一，甚至其中大部分博物馆对于自身的文化内容还没有进行相应 IP 文化内容的重构。

　　桃花坞原是苏州的一处地名，位于曹雪芹笔下的风流富贵之地——阊门内北城下，因桃花坞木刻年画曾集中在这一带生产而得名，与天津杨柳青木刻年画有"南桃北杨"之称。现在的桃花坞木刻年画博物馆依旧坐落在桃花坞，具体位置在市级文保单位朴园里。年画对于中国人来说有着浓浓的吉祥意味，桃花坞木刻年画中的桃花更是为这份吉祥添足了分量，因为桃文化在中国传统文化中充满了吉祥的寓意，民间百姓认为它可以纳福避灾。在博物馆内也栽种了许多桃树，博物馆内小径上有鹅卵石铺就的"福寿双全"，花园里有"和合二仙"石，此外，还在博物馆的特定场景内对年画的贴法进行了展示。商店里的是"招财进宝""开市大吉"，寓意财源茂盛；客厅里的是"三星高照""八仙过海"，寓意高朋满座；卧室里的是"花开富贵""早生贵子"，寓意夫妻之间和和美美。

　　年画常常被局限在春节使用，只作为寓意吉祥如意的图案而出现。此外，真正了解它们的人少之又少。例如极少有人知道门神其实有三对组合，而且他们的故事生动有趣，又充满祝福的意味，完全可以衍生出众多可日常使用的文创产品。可惜的是，它们被设计师忽略了。虽然它们依旧以原汁原味的年画图案在每年春节准时 "出镜",但是,谁说年画和年画里的角色非得在春节才能 "出镜" 呢? 也许 90 后和 00 后们看到由有趣的年画人物和图形衍生的挂饰后愿意用它们替换书包上的那些挂饰。

虽然神像图腾、戏文故事、民间传说、吉祥喜庆、风土人情、仕女儿童、花卉鸟兽等均能入画,也可衍生有趣的文创产品,但一定要保持原先鲜艳夺目的色彩,丰满均衡的构图,明快简洁的线条与质朴生动的形象,这些都是基础。如果要像其他博物馆一样选一个最值得打造的 IP 形象,苏州桃花坞木刻年画博物馆首选的就是 "一团和气"。

宋代朱熹《伊洛渊源录》卷三引《上蔡语录》:"明道终日坐,如泥塑人,然接人浑是一团和气。" 明代成化皇帝朱见深为强调皇室团结,以免萧墙之祸,特绘 "一团和气" 作为号召。在和气可亲之外又添进了 "团结一致,和容相处" 的含义,也是桃花坞年画 "一团和气" 的精髓。

博物馆的 IP 可以比较容易地借助博物馆自身的流量招募到众多粉丝,在中国传统文化中也有众多内容值得并且可以进行转化。然而目前国内大部分的非博物馆原创、与中国传统文化相关的热点基本都是以影视剧为主。

从《花千骨》到《诛仙》等众多影视剧让更多人喜爱上了古风文化,渐渐形成各种古风主题的文化 IP。关于 "古风" 一词,在中国古籍中是指在当时社会已经逐渐衰弱或者濒临消失的某种风俗习惯,该词在《论语》中指前朝礼乐制度背后的风俗习惯和精神风骨。由此可见,对古风文化的追求在古代社会便有,表现的是某一历史时期人们对前朝社会文化和思想的怀念与传承。2005 年,由古风音乐逐渐发展的文化运动悄然萌生。随着传统文化的兴起与不断扩大以及后来仙侠小说的风靡,由此改编的影视剧被大众广泛接受,这一系列的发展促使古风文化的影响范围越来越广。古风文化的内容非常广泛,它主要是指以弘扬中国传统文化为基调,以传承中华民族优秀精神为支撑,以音乐、小说、诗歌、服饰、绘本、影视剧、广播剧等为表现形式,结合传统艺术、文学、语言、色彩等诸多中国元素,不断磨合发展而来的一种表现中国传统文化的文化形式。

《花千骨》《诛仙》和《三生三世》吸引的是喜爱各种仙侠剧 IP 的消费群体,他们爱屋及乌地喜欢上了影视剧中的各种仙气飘飘的服饰与首饰,很多消费者也因此去拍摄了属于自己的古风写真。

如今,懂咖啡之艺者众多,通晓茶道者甚少,这让人心碎神伤。如果说古风文化多少还是没有把中国传统文化表现得淋漓尽致,那电视剧《知否知否应是绿肥红瘦》就将我们带入了词意浓浓的宋朝,给我们上了一堂中国传统文化普及课。在这堂课中，通过点茶对茶道文化进行了简单的普及，点茶的过程非常复杂，先要将茶饼捣碎，过筛后只留下茶粉。当然在捣茶的同时不要忘记烧水，因为捣好茶后就要把烧好的水倒在茶碗里，摇一摇再倒掉，这个过程就是温盏。之后加入茶粉和水，用茶芜去搅拌。除此之外，还有投壶、马球、插花、焚香，甚至曲水流觞、即兴赋诗等社交活动，伴随着这些行为文化我们也看到了精致的中国传统物质文化。这部电视剧中的中国传统文化元素非常多，是进行文创产品设计的巨大资源库。

（3）创意仍然是核心

靠着电视剧同款诞生的文创产品终究是少了分创意，并且产品也受到了道具设计之初所蕴含的文化内容准确性的影响。文化中的故事和元素是前史的遗存，很多已不符合当今潮流，因而需对其文化重新进行解读和创意的表达。

中国国家博物馆（以下简称国博）是中华文化的祠堂和古庙，馆内收藏了 140 万余件藏品，独家藏品有人面鱼纹陶盆、大盂鼎、后母戊鼎、鹳鱼石斧图彩陶缸等，充分展现和见证了中华 5000 年文明的灿烂辉煌与血脉绵延。国博针对这些珍贵的藏品提出了"把国宝文明带回家"的理念，对其进行深度挖掘，二次开发藏品的文化内容，使文创产品成为博物馆展览功能与教育功能的衍生品。

国博可以开发的 IP 内容非常多，想让这么多的文化内容迅速走入人们的日常生活，IP 授权合作是国博选择的方式，馆内的众多陶器、青铜器、瓷器、书画以及基于藏品二次开发的 IP 资源图库，通过授权实现了馆藏文物和文化元素与品牌的对接，同时也提升了品牌的文化价值。

2018 年年初，国博与肯德基合作，在国内 18 个城市设立了肯德基国宝主题店。17 件精心甄选的国家级宝贝都被"请"进肯德基国宝主题店内。在苏州，消费者可以与《明宪宗元宵行乐图》畅谈意趣风华；在成都，可以偶遇诙谐幽默的击鼓说唱陶；在西安，可以与人面鱼纹陶盆诉说人与鱼的羁绊……人们一边吃鸡一边聊聊历史和店内的国宝主题，瞬间觉得手中的鸡腿都"高大上"了无穷倍。除了在装修上体现主题，经典的全家桶也华丽变身为"国宝桶"，桶的外包装上印刷了各种源自国博馆藏文物的吉祥图案：福庆有余、万福如意、锦绣山河等。

恭王府是清代规模最大的一座王府，最吸引游客的是恭王府内号称"天下第一福源"的福字碑。该碑位于北京恭王府花园秘云洞内，碑上的福字是清康熙皇帝御笔，所造的"福"暗含子、田、才、寿、福五种字形，寓意多子、多田、多才、多寿、多福。中华民族是一个崇尚福且追求福的民族,自古就有祈福、盼福、崇福、尚福的习俗。这也成为恭王府博物馆文创产品设计的重要文化元素,以此为文化 IP 内容能够轻而易举地吸引各个年龄段的粉丝。据报道,恭王府的文创产品销售收入接近其总收入的 50%,这在文博业中并不多见。

为了让更多的年轻人了解和喜爱传统文化,在 2016 年,恭王府与国漫 IP"阿狸"合作,把传统文化的内涵,尤其是恭王府的福文化以富有创意的方式进行表达和传递。

通过文物及其衍生出的文创产品,消费者想要看到的是其内在的文化,并通过它们看到特定时代的样貌。《清明上河图 3.0》高科技艺术互动展演不借助文物、不通过文创实物产品,同样可以让消费者看到北宋城市的宏大规模与气象。这是一场别样而精致的展览,《清明上河图 3.0》展馆约 1600m²,共有《清明上河图》巨幅互动长卷、孙羊店沉浸剧场、虹桥球幕影院等三个展厅,借助科技从各种维度最大化地营造观展的沉浸感和互动性。

在故宫的百万件文物中,《清明上河图》有着不可替代的国宝级地位,画卷中展示了北宋时期丰富的城市生活,如连续的茶楼、酒馆、餐厅与汴河上的拱桥;人们争相外出游玩或在城内工作走动,行人中有绅士、仆役、贩夫、走卒、车轿夫、作坊工人、说书艺人、理发匠、医生、看相算命者、贵家妇女、行脚僧人,以及顽皮儿童等。

无独有偶,借助特定技术的《姑苏繁华图》也为观众呈现出一个动态的、可以互动的清朝时期苏州繁华的社会面貌。《姑苏繁华图》以长卷形式和散点透视技法描绘了当时苏州"商贾辐辏,百货骈阗"的市井风情。是继宋代《清明上河图》后的又一宏伟长卷,全长 1225cm,宽 35.8cm,比《清明上河图》还长一倍多。

但是,新技术只是创意的手段,跨界合作也只是创意的方式,文化内容始终是第一位的,因为设计文创产品的最终目的是传承文化和传播文化。

(4)人格化是连接粉丝的纽带

有了文化和创意后,想要某一主题的文化 IP 吸引更多的消费者,通过人格化 IP 形象往往可以连接粉丝能量、集聚流量。

2019 年暑期上映的电影《哪吒之魔童降世》中,给哪吒赋予了"我命不由天"的人格,很多人愿意为各种哪吒的衍生文创产品买单。该 IP 吸引人的地方不仅是电影中浓浓的中国传统文化元素、家喻户晓的《封神演义》的故事以及故事和人物的创新表达,更是因为哪吒用自己"生而为魔,那又如何"的态度与命运进行着斗争。也许很多人在哪吒身上看到了自己的影子,一个不屈服于命运的年轻人的身影;为人父母的观众也因为它的贴近生活而一次次地产生共情。

同样作为故宫超级 IP 的故宫猫,其所代表的就是灵动可爱,穿上皇帝衣服或宫廷侍卫服装、眼神萌萌的形象被称为"大内咪探",广泛用于抱枕、水杯、手机壳、书包、手表和鞋子等产品上。其文化 IP 的打造逻辑是,首先对故宫博物院的猫进行抽象化提炼,让其具有故宫的故事性、传承性;然后融入新的创意,完成 IP 的设定;接着开发设计相应的衍生品,使其具有场景性、体验性和适配性。作为一个超级 IP,它还可以延伸到大电影、美术绘本、零售品等领域。

选择故宫猫来打造文化 IP,不仅是因为年轻人的喜好,更是以调研结果为指向产生的创意。故宫里的猫是故宫历史的见证者。据史料记载,从明朝开始紫禁城就成立了一个专门管理猫的部门——御猫房,在故宫里常能看到它们的身影,它们也不怕游客,十分呆萌、可爱。这些猫身上浓缩的千年历史文化对比其本身的呆萌、可爱,形成了强烈反差,就像是故宫与普通游客的距离。游客与故宫猫产生了共鸣,就这样一下拉近了大众与故宫的距离,让故宫变得欢乐、有趣。

当人格化的人气 IP 形象和茶饮进行跨界碰撞,一定会吸引众多的年轻人。比如布朗熊与可妮兔各自携带的 IP 人格化魅力,让布朗熊与可妮兔奶茶店成为年轻人的打卡圣地。年轻人除了使用表情包还可以用一杯茶的方式来表达自己对布朗熊与可妮兔的萌趣人格的喜爱。对于喝什么茶大概消费者并没有过多关注,但是至少借助布朗熊与可妮兔的人气,让茶饮走进了年轻人的生活,也衍生出众多的周边产品。

类似布朗熊与可妮兔的人气 IP,虽然有了人格化的形象,却没有背后的文化和故事,它们的故事总是显得那么单薄。如果在人格化之初让其承载更多的文化内容,加入更多的文化元素,借助传统文化的深厚底蕴也许能让品牌的生命力更强盛。否则,其 IP 形象所衍生出的产品也只能称为周边,而不属于文创产品。

基于超级 IP 开发的文创产品并不是简单的形象衍生,文化元素不仅要加上创意还要注重 IP 背后人格化的塑造,才能构建真正的超级 IP。超级 IP 的建立不单单可以为文创产品带来丰富的创作内容,还可以向下延伸,衍生出更多形式的产品。整个 IP 产业链可以划分为内容层、变现层、延伸层、支撑层。从最上游的以网络文学、漫画、表情包以及传统文化为主的内容层,到中游以电影、电视剧、网络剧、游戏以及动画等领域为主的变现层,再到包含衍生品尤其是文创产品、主题公园、体验馆等的延伸层,IP 连接着特定主题的传统文化,让其有了各种状态的表达和传播方式。

第二节 文化创意产品的特性

一、文化产品的特征

文化产品具有不同于其他产品的属性,这些特殊属性形成了文化产品自身的独特性。文化产品的特殊性表现为以下几个方面。

(一)精神性

文化产品虽然是以特定的物质形式走向市场的,但它有别于一般物质产品的特殊性,在于其物质形态背后蕴含的精神属性,消费者主要是消费文化产品的精神内涵和精神价值。文化产品种类繁多、形式各异,不同形式的文化产品都是作为"意义"的载体存在的。文化产品消费的核心是对于意义的理解、阐释和领悟,消费者通过不同形式的意义载体这一媒介,达到认知和情感的沟通。文化产品的精神性集中体现为意识形态性。文化产品不但能满足消费者个人的精神需求,还能对其思想观点、价值立场、人生态度、情感取向、世界观等产生重要影响。文化产品的精神性,要求文化产品的生产者与文化服务的提供者在注重经济效益的同时,更应注重其社会效益,注重文化产品的价值导向、文化品位和思想内涵,为社会提供积极健康的文化产品和文化服务。文化产品的生产者必须要为文化产品的生产和服务承担相应的社会文化责任,坚持正确的舆论导向,为社会发展和文明进步等主流意识形态服务。在我国现阶段,文化产品的生产不仅要满足人民群众的文化需求,而且要对这一需求进行积极的引导,要"以科学的理论武装人,以正确的舆论引导人,以高尚的精神塑造人,以优秀的作品鼓舞人"。

(二)创意性

作为一种满足人类精神需求的产品,创意常常被看作是文化产品的灵魂,创造性越高,文化产品的价值也就越大。因此文化产业又被称为创意产业、文化创意产业。文化产品的创意性既体现于产品的内容也体现于作品的形式,充满想象力的内容、新颖的形式表达都是文化产品创意性的具体体现。但是,创意性并不排斥程式化,二者是相辅相成的。文化产品的程式化是由文化产品作为大众文化消费品的性质决定的。大众文化消费品必须面向最广泛的大众,为他们提供喜闻乐见的产品,只有这样才能最大限度地满足他们的消费需求。故事的程式化、生产的大规模复制都是达到这一目的的最佳路径。

（三）多义性

文化产品是意义的载体、交流的媒介。在文化产品的生产与消费活动中,生产者与消费者通过产品这一媒介实现沟通。在文化产品的生产环节,生产者为产品植入意义,在消费环节,消费者根据自己的理解来阐释产品的意义,通常二者并不能达到一致。文化产品的意义和价值是由消费者的理解而非生产者的意图与权威来决定的。文化产品只要进入消费领域,就再也不能按照生产者原有的意图而存在。不同的消费者根据自己的人生境况、审美偏好对于产品的意义可以进行个性化的解读。同一种文化产品,因消费者的不同解读,对其价值的判断也会大相径庭。这种多样的阐释与解读不断赋予文化产品以新的意义与内涵。罗兰·巴尔特把文学文本分为"可读的"文本与"可写的"文本。文本的"可写"性正是文本多义性的体现。文化产品的多义性实质上是文学理论中读者主体性的体现。"一千个读者就有一千个哈姆雷特"。一部《红楼梦》,经学家看到的是"易",道学家看到的是"淫",革命家看到的是"排满反清",才子看到的是"宫闱秘事",而大众则把它作为"爱情＋消遣"的读物。这些既体现了读者的主体性,也反映了文化产品的多义性。

（四）公共性

（1）公共物品与私用物品。①经济学意义上的公共物品具有非竞争性与非排他性,即每个人对该产品的消费不会造成其他人消费的减少。非竞争性是指一个人使用一种物品并未减少其他人使用该物品的效用,无论多少人使用该物品,他们获得的平均效用不变。非排他性即一个人使用一种物品时无法阻止他人同时使用该物品,无法阻止是因为阻止成本太高。②私用物品与公共物品相对应。一个人使用或消费私用物品意味着他人不能同时使用和消费该物品,私用物品具有消费上的竞争性与排他性,即敌对性、排斥性。

（2）文化产品的生产与权属关系发展经历了从私用物品到公共物品的过程,公共化是文化产品发展的大趋势,公共性是文化产品的本质属性。①大多数文化产品以私用物品的形式存在。②从生产过程来看,文化产品从生产到成品的过程,实现的是由私用物品向公共物品转化的过程。③从权属关系变化来看,有相当一部分的文化产品是由私用物品转化而来的。根据产权与使用归属性质,可以将文化产品分为完全意义与相对意义的公共文化产品。完全意义的公共文化产品,自其生产成形,便获得公共文化产品的属性,如街头雕塑,公益性的博物馆、图书馆等场所设施。相对意义的公共文化产品是指产品的所有权在一定的时间范围内为著作权人所有,在著作权人去世50年后,其作品进入公共领域,成为公共文化产品,对于作品的使用不构成侵权。这类失去著作权保护进入公共领域的文化产品即相对意义的公共文化产品。总体上看,作为私用物品的相对意义上的公共文化产品,是其所有权公有化的结果。总之,尽管多数文化产品在现实形态上表现出程度不同的私人性,但是从文化产品的发展与本质属性来看,受物质载体的表现形式、精神内容的产权性质等因素制约的私人性只是暂时的,公共性才是文化产品最本质的属性。

（3）文化产品的非竞争性与非排他性。文化产品公共性的实质是文化价值的非竞争性与非排他性,文化产品的文化价值为特定群体所共享,个体的消费并不会削弱其效用。同时,也很难阻止他人对于产品的共享。如新闻可以为世界各国数以亿计的消费者同时接收,其内容照样完整、鲜活,受众的增加,既不增加供给的成本,又不减少消费的精神内容。阻止他人对新闻的共享也是很难做到的。从全人类的角度看,作为人类的记忆、智慧与人性的表征,文化产品还具有超越地域、种族、国家的公共性。因此,从文化的公共性、群体性的视角来看,任何文化产品在本质上都是公共的,与共同体全体成员的身份认同相关,正是在这种认同过程中才成为具有完全资格的文化产品或服务。没有经过共同体成员接受、认同的产品是边缘性的。真正的文化产品总是在传播、流传的过程中才完成的,其意义才充实起来的。

二、文化创意产品的基本特征

因文化创意产品的“体验价值”,要求其不仅需要满足消费者物质层面的需求,更重要的是满足消费者心理和精神层面的需求。文化创意产品在具备普通商品一般特征的同时,还应该具有区别一般商品的特征,如文化性与艺术性、地域性与民族性、纪念性与实用性、经济性与时代性等。

（一）文化性

文化创意产品中的文化性是通过文化创意产品显现民族传统、时代特色、社会风尚、企业或团体理念等精神信息。文化性是文化创意产品的核心内容,消费者对于文化创意产品的消费,从某种意义上来说不仅仅是为了其实用性,更多是为了买"一种文化"和生活方式,是一种由文化带来的情感溢价。如平遥古城地图文化创意(图5-8),做到的不仅仅是与古城地图形态的契合,还运用古人"以龟建城"的理念,传达吉祥、安康、坚强和永固的美好寓意。

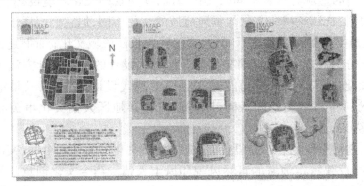

图5-8　平遥古城地图文创(作者李添吉,袁诗群;指导教师:周承君)[①]

（二）艺术性

艺术性是指在结合设计条件、材料、环境进行设计活动时,创作主体应对设计的审美规律有所参照,设计作品应对设计审美要素有所展现。（图5-9）。

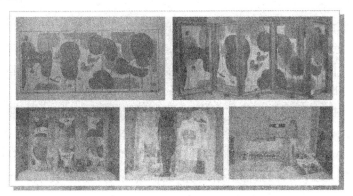

图5-9　艺术作品文化创意化

① 图5-8至图5-14选自:周承君,何章强,袁诗群.文创产品设计[M].北京:化学工业出版社,2019.

（三）地域性

所谓地域性设计，是依据地域特点的设计，主要包括基于地域环境的适应性设计和基于文化资源的传承性设计两个方面，其实质是一种生态性设计。

不同的地域必然有不同的文化空间，所呈现的文化环境也必然不同。如在中国，长江流域的文化与黄河流域的文化不同，但它们同属于华夏文明；荆楚文化与赣皖文化不同，但它们同属长江流域文化；而荆楚文化又可以细分为屈原文化、三国文化等。地域性设计的基本设计方法是提取传统文化中符号模式及功能模式应用于现代设计之中，以满足本地域文化共同体的审美心理认同，同时造成相异地区人们文化审美心理的差异感。

在进行文化创意产品设计时，应概括出文化的共性和个性，突出文化的个性，反映特定地域的自然风貌和风土人情。当今文化创意产品对文化的阐释多流于表面，不能够深入地挖掘文化内涵，这也是导致同质化现象严重的原因之一。吉林省吉林市缸窑在清朝是东北陶瓷较大产地之一，有"缸都""陶都"之称，文化创意产品"独钓寒江雪"利用当地"特产"吉林钦瓷为原材料，纹饰则用"夜看雾，晨看挂，待到近午赏落花"来表现吉林雾凇因时间变化之美（图5-10）。

（四）民族性

艺术由人创造，而"人"不能离开民族而存在，尤其是离不开本土文化，即民族性。"民族的才是世界的"，在艺术风格上越具有民族性就越具世界性。同时，民族文化的独特性才能保持文化的多样化，如湘西的土家织锦、贵州的彝族漆器、西藏的唐卡等，各具特色、争奇斗艳。

不同的民族所表达的文化特性不同，设计师在设计产品之前，应该着重抓住民族文化的精神内核，找到共性与个性。在对文化元素进行提取时，应对民俗故事、纹饰、器物等进行分类梳理，在尊重民族习惯的前提下进行挖掘，设计出具有民族风情的产品。更好地弘扬和传承民族文化（图5-11）。

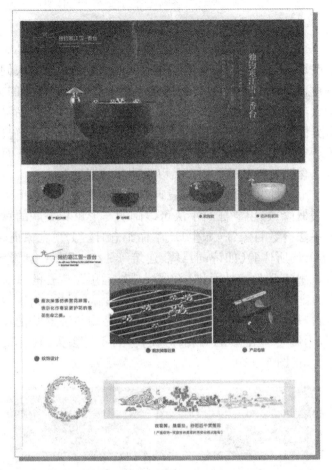

图 5-10 独钓寒江雪(作者：袁诗群，李添吉；指导教师：周承君)

图 5-11 藏文化产品——"朋友"系列(ronn lau 作品)

（五）纪念性

纪念性是文化创意产品对情感和记忆的承载。纪念是人们在现实生活中的一种感知方式。并以这样的方式不断丰富个人和集体的文化意向，进一步形成丰富多样的人类文明。纪念性要求文化创意产品除了给消费者带来审美愉悦之外，更重要的是帮助人们回顾历史，更了解自身以及周边的世界。纪念性强调消费者与被纪念事物之间的关联性，而文化创意产品是将纪念性的意义赋予到产品以唤醒某种记忆。

在进行纪念性文化创意产品设计时候，可采用象征的手法。象征是以形象代表概念，运用象征的手法可以阐明与形象相关联的意义。最典型的象征手法有数目象征（如生日、革命纪念日等）、视觉象征（如品牌形象、纹饰等）、场所体验（如诗词意境、建筑等）。瞭望台U盘设计，将长城的瞭望台造型和U盘的外形进行关联，巧妙运用瞭望孔的弧线结构塑造U盘外侧的拼接口，形成一套可组合U盘设计。同时每个U盘既可单独使用，也可被拼合成完整的瞭望台造型。产品的包装盒既是外包装也是基座，四周有与U盘配套的插孔，方便使用，不易丢失，具有较强的实用性与纪念价值（图5-12）。

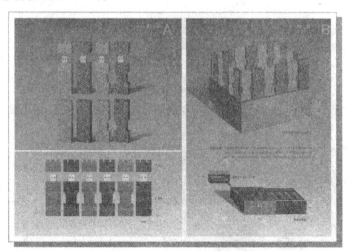

图5-12　长城旅游纪念U盘设计

（六）实用性

在设计发展水平相对超前的国家，实用性设计似乎不那么重要，人们更在意审美和艺术的趣味性。而在中国，可以明显感知到的是，在传统非遗项目中,传统手工艺创作者似乎更受资本市场和政府的青睐,很大程度上是因其可直接生产具备实用价值的产品。鉴于中国国情,消费者在选择购买产品时更倾向购买具备实用价值的产品。文化创意产品的实用性虽然不是必要选项,但应是设计者的重点考量维度(图 5-13)。

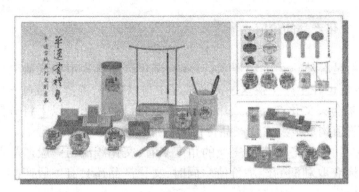

图 5-13 大广赛一等奖"平遥有礼"(凌哗韦锦城莆田学院)

随着中国顶层设计提出全面复兴中国传统文化,出现了一大批"古老"而又年轻的节目,如《国家宝藏》《如果国宝会说话》等弘扬传统的文化类节目广受好评,这些节目之所以能成功的很大一部分原因就是注重与年轻人沟通和互动。中国的文化创意品牌要走出去,必须尊重中国的本土文化,同时符合国际审美。国际知名华人设计师刘传凯设计的上海世博会城市旅游纪念品——微风,将上海地标以中国特有的折扇形式表现,利用了中国传统香木扇的拉花、烫花、雕花等制作工艺,极具时代性和纪念意义(图 5-14)。

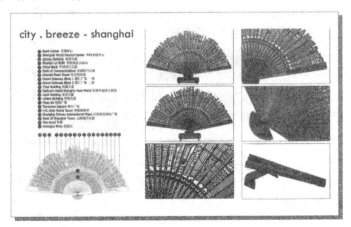

图 5-14 上海世博会旅游纪念品——城市·微风扇子(设计师刘传凯)

第三节 文化创意产品的价值构成

一、文化产品的价值

价值是客体满足主体需求的范畴,文化产品作为市场流通交换的主体,其价值也在生产交换这一流通程序中得以实现,消费者通过支付一定的价格来购买文化产品的效用,从而满足自己的需求。以下将分析文化产品的价值构成以及文化产品价值的特殊性。

从产品的生产与市场交换的角度来看,文化产品与一般产品都具有通过交换获取利润的经济价值。同时,文化产品还具有一般产品不具备的文化价值。

（一）文化产品的经济价值

经济价值是文化企业进行产品开发与生产的首要目的,通过文化产品的售卖,无形资本被转换为有形的货币价值,带来直接或间接的经济增长和就业增长,这些经济效益的总和就是文化产品的经济价值。经济价值包括直接经济价值和间接经济价值。文化产品的经济价值即文化产品进入市场,通过交换带来的直接或间接经济效益。文化产品的直接经济价值主要是指经营文化产品的收入,包括书籍等文化产品的销售、演出等文化服务的提供以及通过文化信息传播、文化中介服务、版权交易等日常经营业务过程中所形成的经济利益的总流入。如电影票房、旅游景点门票、有线电视收视费等。文化产品的间接经济价值是指文化产品的生产销售活动间接为社会创造的经济价值,包括对行业发展的贡献、对国家税收的贡献、对社会就业的贡献和因为创新而带来的技术溢出效应等。如,成功的旅游产品不仅能够为企业带来可观的经济效益,同时也提升了旅游目的地的知名度,带动了当地的运输业、餐饮业、住宿业的发展,促进了就业。文化产品中的新创意、新技术,不仅节约了生产成本,也减少了对于社会资源的消耗。互联网的普及,互联网＋的模式等技术与管理模式的创新就体现了创新对于整个社会的贡献。

（二）文化产品的文化价值

文化产品和服务所具有的、能够满足一定文化需要的特殊性质就是文化价值。文化价值包含两个方面的规定性：能够满足一定文化需要的文化产品和服务、具有某种文化需要的消费者。当一定的主体发现了能够满足自己文化需要的对象，并通过某种方式占有这种对象以满足自己的文化需要时，就形成了文化价值关系。

（三）文化产品经济价值和文化价值的关系

文化产品的经济价值与文化价值既有一致性，又有差异性。

（1）经济价值和文化价值的联系。经济价值可以用社会必要劳动时间来衡量，文化价值是一种观念价值，主要取决于消费者的主观判断，通常难以度量。文化产品的文化价值对经济价值的影响主要通过消费者的支付意愿来实现。通常对于文化产品的文化价值可以用支付意愿来衡量，支付意愿也称价格意愿，是指消费者接受一定数量的消费物品或劳务所愿意支付的金额，是消费者对特定物品或劳务的个人估价，带有强烈的主观评价成分。消费者对于文化产品文化价值的评价可能影响其对文化产品的偏好，进而影响个人的需求。在这种情况下，文化价值成为经济价值的内容，愿意支付的价格（即支付意愿）既可被视为对文化产品经济价值的衡量，也可被视为对文化价值的衡量。但是，这种影响是有限的，文化价值和经济价值之间有一定程度的关联者可以正相关，但也有例外。这是由文化价值多元的内在结构决定的。文化价值的某些成分无法转化成为经济价值，或者文化价值的组成成分间可能内在不一致，一种文化价值较高可能以另一种文化价值较低为代价，如古典音乐、文化遗址、流行音乐、肥皂剧等文化产品的文化价值构成成分就有很大的差异，这种差异有可能反映在经济价值上。支付意愿是联系文化产品文化价值与经济价值的中介，对于文化企业具有重要意义，文化企业的技术，创新与产品开发活动应当以消费者的价值取向为导向，提升消费者对于文化产品的认同，进而提升文化产品的经济价值。

（2）文化价值与经济价值的区别。①载体不同。经济价值存在于所有商品和服务中，但文化价值只存在于文化产品和服务中。②经济价值可由市场价格体现，但价格并不能完全体现文化价值。③尽管文化价值和经济价值同时蕴含于一件文化产品中，但二者并不同步。文化产品有较高的文化价值不一定有较高的经济价值，反之亦然。④经济价值反映个人对商品的评价和偏好，由于文化的群体性，文化价值往往反映群体的评价。当个人评价基本上反映了群体评价时，文化价值与经济价值趋于一致。

二、文化创意产品的价值构成

文化创意产品的价值构成系统与一般商品有着很大的差异,文化创意产品的价值并不仅仅由社会必要劳动时间、个别劳动时间或由购买者的需求和支付能力、价值效用等显性要素来决定的,而是由隐性价值和显性价值共同决定的。

文化创意产品的显性价值与一般商品并无二致,其独特性在于体现"文化"的隐性价值,是文化创意产品价值中的核心部分。"文化"来源于特色的民族历史资源、人文底蕴和文化内容产业等,在文化创意产品的生产过程中,"文化"可以间接影响新产品的附加价值,所以,文化创意产品的隐性价值也是企业的核心竞争力。传统产业从改变商品的功能来为消费者提供更高的使用价值,从而获得高利润。但是,文化创意产品是在满足消费者功能价值的基础上改变消费者的观念而获得利润。这些观念主要表现为信息价值、文化价值、体验价值等。

比如,可口可乐用重金买下了哈利·波特的形象使用权,对于可口可乐的产品而言,这就被赋予了一层新的信息价值,消费者会认为魔法界的人们也要饮用可口可乐,或者说哈利·波特也要喝可口可乐,文化创意产品的信息价值也因此形成。同时,文化创意产品的价值也在其整个产业链中得以实现。

J.K. 罗琳创造了《哈利·波特》,并由好莱坞将其拍成电影,就完成了内容类文化创意产品的创造,同时也完成了关于"魔法文化"的内容创造。依据这一创意源,并将其注入传统产业中,创造了基于"魔法文化"方面的玩具、糖果、服饰等创意类文化产品,进而可以根据这一故事建立相关主题公园来促进英国旅游业等延伸类文化创意产品的发展,通过这一产业链各类文化创意产品获得相关的价值。而本书主要对创意类文化产品进行相关的解读和赏析,以使读者能够对文化创意经济时代的新商品形式有所理解,为中国文化创意产业的发展打下坚实的基础。

第四节 中国文化创意产品设计的现状

一、高新技术的革命引起传播方式的革命

高新技术几乎应用到了文化的所有领域,这给文化艺术的存在方式

带来的变革最突出的表现莫过于声像消费的加剧和数码复制技术的全面渗透。文化生产方式的工业化,实现了从文化手工业到现代文化大工业的深刻变革,直接导致文化工业革命。其实这只是看到了传媒革命前期的成果,那就是文化的大批量工业化生产,这主要表现在现代社会发展中,纸质媒体和胶片电影、电视带给人们生活的影响。这一阶段的成果是文化产业化的结果,其导致文化工业生产的规模化,取消了小作坊式的独立个人的运作。我国目前文化产业的发展还属于起步阶段,这和欧美发达国家有一定的差距,因为在他们那里文化产业已经全面发展到创意产业阶段。而我们国家要提高国家软实力,不能再一步一步地从西方国家发展的道路从头走起,否则会一直落后于他们的产业发展。

我国的文化创意产业还没有在全国范围内得到认同,我国大批城市的创意产业发展薄弱,严重影响了我国创意产业的整体发展水平。中国具有丰富的文化资源,但由于缺乏好的创意,致使很多资源未被充分利用,与发达国家还有很大的差距,需要加强对文化创意产业的研究以及推广。

我们之所以有理由提出创意产业的发展时机已经到来,无非是出于对以下问题的思考。可以通过网络和先进的通信工具轻松而便捷地获取信息资源,可以轻松方便地享受文化娱乐资讯和节目。即使是图书也喜欢那种图文并茂的读物,可以在视觉上享受到来自色彩和符号化寓意的传达,而不必辛苦地阅读文字。同时,真正的创意产业其核心内容是艺术创意。所以,在文化产业发展到今天的中国,我们在实现创意产业的同时应该意识到艺术创意在其中的比重,从而领悟到创意产业的特点,其区别于传统文化产业之处便是:它需要高层次的受过专业训练的创意阶层,需要有艺术训练和知识储备的创意人才,需要的是富含数码技术的艺术创意。

所以,我们进入文化产业的同时还要进入创意产业,进而应审视文化产品是否具有艺术创意,当艺术创意获得成功后,产品是否在一系列的传统运作方式中增加了网络手段。只有具备了这些特征,创意产业才算形成。

二、人们可以通过最先进、最便捷的方式获取资讯

就是在偏僻的地方只要有网络,有卫星电视,他们也能很快地接收到最新的潮流信息。可以说,中国的公众消费意识正是在媒体革命的时代得到了最大限度的培养。他们可以接受最新的理念,欣赏多元的文化景

观,接收到来自不同方向的观点和声音。我们这个时代不缺少信息,缺少的是对信息的关注,那些受到关注程度越高的信息本身就是直接的价值。一个城市是这样,一个产品也是这样。

正是传媒经济大发展的今天,创意产业要求强大的创意团队将创造性的理念通过一系列的渠道宣传推广并获得巨大的销售利润。单个的作品或者说过去传统的单兵作战很难吸引读者的眼球。那种方式已经不适应市场对文化产品的需求。一个成功文化商品需要具备的条件除了其巨大的吸引力,还要能够在消费中给予受众情感和精神的影响,对人的内心世界有所提升。

而我们的城市要进入创意时代,要用自己的吸引力获得巨大的投资和回报,少不了创意。而一个创意城市要吸引人,长期地留住人,最大的法宝是对人的精神观念的影响和引导。让他们在体验中获得精神的享受。愿意花时间和文化的创意者共同分享快乐。这既是对创意团队提出的要求,也是对一个消费者提出的要求。

在当代,消费者已经不是传统意义上的消费者。他们有自己的主张,有自己的判断事物的方式,有自己多样的信息来源。他们完全可以根据自己的需要选择生活方式和消费对象。也正是这样,今后的公众已经不会再把温饱和基本的生存保证作为脱贫的标志,而是看自己是否具有除了基本生存之外对精神文化的消费能力。

如果在这样一个传媒时代,一个享受宽带生活的时代,你个人还无法具有享受周围创意产品带给你的愉快时,或者你无力去消费这些娱乐或者美丽时,你就是贫穷的。

第六章　中国传统手工艺与现代文化创意产品设计的融合路径

在艺术和设计领域,由于国外各种新思潮的涌入和渗透,动摇着我们固有的价值观与审美观。因此,如何认识传统文化与现代设计的关系,使其在现代设计中的应用更为广泛和深入,是新一代设计师们所面临的课题。

第一节　大融合的设计

当今的设计潮流,越来越趋向于前卫性与实验性。我们常常能看到许多来自日本与西欧的矢量作品。无论是人物的造型,还是配色,都充满想象,大胆而具有较强的视觉冲击。殊不知在我们的传统艺术里,早在汉代的岩画里,就出现过许多充满奇特幻想的作品,再到近代的麒麟功画,更是传统与现代的完美结合。如果我们觉得自身的创作思路不够开阔,我们首先要做的应该是从传统的民族艺术中去吸取养分,而不是一味地跟随国外的艺术潮流。虽然说我们常说"艺术无国界",但这种先后的次序反映的是一个民族艺术的生命力,反映的是一个植根于这个民族的艺术家或设计师的想象力。如果连这些都大同了,那么民族艺术的创作,从根本上也就失去了意义。因此,我们必须努力去找到传统艺术与现代设计的融合点。"传统"与"现代"之间的关系是所有的艺术门类始终关注的命题,正如我国的中国画和京剧在不断地进行着改革和创新。现代设计也应此,既要继承传统,又要丰富艺术本体,用现代人的审美意识和观念去表现,去进行现代设计并给其注入新的活力。

这种传统与现代的结合,既是一种思想,也是一种手法。这个概念可以分两层意思来理解:

从狭义上分析,这种结合即取传统图形,以现代的设计手法将其变革,留其神而变其形(指形式),以某种巧妙和令人信服的方式融入所要诉求的画面中来。在这里,平面设计里的构成、色彩、字体编排等手法,都来自现代设计语汇,而作品的灵魂却来自所引用的传统图形。传统图形往往都具备两个特点:一是深入人心,二是内涵深远。用现代的设计手法结合传统图形的改造应用,能给人一种焕然一新的感觉,同时力度也会因从某种深层植根的东西出发而变得强大有力。

从广义上分析,这种结合指的是我们常说的应用传统的艺术元素来创作的作品。这里有必要搞清楚的是,这种方式不能理解为八股文一样的教条,它没有条条框框,真正能代表一个民族文化的作品,绝不是简单的引用某个来自传统的象征图形或其他元素,在这之间,最重要的是一个引申的过程,是对传统文化的某个局部作高度概括,并从中提炼出最有代表性的元素的过程,所谓大象无形,真正优秀的结合,应该是对传统文化的一个高度简练的体现。并不是一提到中国,就想到龙,想到水墨,想到紫禁城。在这样的创作过程中,思路不该是如此拘束,而应该是无限开放的。如果你谙熟中国传统文化和艺术形式,那任何一种存在于其中的元素都可以随时跳跃而出,信手拈来,毫无做作之感,一切自然流畅。传统的东西,不应该最后成为一个笨拙的标签贴在上面,让人一眼望穿,空洞无物。而从另外一个角度来说,一个民族文化的广泛性,也绝对不可能只局限在几个被反复应用的元素上。

广义上的传统图形与现代设计的完美结合,不是拘泥于某个片段、某种情结上死扣不放,而是融入了深度的领悟与继承,并怀着美好的感情去创作,是以民族文化为本,在此基础上不断开放思路,以现代设计独特的多变性和灵活性来创造,而不是抱作一团,禁锢思路。做设计,思路一定要开阔,对于传统与现代的结合,更应该注意这一点,优秀、丰富的传统文化是创作的无限源泉,而不是一堆绊脚石。

譬如说中国汉字,每个汉字都有自己的意思,这意思甚至是由每一个笔画来体现,有横,有竖,有洒脱的一撇,也有刚劲的勾与挑。而这些笔画组合在一起,又是每一个单独的个体。变化太多,更有象形、会意等玄机在其中,如果我们注意到这些细节,并加以引申,是完全可以打开思维的。再譬如说佛手,佛手有千变,曾有一位生自敦煌的画家,独自将佛手的千种姿态记载,那其中的韵味,当真是无穷无尽。再譬如说最常见的莲,形细长,顶饱满,姿态婀娜,如果将其试作一幅平面,单从构图上,就尽显空灵。再或者是阴阳学所推崇的互补与对比的思想,佛家的空与实,道教的内敛与修身,这些文化所体现的意义都可以直接影响到一幅平面作品的创作上去,它们能直接提升你的作品所具备的气质和灵魂。

　　香港著名平面设计大师靳棣强,创作了大量优秀的文化招贴。他认为,美的原则有三条:立意——意念先行,以形取神;创新——承先启后,破旧立新;活用——适身合用,灵活生动。这三条设计原则实际上强调的是老庄的哲学思想,也是中国山水画的表现意境。他主张把中国传统文化的精髓,融合到西方现代设计的理念中去。他的许多作品都无一例外地体现着这种思想,在其招贴设计《自在》系列中,运用了中国的水墨画技法,融合了现代技术的特殊机理效果,现代又不失传统。

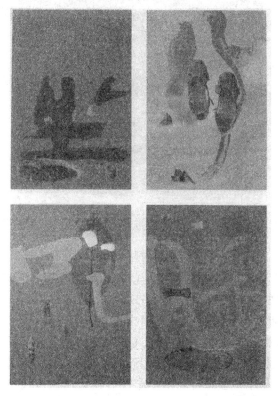

图6-1　靳棣强招贴设计《自在》系列[①]

　　中国传统艺术在新的技术与意识观念的冲击下而不断地更新拓展,而其后的内涵与精神则是民族历史长期积淀的结果,是中华民族所特有的,也是民族形式的灵魂之所在。因此,要使中国的传统艺术在现代设计当中得以延伸发展,打造新的民族艺术形式,就应该在理解的基础上取其"形",延期"意",从而传其"神"。

　　取其"形",自然不是简单的照抄照搬,而是对传统造型设计的再创

──────────

[①]　图片来源:百度图片

造。这种再创造是在理解的基础上,以现代的审美观念对传统设计中的一些元素加以改造、提炼和运用,使其富有时代特色;或者把传统设计的方法与表现形式运用到现代设计中来,用以表达设计理念,同时也体现民族个性。在"形"的延伸方面,有许多这方面的典型案例,如吉祥如意名片架(图6-2),运用了中国传统吉祥纹样如意的造型,而青瓷简约、古朴、典雅的气质,反映出中国传统文化的淳厚。

图6-2 吉祥如意名片架[①]

延其"意"也有着特殊的含义。中国传统造型设计背后的"意"是人们迷恋其造型的关键,不论古人还是现代人,对美好事物都一样的心存向往,因而传统造型设计背后的吉祥意味同样适用于现代设计,适用于传达现代人的设计意念。例如"上上签"(图6-3),这是洛可可公司出品的一款便携式牙签盒。配色采用的是传统的中国红与水墨黑搭配,包装别致的正负形造型设计灵感源自北京标志性古建天坛与古代官帽结合。使用时向上推动红色部分,融入了东方祈福文化中最典型的"摇签"和"七上八下"的概念,步步高升,寓意吉祥。

传其"神"是对于"形"和"意"的沿用,可以说是对传统造型的一种浅层次的发展和提升,而一种新的民族形式的创造,是需要我们摆脱美学传统的物化表相,进入深层的精神领域去探寻的。我们只有在深入领悟传统的艺术精神、充分认识来自现代西方的各种设计思潮的基础上,兼收并蓄,融会贯通,寻找传统与现代的契合点,才能打造出符合新时代的民

---

① 图片来源:https://www.duitang.com/blog/?id=394156334

族形式,才能找到真正属于我们本民族的同时又能够为国际社会所认同的现代设计。在这一点上,高山流水香台(图6-4)可以说是一个很好的范例。中国的传统美学一直是注重意境之美的,几粒鹅卵石堆叠成有层次的山,当香椎点燃,由于负压原理,烟雾便如流水般倾泻而下,形成"高山流水"的奇妙意境。整件作品以石见山、以烟喻水,将写意山水的意境表达得淋漓尽致。

图6-3　洛可可公司设计"上上签"①

图6-4　高山流水香台

关于中国的传统文化与现代设计,需要讨论的话题太多,在这里我们并没有具体论述在某一个作品中如何将传统图形等元素,以何种现代设计的手法生成一个完整的平面作品。这关键在于根本设计意识的形成。

① 图6-3至6-4图片来源:洛可可创新设计学院,产品设计思维[M].电子工业出版社,2016.10

而这些意识在潜移默化地影响着我们的现代设计思想。要将传统设计运用到现代的设计之中，就应该本着科学求实的态度，去伪存真，让其具有民族性、现实性的一面得以发扬光大。靳埭强先生说："对中国传统的感情和思考，使我做设计时一直在观照我们文化的根源。"现代设计应立足本土文化，到中国传统艺术的土壤中挖掘、撷取精华，将本民族的传统文化精粹自然而又清晰地融入现代设计中，以现代设计语言反映传统文化，创作出既具有中国气派、同时又具有现代感的标志作品来，这是每一位设计工作者应承担的历史责任和文化自觉。

事实上，每一个设计都不可再生，它是唯一性的产物，每一位设计者都应该跳出条条框框的教科书类引导，尽量丰富自身的知识，从民族传统艺术里吸取营养，培养具备一定素质的设计意识，这才能从根本上拔高自身的设计水平。总有人会说这位设计师的风格如何严谨而脱俗，那位设计师的作品总是充满意境，令人回味。其实任何一种风格的形成，都来源于对自身的修炼，是人文的概念，而不是大量技巧的拼合与堆积。

第二节　恰如其分的元素应用

一、传统符号的应用

（一）形的借用

中国的传统符号中，某些特定的符号有着特定的指示意义与内涵。在漫长的文化进程中不断得到继承和发扬，一直延伸到现代社会。由于中国的传统图形符号内容庞杂，这里将选用有典型代表意义的图形符号予以阐述。

1. 原始母体的演绎

狮在中国是一种祥瑞之兽，具有驱恶镇邪的作用。因而很多建筑的两旁都用狮子作为守护之神。至今在中国还保留着每逢佳节庆典都要舞狮子的传统。狮子在后世的发展中逐渐演变成了吉祥、高贵、皇家风范的代表。例如，北京饭店贵宾楼的标志就是狮子。标志以传统北京狮子图案设计成一印章效果，以简洁流畅而有力的线条勾画出狮子的威武形态，经过烫金及压凸印刷处理产生皇朝高贵的气质及超然的形象。

中华民族的象征——龙，一直延续到今天企业形象的塑造上，被广泛地运用于商业活动中,以龙命名的企业和品牌几乎是随处可见,如科龙集团、龙凤汤圆、金龙鱼、太子龙、E 龙网等。

2. 形的关联

形的关联是指一物联想到另一物。例如,这套由台客蓝出品的白瓷小笼包造型的调味罐组合,包括了盐罐、酱油罐、胡椒罐、辣椒罐及万用罐。作品将调味罐的造型与包子融合,设计感与功能性完美结合,也象征生活的丰富滋味,寓意深远(图 6-5)。

图 6-5　台客蓝小笼包调味罐[①]

3. 形的借代

借代是文学中的一种修辞方法,即借一物指涉另一事物。借代也是现代设计借鉴传统图形符号常用的手法之一。故宫博物院文创产品(图6-6)将故宫藏品的文化价值创新性的转译为当代工艺品。作为一种文化传统与时尚完美结合的产品,可以吸引更多的人来认识和喜爱故宫文化,及其它们所承载的传统文化。

图 6-6　故宫博物院文创产品[②]

---

① 图片来源：https://www.hakka-blue.com/blank
② 图片来源：https://www.dpm.org.cn/Creative.html 故宫博物院官网

（二）意的延伸

首先，中国文化的发展具有承前启后的时间关系特征。它的发展历史是一个连续体，图形符号作为文化的一个分支表现出同样的特征。陈幼坚设计有限公司的标志采用的是中国吉祥符号四喜人，寓意生命绵绵不绝，以此象征公司创意灵感循环不息和多元化经营的特点，同时暗示公司与客户的紧密合作，互相推动。

其次，传统符号进入现代社会和现代设计，它的使用价值和生命内涵已经发生了变异。进入现代社会，变化着的时间和空间极大地改变着我们的生存空间，包括物质和精神两个方面。传统事物正经历着新文化和外来文化的巨大冲击。因而它们都在不断地改变着自身以适合新的社会要求。

（三）神的传承

"形"与"神"的问题，是中国古代哲学与美学都十分关注的问题。它最初是关于人的物质形体与精神相互关系的哲学探讨，进而进入到品评人物画和其他艺术绘画和艺术门类的艺术创作。

1. 离形得似

"离形得似"是中国艺术形神论的重要方面之一，主张由内而外，以神为本，真实地表现主体对事物的感受和体验。因而其艺术形象的构成方式是"以神写形"，允许为了更好地传神对事物进行改造，追求以"不似似之"的变形效果。

"离形得似"的观点最初源于人物画创作理论。古代艺术家在进行创作前首先要对客体进行观察。在总体上把握人物与众不同的内在气质，然后由此出发，从传神的角度来掌握形体表现，突出或夸张的描写最能体现对象气韵的部分，削弱其他次要方面，使艺术造型典型化。现代设计同样追求对客体精神本质的把握，通过抽象等表现手法达到抓住对象神韵的目的。庄子在《庄子·养生篇》中说有过"得意妄言"之说。现代标志设计对传统符号的继承绝不应仅仅停留在传统符号可视的物化形态上，而应深入传统符号的内在生命力量，可谓"得意而忘形"。标志只取传统的构形方式，其元素是非传统的，但构成的图形蕴含的精神却是传统的。

事实上，"离形得似"的观点不是完全抛弃"形"，而是在事物原形的基础上加以变形也不是完全地舍弃"似"。而是要以"不似似之"，介乎

"似"与"不似"之间。"不似"的是无关紧要的部分,"似"的是体现对象内在精神的主要特征。例如,台湾平面设计师协会的标志采用的元素是西方的,经过表现手法和形态的组合创造出的神韵是东方的。龙马沟通企划公司的标志也是用抽象的元素表达了特有的民族内涵。

2. 形神兼备

"形神兼备"的"形"是一种经过精心选择的,能够融形于神的形似。既高度凝练"多一分则太多。少一分则太少",又能恰到好处地传神。如果对象的精神不能融于形貌之中,即使抓住了其造型的关键部位,也只是一种僵化的形象,不能使人产生审美愉悦。

至于"神",必须贯注到艺术活动的外在形式当中,"神于中而形与外",才能有动人的艺术创造。用唐朝著名的画家张燥的一句名言来概括,就是:"外师造化,中得心源。"这里的"神",不仅包含对象事物的内在的本质属性,同时也包含主体对对象事物的一种感受。这种感受一方面来自客体,受个体对象独特性的制约;另一方面它又出自主体内心,是主体生命力量的显现,这种"神"是主体精神与对象精神的契合,是主体生命与客体存在相碰撞的产物,是二者的"神合"。艺术形象通过客体的精神契合与沟通而获得深刻的意蕴内涵。这种意蕴又通过准确、凝练的外形呈现出来,从而展现出一种形神相融的独特艺术魅力。

总而言之,对传统符号的传承可以分为取形、达意、传神三种境界,传神则是一种更高层次的升华,是对前二者的超越,其突破传统艺术视觉形式,深入体会和领悟传统艺术内在精神,创造出超越传统物化表相的全新的视觉形态,传达传统文化神韵。

二、传统图形的应用

艺术创作应不限于传统形式,应该站在时代中向前迈进,不断创新。就以龙来说,是中华民族的图腾,是尊贵威仪形象的象征。龙是传说中的动物,千百年来是没有定型的。在现今海报宣传中,就以"现代龙"为题材,设计遗弃了传统细致复杂的龙形形式,重新用几何图案创作出新的"龙"形。在造型上,运用几何图案来创造,龙身由六个不同大小圆弧的左右上下起伏穿插构成,没有繁复的鳞片,只以龙背上的小三角及半圆象征。这种古为今用的方法,运用在包装设计、书籍装帧上都能充分地体现中华民族丰厚的底蕴。中国传统艺术范围广泛,形式多样,很多有趣的专题有待研究。如果可以梳理出一些能有效鼓励新一代设计师认识传统、认同传统并热衷于将之转化为现代的视觉文化的建议,则可为继承中国传统文化带来一些积极影响。

（一）善用传统形象

传统图形呈现出来的外在形象是最直观的视觉符号。这些图形符号都蕴涵着前人的无限巧思,面对优秀文化,直接从传统图形中提取形象元素,进行符合当今时代精神的再创造,维持图形的精神内涵,保留图形的神采神韵,并赋予鲜活的时代特征,这是最直接的对于传统图形元素的传承。例如在现代招贴、包装、广告、书籍设计中广泛运用的吉祥云纹、方胜盘长、龙凤、牡丹等图式可见一斑。

（二）沿袭传统意蕴

中国传统图形本身就意味深厚,寓意丰富,其中往往还蕴藏着多元的吉祥意义。借鉴传统图形要得"意",即要借用其"内涵",再加以引申,使设计具有深度和情趣。中国传统图形含而不露、隐而不显的风格,不仅是一种装饰,更是一种具有民族精神的本土文化。

在现代设计中沿用传统文化的内涵意蕴,设计创意就会散发出迷人的东方神韵,这也是我们立足于世界的根本所在。沿袭传统意味,这是涌动于我们血液和骨子里的基因,不谙东方文化的西方设计师是无法模仿、望尘莫及的。传统意蕴是内在精神的体现,传承其意,是对古老文化最深的继承和发扬。例如享誉盛名的设计师靳棣强、陈幼坚、陈绍华、吕敬人等,他们的设计作品之所以被国际社会接纳并屡获大奖,就因为当中涌动着浓浓的中国意蕴。这种意味的流露绝不是表面而肤浅的画两笔水墨、写几个汉字所构成的表面现象,它是发于内心的、一种对中国传统文化的哲学思想全然理解之后的涌动和释放,这是他人无法模仿的,这已然是传统与现代结合之后形成的独特的中国风格。

三、传统色彩的应用

中国传统色彩一方面是指宫廷御用高官独享之黄、红、紫、蓝、青等色调,另一方面是指发展于民间的大红、大绿等五彩缤纷的色彩面貌。整体来说,中国色彩可谓有浓有淡,有雅有俗。

在传统图形色彩发展的过程当中,由于传统图案使用矿物质颜料,经过历史的尘埃,大都比较暗淡,如敦煌壁画。当代绘制的图形颜料高级、新鲜持久,致使新的图形色彩俗丽,而且在表现技法上尚未突破传统惯用的平涂、渲染法的局限,因此形成媚俗的色彩和保守、陈旧的印象。要使传统图形展现新时代的面貌,除了在外形上突出时代感,在色彩上也要勇于放弃和突破,用现代的审美观面对传统图形,使图形色彩脱离原始的俗气、艳丽和陈旧感,结合信息时代的高科技手段,创造新的表现形式,赋予图形更加理想的、符合时代精神的色彩表达,从而焕发出新的面貌。

四、传统水墨的应用

在中国传统绘画中,最具有中国特色的莫过于中国画的水痕墨韵了。中国文化独有的线条的意趣,以形写神,意在笔先,都是当今设计师偏爱的手段。

中国画自然含蓄、注重意境表现,其诗意朦胧、藏而不露、隐含寓意的艺术表现方式,为本土化图形设计注入精髓,更使当代设计师情有独钟。几乎所有的中国设计师都尝试过使用水墨手段表达创意主题,形神兼备的优秀设计作品也层出不穷,并受世界瞩目,这是更新传统过程中一个不容忽视的角度。在国际化、现代化的设计舞台上,水墨画也融入了时代精神,现代风尚的高度简约的抽象风格与传统的水墨意蕴相结合,衍生出抽象水墨的概念并深受画家、设计师推崇,为传统水墨的发展积累了丰富的经验。

五、中国文字的应用

中国文字是最具本土化设计特征的表现形式之一。在具有典型中国风的视觉表达中,汉字字体的作用丝毫不逊色于图形,商号的招牌,牌坊的匾额、飘动的幌子,名胜的碑刻、钱币的标识、民间字体等,古老的汉字传达出不容忽视的文化价值。正因为如此,汉字设计在现代设计当中最能体现出本土语言和传统的文化精神。如今的汉字在设计师手中,更像是一种载体,传达设计师的设计观念。例如以游戏的心态解构汉字,使文字游离于似识非识之间,使人们看得懂而读不通,以惊奇的眼光注视这些迷离的新形象,就是一种逐渐被大家接受的设计尝试。

在现代艺术设计中,汉字设计颇为流行,各种鼓励创新、突破传统的字体设计大赛不断涌现,多款个性化的字体不断诞生,设计丰富着人们的生活。科技的发展、文化艺术的发展、计算机的出现,使人们进一步发现文字视觉化的功能以及潜在的信息传达的多种可能性,印刷媒体、感光材料、光效媒介的出现与更迭,文字设计的空间更加多样化。文字的解构、残缺、合成、光色、动态、运动、互动等特效都成为可能性,文字设计得到了空前的发展。汉字形态以无数个性化的形式表现,获得了许多新的表达规律。

中国传统文化的传承,需要设计师大胆以创新手法应用传统图形,重视传统优秀的图形,广览并了解图形的源流出处,以敏锐的感觉,从中提炼其艺术精华,吸收养分,不墨守成规。期盼着中国图形领域上引用文化产业与商业创造结合,在运用现代视觉语言的手法下,带出中国图形优美的丰富寓意。

第三节　现代文化创意产品对于传统手工艺及其艺术手法的借鉴

一、对传统工艺的借鉴

随着当代设计的发展,我们日益感受到传统工艺所带来的温馨感、亲切感和活力感。中国传统工艺蕴含着中华民族的文化精神和审美意识,富有"和、喻、灵、雅、巧"的美学特征,即便到了后工业时代虚拟设计、信息设计的兴起,仍未看到它们能取代传统工艺审美的迹象。传统工艺在当代社会中不衰的活力源自工艺形式相对机器更加接近自然,工艺作品中随处可见人文的痕迹,是地域文化延续的一种重要载体。

将完整的传统工艺置放于当代设计环境必然缺少生存的基本条件,无法与丰富多样、错综复杂的当代设计相融合,因此,对其进行解构性运用或许是一个不错的选择。所谓解构,就是把完整统一的传统工艺分解成若干部分,设计借鉴的对象不再是整个工艺,而是其中的某一项工艺程序或者物化局部等。

概括来说,传统工艺主要分为如下几个部分:工艺形式—成品—成品的使用。

(一)工艺形式

工艺形式包括与手工紧密相关的雕、磨、染、织、粘等方面及其技术要求。在设计中保留工艺形式寻找新的创作题材或将其中的某项步骤加以运用。如国家级非物质文化遗产四川泸州手工油纸伞,在制作工艺中有一项"石印"的工序,让油纸伞有了丰富多彩的图案变化(图6-7)。在平面设计中,这不失为一个很好的表现手段。

（1）　　　　　　　　　　　　　　　（2）

图6-7 油纸伞石印工艺①

（二）成品

成品是工艺实施的结果,将成品细分得到的各个局部也可以为当代设计所借鉴。这样的实例很多,也较容易操作,如中国传统服饰中用来固定衣襟或起装饰作用的"盘扣"(图6-8)、侗族建筑中的鼓楼、藏族唐卡的装饰纹样及配色方案等,在设计实务中都可将其作为一种设计符号加以运用。

图6-8 传统服饰中的"盘扣"②

---

① 图片来源:http://sc.people.com.cn/n/2015/0806/c345167-25877422.html
② 图片来源:https://sns.91ddcc.com/t/39347

（三）成品的使用

成品的使用是传统工艺的目的。在当代设计中我们为达到这种"用"的目的，完全可以避开传统工艺的低效，保留传统工艺品传达的精神和心理信息，采用现代的制造工艺。如藤编、草编或竹编制品在生产中采取批量化机械生产，甚至材质也可以是塑料或其他，这样既解决了虫蛀发霉和滋生霉菌等实际问题，也保留了传统工艺品的实用性。

二、对艺术手法的借鉴

中国传统艺术经过了历代艺人、工匠、百姓们创作与实践，积累了大量丰富多样的艺术表现手法和表现形式，或恢宏或灵巧，或简约或精致，或工整或粗放，或热烈或娟秀，或质朴或奢华等。这一切无不为平面艺术设计提供着丰富的表现形式和创作元素。这些，对于今天电脑技术带来的表现手法单调划一、缺乏人情味的理性倾向，将发挥重要的平衡作用。

传统艺术在材料的选择与使用上，显露质朴、率真的审美风格，多是选用价格低廉或者随处可见的自然物质，如纸、土、木、竹、石、麻、草等，外表看来粗糙不精，但制成的作品总体现出材质自身的肌理、质地、纹饰、光泽、硬度等自然形态的特征，使主观的创作意图与材料的自然形态完美地结合在一起，这正是民间美术意象造型观的体现，也是传统哲学观念和思维模式的体现，反映了民间美术在创造中倾向自然，与自然亲和的特征。"粗放、粗犷"却不"粗俗"，"豪放、简约"而不"做作"，显现其自然本色。黄永玉先生设计"酒鬼酒"瓶包装（图6-9），采用的就是粗布纹。酷似麻袋的"酒鬼酒"瓶能够受到人们的青睐和褒奖，就是由于传统艺术风格的单纯、质朴、简练与现代设计新观念的时代性融合的结果。

图6-9 "酒鬼酒"瓶包装①

① 图片来源于"酒鬼酒"官网

第四节　对传统手工艺美学思想的借鉴

一、中国传统手工艺美学思想概述

（一）"崇高""中和""拔尔而怒"

中国传统手工艺审美思想,深受宗法礼仪制影响,在设计过程无不注重"礼"的象征意义,体现出等级意义的"礼"。"周之文化,以礼为渊海,集前古之大成,开后来之政教。其著于典籍者,虽经秦火,所存犹夥"[①]。说明先秦之礼影响之大和礼制之完备。社会效能与社会等级之礼对设计的影响至今仍发挥着作用,影响着人们的设计审美趣味。

所谓"崇高",在美学上是指具有博大、雄伟、壮观或悲壮等属性的审美对象,可以是物质形式的,也可以是精神品质的,或者是二者兼有的,在人们的头脑中所形成的包括惊喜、景仰、尊崇、悲壮、豪迈、胜利感等在内的复杂的心理情感反应。一般说来,礼仪活动所能引起的崇高感主要是景仰、尊崇、庄严、肃穆以及神圣。朝觐、祭天、祀祖等大规模宗法礼仪活动所呈现出的恢宏场面,使人们油然产生一种敬畏感和崇高感。

所谓"中和",是中国美学的特有术语,它的基本特征是协调和谐,刚柔相济,安宁平和,体现"中庸之道"。先秦礼仪的人伦之礼、婚姻之礼、饮食之礼等礼仪规范都体现了这种精神。人伦之礼的"其乐也融融",婚姻之礼中的男女"合卺",饮食之礼中的"五味相和"无不遵循"中和"之道。

朝觐、祭天、祀祖等重大的社会活动需要繁杂众多的器物作道具。崇高和中和作为时代的一种审美特征,必然影响着人们的器物设计思想和观念。表现在器物文化领域,青铜文化的灿烂可说是先秦时期的物质文化代表。正因为青铜器是奴隶主阶级祭祀法典的"重器",礼数因素显得尤为重要。青铜文化的背后是原始的社会性和全民性的巫术礼仪变为部分统治者所垄断的社会统治的等级法规,并进而上升为上层建筑和意识形态。以"礼"为旗号,用祭祀和群宴等群体性、带有宗法意义的活动,显示统治阶级力量的强大、后世的繁盛和王权神威事业的兴旺发达。

所谓"钟鼎之乐",既是当时精神文化的"载体",又需极目可见的编

[①]　柳诒徵.中国文化史（上）[M].北京：中国大百科全书出版社,1988.

钟、镈和编磬,与之配载。群宴活动中,既需要在与祖先共享酒食之美时遇寄追思之情和显示王权力量,同时又需如鼎、簋、罍、爵、卣等饮食器承担具体饮食任务。物质与精神在舞乐声中相结合。当然这要归结为最初的一批思想家,按李泽厚的说法,"他们就是巫师,是原始社会的精神领袖","他们是殷周统治者阶级中一批积极的、有概括能力的思想家,他们'格于皇天''格于上帝',是僧侣的最初形式。他们在宗教衣装下,为其本阶级的利益考虑未来,出谋划策,从而好像他们的这种脑力活动是某种与现存实践意识不同的东西,这即是通过神秘诡异的巫术——宗教形式来提出'理想',预卜未来,编造关于自身的幻想,把阶级的统治说成是上天的旨意"。进而制定出诸多的规范,也就是"礼"来为本阶级服务。李泽厚接着说:"青铜器纹饰的制定规范者,则应该已是这批宗教性政治的大人物,这些'能真实地想象某种东西'的巫、尹、史。尽管某些青铜器纹饰也可溯源于原始图腾和陶器图案,但它们毕竟要是体现了早期宗法制社会的统治者的威严、力量和意志。它们与陶器上神秘怪异的几何纹样,在性质上已有了区别。以饕餮为突出代表的青铜纹饰,已不同于神异的几何抽象纹饰"。"它们以超世间的神秘威吓的动物形象,表示出这个初生阶级对自身统治地位的肯定和幻想"。[1] 面对青铜器纹饰的怪异狰狞,李泽厚先生在分析了其历史的合理性之后,认为青铜纹饰,特别是饕餮纹,看起来狞厉可畏,却积淀着深沉的历史力量,它的神秘恐怖与无可阻挡的巨大历史力量相结合,构成了"崇高"的美。李泽厚将这种威吓概括为青铜艺术的"狰狞之美"。关于"狰狞之美"的论述,也招来了非议,但并不影响李泽厚先生对青铜器艺术巨大美学魅力的精彩归纳。

分析先秦先人对器物文化的审美追求,应该允许任何科学的推论和假设,如果要说作者个人感性理解和理性推论,则更愿意接受"拨尔而怒"的审美追求的理论界说。所谓"拨尔而怒",刘道广先生在《中国古代艺术思想史》一书中曾做过注释。面对博大、威严的祭祀活动,以及为此而设计制造的一系列器皿,刘道广用"拨尔而怒"概括了当时人们的审美追求是颇有说服力的。所谓"拨尔而怒"就是刚健奋发的意思,表现出了奴隶制社会上升时期社会风貌和趣味。

刘道广分析到:"钟鼎之饰的审美意味既是如上所述的'拨尔而怒',那么在同一个'钟鼎而食'的环境里,所有器物纹饰的审美情趣当然是统一的。对于'宗庙之事'的青铜器纹饰来说,也是在上述形式规范要求的制约下体现同一个生生勃发的刚健强盛的艺术感受,'协上下'、'承天休'

---

[1] 李泽厚.美的历程 [M].天津:天津社会科学院出版社,2001.

的审美意义正是通过这种感受才得到体现,这就构成了整个时代的艺术思想的主要部分。"

刘道广还说:"追求和推崇上述奋发雄强的'力量'之'美',并且赋予以一定的形式处理规范,是当时刚刚从繁重而漫长的石器时代步入青铜时代的社会所独有。实质上,这也是人们在脱离了笨重的石器生产之后,对刚刚掌握的金属工具所带来的社会生产力的歌颂,同时也不无潜藏着人们对改造自然的自身力量的进一步追求和渴望。"①

推崇宗法礼仪与"拨尔而怒"的审美追求,上溯先秦,却对后世也有着非常大的影响,或许在历史的荡涤中,有所修正。尤其是"拨尔而怒"的审美追求,在后世已有转化,或进一步糅合在等级含义之中。但它们作为一种观念深深地烙印在人们的意识中,更多地转变为注重器物对社会价值内容的展示,从而使中国古代处于宗法封建制度下,产品设计不单是一种物质性创造过程,而是包含着浓厚的社会观念性内容。

在古代社会生活,器物作为一种特定的物质承担者,它的设计、使用与封建礼仪、维护统治阶级内部关系密切相关。这既是周之礼制的传承,也是各朝代阶级利益统治的需要。因而器物的不同设计及所有权(使用权),既是使用者主体的内在心理需求,也成为社会角色辨认的客体象征。繁复、严格的文物典章制度成了这一现象的最好描述。于是,器物能否体现社会角色的认知成为其功能的一种最重要方面。在古代浓厚的封建等级氛围下,器物的审美功能几乎成为这种认知的附属品,而处于次要地位。正如荀子所宣称的那样,"故为之雕琢刻镂、黼黻文章,使足以辨贵贱而已,不求其观⋯⋯:榭,使足以避燥湿、养德、辨轻重而已,不求其外"。可见,在荀子看来创造美的最终目的也是为了辨贵贱、轻重,器物的审美功能不是独立存在的,而是从属于实用及社会目的的需求。

徐恒醇认为:"过分偏重器物设计对社会角色差别的象征功能,使中国古代产品形态充满等级色彩及其低度审美值,这是中国古代器物设计的明显局限。然而,换一个角度,从其抽象的积极意义上看,它又是高度适用于统治阶级的社会目的性需求,使器物(产品)设计这种物质生产或造物活动充满着丰富的观念文化的内容。"②

---

①　刘道广.中国古代艺术思想史[M].上海:上海人民出版社,1998.
②　徐恒醇.实用技术美学[M].天津:天津科学技术出版社,1995.

（二）"天人合一"

"天人合一"，大凡分析中国古代设计观念时都不可不提及。"天人合一"在设计学界可说是标签，似乎不说不论及"天人合一"，不足以显示自身的学术水平。

中国"天人合一"观念源远流长，自漫长的新石器农耕时代以来，它与人因顺应自然如四季气候、地形水利（"天时""地利"）而生存和发展有密切的关系。纵观"天人合一"观念的发展历史，其成熟于先秦。《左传》中有许多论述，孔、孟、老……都从不同角度不同方面提出了这种观念。无论是积极的或消极的，它们都强调了"人"必须与"天"相认同、一致、和睦、协调。值得注意的是，这一认同恰好发生在当时作为时代潮流的理性主义兴起、宗教信仰衰颓之际。从而这种"天人合一"观念既吸取了原宗教中的天人认同感，又去掉了它原有的神秘、迷狂或非理性内容，同时却又并未完全褪去它原有的主宰、命定含义，而是突出了其自然含义。

"天人合一"在董仲舒及其他汉代思想系统中扮演了重要角色，其特征是具有反馈功能的天人相通而"感应"的有机整体的宇宙图式。这个宇宙论的建构意义在于，它指出人只有在顺应（既认识又遵循）这个图式中才能获得活动上的自由，才能使个体和社会得以保持其存在、变化和发展（或循环）。这种"天人合一"重视的是国家和个体在外在活动和行为中与自然及社会相适应并协调统一。

如果说汉儒的"天人合一"是为了建立人的外在行动自由的宇宙模式，这里"天"在实质上是"气"，是自然，是身体的话，那么宋儒的"天人合一"则是为了建立内在伦理自由的人性理想，这里的"天"则主要是"理"，是精神，是心性。所以前者是宇宙论即自然本体论，后者是伦理学即道德形而上学。前者的"天人合一"是现实的行动世界，"生生不已"指的是这个感性世界的存在、变化和发展（循环）；后者的"天人合一"则是心灵的道德境界，"生生不已"只是对整体世界所做的心灵上的情感肯定，实际上这只是一种主观意识的投射，不过是将此投射提高到道德本体上，即将伦理作为本体与宇宙自然相通而合一。它把"天人合一"提到了空前的哲学高度；但这个高度是唯心主义的。"天人合一"的感性现实面和具体历史性被忽略以至取消了。

值得注意的是，无论在汉儒那里或宋儒那里，无论"天"作为"气"的自然或作为"理"的精神，虽然没有完全去掉其原有的主宰、命运的含义，但这种含义似乎也极大地褪色了。汉儒的阴阳五行的宇宙论和宋儒的心性理气的本体论从内外两个方面阻碍了"天"向人格神的宗教方向的发展。

在现代手工艺设计中，如果今天还保存"天人合一"这个概念，便需要予以"西体中用"的改造和阐释。它不能再是基于农业小生产上由"顺天""委天数"而产生的"天人合一"（不管它是唯物论的还是唯心论的，不管是汉儒的还是宋儒的），从而必须彻底去掉"天"的双重性中的主宰、命定的内容和含义，而应该以马克思讲的"自然的人化"为根本基础。在西方近代，天人相分、天人相争即人对自然的控制、征服、对峙、斗争，是社会和文化的主题之一。这也突出地表现在主客关系研究的哲学认识论上。它历史地反映着工业革命和现代文明：不是像农业社会那样依从于自然，而是用科技工业变革自然，创造新物。即便如此，一些重要的思想家，马克思是其中最伟大的先行者，便已注意到在控制、征服自然的同时和稍后，有一个人与自然相渗透、相转化、相依存的巨大课题，即外在自然（自然界）与内在自然（人作为生物体的自然存在和它的心理感受、需要、能力等）在历史长河中人类化（社会化）的问题，亦即主体与客体、理性与感性、人群与个人、"天理"（社会性）与"人欲"（自然性）等多种层次上相互交融合一的问题。这个问题也就是历史沉入心理的积淀问题。就是说，它以近代大工业征服自然改造自然之后所产生的人与自然崭新的客观关系为基础，这个崭新的关系不再是近代工业初兴期那种为征服自然而破损自然毁坏生态的关系，而是如后工业时期在物质文明高度发达的同时恢复自然、保护生态的关系，从而人与自然不再是对峙、冲突的关系，而更应是和睦合一的关系。人既是自然的一分子，却又是自然的光环和荣耀，是它的自由的主人，是它的真正的规律性和目的性。这是今天发达国家或后工业社会所要面临解决的问题，也是发展中国家所应及早注意研究的问题。而这，恰好就是"天人合一"的问题，是这个古老命题所具有的现代意义。

（三）"天有时""地有气""材有美""工有巧"

中国古代哲学家认为人是宇宙的一部分，人同世间万物一样，是从大自然中产生出来的。整个天地自然是一个包含人类自身在内的、充满着勃勃生机的、不断变化流动的、生生不息的过程。如孔子所说，"天何言哉，四时行焉，百物生焉。"朱熹也认为："天地以生物为心。"这一种哲学观直接影响了中国古代的设计观。这种设计观的核心就是要求人们从综合、整体的观点去看器物的设计，把人们所制造的各种器皿和物品看作是整个自然这个大系统中的产物。正因为传统哲学强调天人合一,人要效法天地,与天地自然共生存,遵从自然规律。这种宇宙自然观及对自然的价值观,使得人们在设计中必然要考虑到与自然协调一致的整体关系。这种设计观在我国最早的一部工艺学著作《考工记》中表现得淋漓尽致。《考工记》认为,人的设计活动将涉及人与自然关系中的四个要素,即:"天有时,地有气,材有美,工有巧。合此四者,然后可以为良。"[①]

所谓"天有时",指的是一年中的季节气候条件。"天有时以生,有时以杀草木有时以生,有时以死;石有时以泐,水有时以凝,有时以泽:此天时也"。天有时助万物生长,有时使万物凋零,意思是人们只有认识、顺应季节气候的自然之理,才能制造出好的器物。为此,《考工记》以制作车轮为实例来明证这一道理:"轮人为轮,斩三材比以其时。三材既具,巧者和之。毂也者,以为利转也;辐也者,以为直指也;牙也者,以为固抱也。轮敝,三材不失职,谓之完。"这一段的意思是:轮人制车轮,伐取三材必须适时,三种材料都已具备,用精巧的工艺进行加工。毂,是灵活转动的部件;辐,是笔直支撑的部件;牙,是坚固合抱的部件。轮子虽然用得破旧了,而毂、辐、牙三材没有丧失功能,这才是完美的。

"地有气"讲的则是自然规律的约束,此处主要指的是地理条件。《考工记》中有"橘逾淮而北为枳,鸲鹆不逾济,貉逾汶则死,此地气然也。郑之刀,宋之斤,鲁之削,吴粤之剑,迁乎其地而弗能为良,地气然也。燕之角,荆之干,妢胡之笴,吴粤之金锡,此材之美者也"。这里强调了自然气候条件对事物的影响,强调不能违背大自然的规律:橘树向北过了淮河移植就变成了枳,鸲鹆从来不可能向北飞跃济水,貉如果南渡汶水就活不长了。这些都是受自然条件制约的。郑国的刀,宋国的斤(斧头),鲁国的削(书刀),吴粤的剑,不是这些地方产则不会精良,这也是地气使然的,而燕地的牛角,荆州的弓干,妢胡的箭干,吴粤的铜锡,都是上好的原材料。《考上记》中所涉及的内容是较容易理解的,自然地理条件不同,不仅影响动、植物生长,影响人们的生活习惯,而且对工艺生产也会产生重大影响。以中国古代建筑为例,北方的穴居建筑就是适应了北方地质气候条件,不仅因为地下水位较深,而且附近土质常保持干燥状态,陕北的窑洞就是这种建筑的遗痕。而南方由于气候潮湿,地下水位高,就不适合穴居,因此古人直接由巢居进化到建造地面房屋。中国是如此,同样,就世界范围也是如此。从古埃及的巨石建筑,到中国的砖木结构建筑,都是自然条件作用的结果。这些理论现在看来不足为奇,但早在 2000 多年前的中国

---

① 闻人军译注.考工记译注[M].上海:上海古籍出版社,1993.

古代工匠就已经认识到这一点是非常难能可贵的。

"材有美"指的是工艺材质的性能条件。我们可以从两方面加以理解，一方面材料的种类、质量决定了产品的种类、质量，优质材料成为产品优良形式美观的基础条件。另一方面，由于不同材料的物质性质与质地，制约了产品实用和审美的原料选择。《考工记》所强调的"材有美"就是要人们把握材质的美，适宜地选择材料，并注重和开发利用各种原材料，从而赋予产品以美感。

"工有巧"是产品是否实用和具有美感的最后一个决定条件。《考工记》总结了当时各种手工艺品的制作技艺，强调了人是宇宙万物的一分子，因此人类创造的各种产品都应该是天时、地气、材美、工巧这四者的完美结合。缺少任何一个要素都将严重影响设计作品的效果。事实上，在现在看来，这四个要素在现代化大生产条件下，似乎并不那么缺一不可，但在古代物质基础十分简陋的条件下，是有其客观必然性的。在这四个要素中，前三者要说的都是自然条件，"工巧"则属人的因素。可见，设计中人与自然规律的协调一致是极为重要的。我们也可以进一步认识到，设计不是一种纯主观、孤立的活动。它要以客观自然及其规律为基础和前提，使人的目的性与自然的规律性相一致，这是《考工记》所蕴含着的对当今的设计仍有启发意义的重要内容。同时，人的技术活动与自然规律相符，则会事半功倍。否则将受到自然的惩罚。从人与自然整体系统关系来考虑设计，这是中国古代在手工业创造活动中总结出的朴素而辩证的设计思想。它使中国古代的设计能更有效地利用自然为人们生产、生活服务，不仅使古代产品赋有更多民族的、地方的审美色彩，同时也为现代生态学、系统设计观提供了有益的参考。

（四）"体舒神怡""形神兼养"

以儒、道两大家为代表的中国古代美学思想体系，历来对物质与精神存在着争论，表现出明显的差异。但是，人们也不得不承认，在文化的发展中，儒、道思想在某些方面又表现出互补和融合的现象。"在中国古代哲学家看来，人是形和神的统一，即肉体和精神的统一，这是一个不可分割的整体。因此，不论是道家还是儒家，都主张精神与肉体兼养，美与善合璧"①。因此，强调工艺产品要兼养人的肉体和精神，从而达到"体舒神怡"的双重效能，似乎成了古代设计的又一条审美原则。

众所周知，儒家注重心性道德修养，但从不忽视外在形式之美。"美

①　叶朗.现代美学体系 [M].北京：北京大学出版社，1999.

善相乐""文质彬彬",是儒区别于道的一贯主张。《论语·雍也》中有这样一段话,子曰:"质胜文则野,文胜质则史。文质彬彬,然后君子。"①孔子这段名言本来是指人的修养而言的,"质"是人的内在品性、本色;"文"是人的外表修饰。孔子看到"质胜文"或"文胜质",都是内容与形式相分离处在矛盾状态的表现,他倡导人们在思想道德的修养方面,达到文采和本质、形式和内容的完美统一。这一理论同样影响人们日常生活中的设计观念,器物的文饰和服饰的形式,离不开物质的依托和人类自身肉体制约,优美的外在形式既是精神的升华,也是内在品质的外在表现。表现在器物文化和实用家居领域,肉体和精神兼养就成为"文质统一"理论的另一注解。倾向于儒家思想的《吕氏春秋》中有这样一段话:"养有五道修宫室,安床第,节饮食,养体之道也;树五色,施五彩,列文章,养目之道也;正六律,和五声,杂八音,养耳之道也;熟五谷,烹六畜,和煎调,养口之道也;和颜色,说言语,敬进退,养志之道也。此五者代进而厚用之,可谓善养矣。"②由此可见,一切技艺皆为养生之用。

而道家,尤其是老庄美学传统把摒弃人为造作之举和提倡朴素自然之美作为其核心内容。但在尊重自然规律、兼养肉体与精神方面又与儒家表现出惊人的一致性。老子将朴素美和自然美连接在一起,认为世间一切事物都必须合乎"道",任其自然,而不能人为改变它。他说"人法地,地法天,天法道,道法自然。""道"以自然界自身的规律为其法则,人的思想和行为要合乎"道",也就是说人类的造物不应该违背自然规律,这与《考工记》所倡导的精神有异曲同工之妙。庄子在物质是否第一性的问题上虽然是持唯心论观点,但当着眼于现实的物质世界的时候,他也承认自然万物有其自身规律。他强调人的所作所为应当"依呼天理,因其固然","无以人灭天,无以故灭命",这里的"人"指人的作为,"天"指自然,"故"指人的智慧、技巧,"命"指人力不能改变的自然规律和社会发展的必然性。老庄关于"道法自然"和人力必须顺应"自然"之道的思想,以至于他们在审美趣味上反对人为雕琢,努力追求一种自然天成的境界,提倡一种非人为的自然之美。庄子还否定儒家的礼法,认为人为的礼法只能破坏自然的天性,束缚人的个性发展。在《天地》篇中曾说:"百年之木,破为牺尊(祭祀时用的酒杯),青黄而文之。"作为一种礼器,它虽然华美无比,但是它已经"失性",即失去了活生生的"百年之木"的本性,当然也就失去了朴素自然之美。这种审美观点产生极为深远的影响:刘勰在

---

① 郁沅.中国古典美学初编[M].武汉:湖北长江文艺出版社,1986.
② 叶朗.现代美学体系[M].北京:北京大学出版社,1999.

《文心雕龙·原道》中强调"自然之道";李白主张艺术美应当"清水出芙蓉,天然去雕琢";苏轼也以"自然"为宗旨。老庄反对人为造作的艺术,崇尚质朴天然的自然之美和事物的内在美,这是非常值得肯定的。但他们因为反对人工雕琢,甚至将艺术家和工艺匠看作破坏天然之美的罪人,说"残朴以为器,工匠之最",这是十分片面的。[①]

　　然而,道家学说并不否定精神与肉体兼养,相反在重精神之道的同时,又十分注重安心与养身。道学大家魏晋名士嵇康在《养生论》中曾写道:"是以君子知形恃神以立,神须形以存。悟生理之易失,知一过之害生。故修性以保神,安心以全身。爱憎不栖于情,忧喜不留于意。泊然无感,而体气和平。又呼吸吐纳,服食养身;使形神相亲,表里俱济也。"

　　综上所述,中国古代美学强调"体舒神怡""形神兼养"的要求,影响了中国古代器物工艺的设计观念和思想。在我国古代,虽说也有一些人片面强调工艺品的实用功能而排斥审美功能,或将审美局限在精神领域,但是占主流的设计思想还是要求把实用和审美结合起来,将形与神、肉体与精神统一起来。

二、现代文化创意产品对于传统手工艺美学思想的借鉴

　　现代文化创意产品对于传统手工艺美学思想的借鉴,要把握住中国传统美学发展的特点,这是根本出发点。在中国历史上,许多文人担任哲学家角色的同时也担任着美学家的角色,从孔孟老庄到汉魏的王充再到清代的王夫之,他们的著作中蕴含着大量的美学思想,体现出他们对待事物的审美观念。历史上许多著名的诗人、画家、书法家留下的许多宝贵的诗文理论、画作、书法理论中也包含着丰富的美学思想。

　　传统艺术在发展过程中,往往相互影响、相互制约的。例如在诗词、书画中可以找到古典园林、建筑艺术所追求的诗情画意的美、浑然天成的美。传统工艺产品受传统美学观念的影响,严格按照美学规律、原则等制作。此外,古人强调"技进乎道",从技艺中追求美的规律"道",技艺的神化,进乎道,亦出乎道。传统美学中关于道与器、审美主体与客体的辩证关系都应该为当代设计师所把握。

　　西方文化一直是讲究主体与客体对立的、一分为二的关系,在审美观念中突出以个体为美,追求个性化、创新性、生动性。西方美学所欣赏的是局部的美、残缺的美、个体的美,而中国传统美学则截然不同。中国传

---

① 郁沅.中国古典美学初编[M].武汉:湖北长江文艺出版社,1986.

统美学是把整体性意识放在首要位置,讲求审美主体与审美客体相互统一、合二为一的关系。譬如古人追求的"天人合一""中和为美""情景合一""知行合一"等都是整体性意识的表现。传统美学中的儒家美学讲究"以善为美",追求真、善、美的统一,把美与善、伦理、道德联系在一起,探讨审美与政治、社会制度和人性道德的关系。孔子说:"君子而不仁者有矣夫,未有小人而仁者也。""仁"是一种天赋的道德属性,儒家美学在这里强调的是审美中的道德问题,所以孔子强调艺术要包含道德内容,以德为美。

充分了解传统美学的发展与特点,能够带给我们丰富的美学思想,并应用于现代设计之中。传统美学思想在传统器物中形而下的表现,给我们提供了新的灵感、启发。从美学思想角度出发去审视当代的设计,对当代设计理论的发展与实践有着重要的促进作用。

第五节 对传统手工艺艺术特点的延续

一、对传统手工艺文化视觉元素的取与舍

中国传统手工艺文化博大精深,其间经历了 5000 年的沧桑,可以说是千回百转,源远流长,有太多民族性格和智慧在岁月中积淀了精粹;反之,也有太多与现代的审美趣味难以融合的糟粕。所以,对传统手工艺术特点的延续以及对传统文化的发扬,在视觉审美上的取舍,都应以与现代文明相融合为基本出发点。中国在世界的地位越来越高,人们渴望生活在具有民族风格的氛围中,这固然是一件好事。但正因为如此,我们更应格外注意对中国传统手工艺文化中视觉审美的继承。比如提起中式家具,一般人的印象总离不开体积庞大、雕龙刻凤的红木家具,它们与现代家居几乎难以陪衬。其实,这只是清式家具的一种类型而已。事实上,中式家具的精粹也表现在明式家具中。尺度合宜空灵优雅的造型,追求神态韵律的简约设计,充分应用木材文理自然美的理念,忠实旧式风味的同时,无不暗合了后工业时代的审美方向。现代视觉审美崇尚简单,不喜欢甚至是反对烦琐累赘也是有道理的。又比如瓷器,艺术家们已经把注意力、兴奋点从明清转移到宋代上来。宋代是中国历代中注重文治的朝代,皇帝甚至是杰出的画家。宋瓷更是集前代大成,视觉美感达到巅峰,色彩方面如钧瓷中的海棠红,釉色虽灿如云霞,但却深沉内敛,不像那些

浮薄浅露的釉彩使人一览无余；造型方面比如现代学界推崇备至的斗笠碗，线条简约而恰到好处，釉色充分反映了材料本身的美感；质地方面如官窑、龙泉窑的青瓷，把瓷做出了玉的感觉和境界，温润雅淡，贵而不华。用现代的眼光看宋瓷，不得不承认它具有一种纯真古典的惊世之美，非争奇斗艳、炫耀皇室富丽和卖弄巧匠技艺的后世瓷器可同日而语。但更值得推崇的一点是，绝大多数的宋瓷在生产出来时都是作为日常用品的，可见，宋瓷是实用与审美高度的统一。这不禁让人想起我们现代日常器皿因缺乏设计和用心的粗糙简单，想起中国的工艺美术因远离生活而被人们忽略的尴尬。

那么，如何在继承传统手工艺文化的同时，使当代人理解并欣赏到"视觉之美"呢？概括来说，需要注意以下几点：首先，需要反省的是一些"专业人士"——传媒、设计师——如何认识、取舍、传播中国文化的精粹？这是一个 20 世纪 50 年代以来一直讨论的大问题。艺术家和收藏家是否真的甘于独自把玩、孤芳自赏，而任由粗鄙肤浅的视觉影像在自己的创作室外泛滥？其次，从真正意义上理解"民族的就是世界的"。这句话的实际意义应该在于"民族文化中的精粹才是世界"。世界现代文明是所有民族的文化精粹共同融合发展而成的，这是一个大的生态圈。我们可以从这个世界大生态圈拿来一切为我所用，选择促我进步的东西来继承，如此生生不息，文明才能不断向前发展。

二、对本民族传统手工艺文化的发展与继承

设计师作为引领当今时尚文化的先导者，对我国传统手工艺文化的继承和发展有着不可替代的职责。当前，面对西方强势文化不断蚕食本民族传统文化的趋势，如何继承和发展本民族的传统文化，正是我们需要首要思考的问题。

本民族传统手工艺文化的继承和发展问题是当今设计领域中的热门话题。设计师需要在深刻理解本民族手工艺文化本质的基础上，从中国文化中的传统哲学层面和民族精神层面上继承和发展。比如"天人合一""物极必反"等古代中国的哲学理念对当今的设计思想有很大的借鉴价值和指导意义。

考古学家发现，古秦人的青铜器兵器已经达到了很高的统一性，在国内不同地域出土的秦国同种兵器，在尺寸上达到惊人的相似，其金属箭头长宽尺寸相差不到 0.3 毫米。我们在研究如何继承和发展传统手工艺文化的时候也应该从中领悟到前人这种做事情的优良品质。中华民族

5000年光辉灿烂的文明史与千千万万个勤劳、敬业、细致认真的能工巧匠是分不开的。先辈们这种严密、谨慎的工作作风更值得我们今天的设计师研究、领悟、继承和发展。

应该引起注意的是,中国设计界在学习西方先进的设计思想的同时,也在逐步认同西方设计中的审美标准,并逐渐按照西方的审美标准来评判一个设计方案的好坏,这就对继承和发展中国传统手工艺文化设置了不小的障碍。我们自认为设计中的民族和传统的元素是按照西方的审美标准安排和组织的,这就使我们得到的结果与目的自相矛盾,本来是以维护本土文化的延续性为出发点,成果的好坏却是以西方审美标准作为评判的原则。这些都难以说得上是对传统手工艺文化的继承和发展,反而是对传统手工艺文化的歪曲和误解,甚至是一种破坏。带上西方审美标准的眼镜去谈论如何继承和发展本民族的传统手工艺文化显然是片面的,甚至是荒谬的。

我国悠久的传统手工艺文化在面对当今西方强势文化的冲击时,逐步被挤压、被排斥,甚至退出历史舞台,变成博物馆的陈列品,我们不能不为传统手工艺文化,甚至是整个中国传统文化的丧失而感到痛心。所以,在面对这样一种传统手工艺文化被挤压、覆盖的状态时,不仅仅是引领潮流的设计师,全社会的人们都要意识到对传统手工艺文化的继承和发展,要让一些职能部门和广大民众意识到保护传统手工艺文化的重要性,增强人们热爱自己本民族传统文化的意识。

在传统与现代的结合上,国外优秀的设计作品为我们提供了很多可供借鉴的范例,特别是同属东方民族的日本,其设计在世界的设计领域中可谓独树一帜。在吸收融合外来文化的同时,依然保持着浓郁的东方风情和本民族的传统特色,相当一部分设计作品凸显出鲜明的传统手工文化的艺术特点。这些作品极其重视汲取传统文化的精华,将本民族传统手工艺文化中不同艺术样式的表现语汇兼收并蓄,融会贯通在现代设计之中。

我们要从传统艺术中汲取营养,借用传统艺术深化设计作品的主题和内涵以及本民族传统手工艺文化的特点和气质,以独具特色的风格面貌融入现当代世界优秀设计作品之列,充实和丰富现代设计的语汇,对推动现代设计的发展起到积极的作用。吸收传统艺术的精华,融入了现代设计的一些构成形式、表现手法和技巧,以及现代人的审美情趣和审美观念,将传统艺术用现代的意识和方法加以演绎,赋予传统艺术元素以新的意义和新的视觉感染力。虽然说,传统手工艺文化是人类历史和文化长期发展过程中的积淀,但对传统图形的研究和探讨并不是为了重复过去,而是为了更好地服务于现在和未来。借鉴和弘扬传统手工艺艺术特点有助于在优秀文化传统及历史文明的基础上,更好地以现代的设计理念和表现手法,丰富设计的表现手段,切实推进现代设计的发展。

三、对传统手工艺艺术研究理论的保存

手工艺由于其生产的特性,具有文化与经济等多种属性,手工艺的发展伴随着人们的生活变迁,发生着变化。在当今手工艺具有延续民族文化的价值,手工艺的文化性是近现代文化学者所关注的。当代手工艺的研究主要在侧重几方面。

（一）工艺性

手工艺中手的技巧与创造,体现工艺的水平,由此成就其技艺风格。技艺的获得需要通过长期的实践,在这之中蕴含了手工艺者对材质的认识,手工的分寸,以及创作的感悟,经过不断传承形成了特有的工艺模式。传统的手工艺大多依照这样的规律,来表现造物的成果。材料的美感在于发现,而技艺的巧妙在于创造,手工艺中"材美""工巧"方面都有着无法替代的优势。在继承传统手工艺中,对于手工艺的工艺性的研究,才可客观地梳理技艺中的特质。当代手工艺的继承,必须建立在原真的基础上,一是行为继承(即传艺);二是技艺学术研究的支持,在相互结合中更能完善技艺的传承。

（二）产业性

手工艺满足了人们多方面的需要,它所体现的价值层面是非常复杂的。在经济发展中,手工艺的商品性凸显出来。自新中国成立以后,为了发展手工艺行业,在政府主导下,集中大量科技人才研究传统手工艺,恢复了有价值的手工艺。技艺的发展带动了一批手工艺产业,如龙泉窑青瓷、禹县钧窑钧瓷等,都成为地方主要经济产业。在此基础上,对于制作工具进行研发,提高产品的生产效率。当然手工与机械在工艺上必然产生矛盾,或许其结果会不尽如人意,但是,产业的发展又是维系技艺的生存途径。对商品化生产与艺术创造的价值进行类比,客观分析调查,究其真正的价值莫过于服务社会。优秀的手工艺品,在陶冶人们情操的同时,还能给予社会以文化性的贡献。手工艺者的个人创作对商品生产应当起到导向性的作用,与之相应也要规范手工艺行业市场,才能真正地发挥手

工艺产品的产业特性,做到商品性与艺术性和谐地交融在一起,这样,手工艺产品的价值就不仅仅局限于商业的利益。

（三）文化性

手工艺是一个比较特殊的行业,承载了丰厚的历史文化内容,与风俗、习惯、审美等都有着密切的关联。手工艺者在创制物品时,必然涉及与生活相关的种种因素,经历的认同使人们与物品产生共鸣;从另一角度,手工艺者创作也带有个人的信息,如手感、习惯、情绪等,具有个性化的特点使人与物产生亲和力。手工艺从制作到传播都带有社会的痕迹,每个时代的手工艺品都有其独有的文化特点,并伴随着时代转化具有流变性。技艺代代相承,人是技艺传承的主体,在继承技艺的同时,也必然带有个人的技艺习惯,这也是手工艺活态性的特点。技艺必须融入社会,所谓"喜闻乐见"便是符合时代审美的发展,技艺才有更强的生命。正因为手工艺中的文化习惯与手工的差异,是文化多样性构成的内容之一,手工艺对当代而言,不仅是精湛的工艺,更是维系传统文化的途径。

参考文献

[1] 王燕.传统手工艺的现代传承[M].南京:译林出版社,2016.

[2] 吴琼.工业设计振兴传统手工艺产业研究[M].北京:化学工业出版社,2019.

[3] 郭艺.留住手艺[M].杭州:浙江摄影出版社,2015.

[4] 刘晓东,徐琪.文化创意产品价值共创[M].北京:人民出版社,2018.

[5] 皮永生,童沁,周正,芳媛.文化创意产品解读与欣赏[M].重庆:西南师范大学出版社,2014.

[6] 张颖娉.文化创意产品设计及案例[M].北京:化学工业出版社,2020.

[7] 周承君,何章强,袁诗群.文创产品设计[M].北京:化学工业出版社,2019.

[8] 孙德明.中国传统文化与当代设计[M].北京:社会科学文献出版社,2015.

[9] 吴存东,吴琼.文化创意产业概论[M].北京:中国经济出版社,2010.

[10] 尹泓,练红宇.文化产品开发与经营[M].成都:电子科技大学出版社,2016.

[11] 孙楠.文化软实力视阈下的创意产品[M].长春:东北师范大学出版社,2018.

[12] 杨静.文创产品设计与开发[M].长春:吉林美术出版社,2019.

[13] 王景强.文化+的力量 文化创意产业案例研究[M].济南:山东人民出版社,2017.

[14] 肖丽.图形图像符号创意研究[M].长春:吉林美术出版社,2017.

[15] 钟蕾,朱荔丽,罗京艳.手工艺的设计再生 非物质文化遗产与地域文化传承[M].北京:中国建筑工业出版社,2016.

[16] 白琨 . 古今融合与创新现代艺术设计中的中国传统文化元素研究 [M]. 长春：吉林美术出版社,2018.

[17] 李超德 . 设计美学 [M]. 合肥：安徽美术出版社,2004.

[18] 王芊 . 柳宗悦民艺思想研究 [M]. 北京：文化艺术出版社,2017.

[19] 肖丰,陈晓娟 . 文化资源与产业文库 民间美术与文化创意产业 [M]. 武汉：华中师范大学出版社,2012.

[20] 徐艺乙 . 手工艺的文化与历史 与传统手工艺相关的思考与演讲及其他 [M]. 上海：上海文化出版社,2016.

[21] 钟蕾,李杨 . 文化创意与旅游产品设计 [M]. 北京：中国建筑工业出版社,2015.

[22] 姚湘,胡鸿雁 . 文化创意产品设计 [M]. 北京：北京大学出版社,2020.

[23] 许思豪 . 手工艺创意产业 [M]. 上海：东方出版中心,2009.

[24] 王俊 . 中国传统民俗文化 中国古代民间工艺 [M]. 北京：中国商业出版社,2017.

[25] 季如迅 . 中国手工业简史 [M]. 北京：当代中国出版社,1998.

[26] 上海工艺美术协会编写组 . 工艺美术 [M]. 上海：上海人民出版社,2009.

[27] 郭秋惠,王丽丹 . 工艺 中国文化 [M]. 北京：五洲传播出版社,2014.

[28] 朱仪芳 . 传统工艺美术产业发展与政策研究文化、社会、经济的视角 [M]. 北京：北京理工大学出版社,2013.

[29] 孙雅 . 文创产业与现代手工艺研究 [D]. 南京：南京艺术学院,2019.

[30] 蔡成 . 地工开物：追踪中国民间传统手工艺 [M]. 上海：生活·读书·新知三联书店上海分店,2007.

[31] 尹岫 . 传统与现代的融合 [D]. 济南：山东大学,2009.

[32] 谢亚平,杨茜茹,胡京融 . 传统手工艺技艺 [M]. 贵阳：贵州人民出版社,2017.

[33] 徐雯,吕品田 . 传统手工艺 [M]. 合肥：黄山书社,2014.

[34] 徐潜 . 中国民间手工艺 [M]. 长春：吉林文史出版社,2014.

[35] 吴敏,金红莲,章维伟 . 手工艺制作 [M]. 苏州：苏州大学出版社,2006.

[36] 宋兆麟 . 图说中国传统手工艺 [M]. 西安：世界图书西安出版公司,2008.

[37] 郭浩著；马新主编 . 大匠良造 中国传统匠作文化 [M]. 济南：山东大学出版社,2017.

[38] 朱怡芳 . 神与物游 中国传统工艺 [M]. 北京：北京教育出版社,2013.